PÈLERINAGE

D'UN PAYSAN PICARD

A

St JACQUES DE COMPOSTELLE

AU COMMENCEMENT DU XVIIIᵉ SIÈCLE

PUBLIÉ ET ANNOTÉ

Par le Baron de Bonnault d'Houët

Archiviste Paléographe.

MONTDIDIER

IMPRIMERIE ABEL RADENEZ

1890

PÈLERINAGE

D'UN PAYSAN PICARD

A

Sᵗ JACQUES DE COMPOSTELLE

Tiré à 500 exemplaires numérotés.

PÈLERINAGE

D'UN PAYSAN PICARD

A

Sᵗ JACQUES DE COMPOSTELLE

AU COMMENCEMENT DU XVIIIᵉ SIÈCLE

PUBLIÉ ET ANNOTÉ

Par le Baron de BONNAULT D'HOUËT

Archiviste Paléographe.

MONTDIDIER
IMPRIMERIE ABEL RADENEZ
1890

INTRODUCTION

Après Jérusalem et Rome, la foi de nos pères plaçait Saint-Jacques de Compostelle au premier rang des pèlerinages. Même le nom de *pèlerin* semble particulièrement réservé aux fidèles qui allaient à Saint-Jacques. Ceux qui visitaient Rome sont appelés, dans les textes latins « Romei », et en vieux français « Romieu ou Roumieu ». De même, ceux qui revenaient de Terre Sainte, à cause des branches de palmier qu'ils ne manquaient pas d'en rapporter, recevaient le nom de « Palmati, Palmigeri », ou en vieux français, « de Paumiers ». Dante, avec sa compétence universelle, tranche ainsi la question : « Au sens exact du mot, on n'entend par pèlerins que ceux qui vont à Saint-Jacques ou en reviennent.[1] »

Le pèlerinage de Compostelle est également un des plus anciens. Suivant la tradition, saint Jacques fut l'apôtre de l'Espagne. Revenu à Jérusalem, pour obéir à une coutume juive qui y rappelait ses compatriotes à l'occasion de certaines grandes fêtes, Jacques y subit le martyre. Mais les disciples espagnols qui l'avaient suivi, voulurent rapporter dans leur pays le corps vénéré de celui qui avait été son apôtre et leur maître. Ainsi, d'après saint

---

1. In modo stretto non s'intende pellegrino se non chi va verso la casa di S. Jacobo, o riede. *Vita nuova*, ed. de Venise, 1793, p. 275, cité dans l'*Hist. litt. de la France*, T. xxi, p. 287.

Jérôme, chaque apôtre devait reposer à jamais dans le pays qu'il avait évangélisé.

La légende s'est emparée de ce voyage du port de Joppé aux côtes d'Espagne. Je n'ai pas à en faire la critique, mon rôle est plus modeste. Simple éditeur du récit d'un paysan, si je crois devoir rappeler ici ce que fut au Moyen Age la dévotion du pèlerinage à Saint-Jacques, je n'ai à juger de la valeur des traditions que d'après leur influence sur le peuple. Aussi est-ce aux livres populaires que je donnerai la préférence.

Iria Flavia, la ville d'origine troyenne, où les disciples ont débarqué leur pieux trésor, change son nom contre celui de Padron. Serait-ce une corruption de *villa patroni ?* Ou bien, suivant une étymologie plus correcte, le mot espagnol *padron* signifiant une pierre commémorative, ce nom rappelle-t-il simplement la pierre sur laquelle fut déposé le corps de l'Apôtre? Un petit livre populaire confirme ainsi cette dernière opinion: « Ce « nom luy a esté donné, comme aucuns estiment, « pour autant que les disciples arrivez qu'ils furent « à terre, posèrent le corps de saint Jacques sur une « grande pierre là estant, laquelle, (par la volonté « de Dieu auquel toutes créatures obéissent), s'en- « fonça et abaissa tout ainsi que si c'eust esté de la « cire molle pour recevoir ce saint corps et s'acco- « moda en forme d'un cercueil, ce qui encores à « présent se void et apparoist au dit lieu, comme « l'on dit. »[1]

---

[1]. Petit livre dont le titre manque ainsi que plusieurs feuillets. Il porte, en date du 17 septembre 1592, l'approbation de monsieur de l'Aubespine, évêque d'Orléans. (Bibl. nat. Hz, 1431).

Cependant les disciples n'étaient pas rassurés, Padron leur semblait trop près de la mer. S'étant donc un peu avancés dans le pays, ils trouvèrent une grande idole fort révérée des habitants et près de là, des outils dans une caverne. Ils brisèrent l'idole, creusèrent un tombeau et élevèrent au-dessus le premier autel dédié à saint Jacques. Deux disciples, Athanase et Théodore, se consacrèrent à sa garde et furent enterrés à ses côtés.[1]

Suivant le petit livre déjà cité, les disciples s'adressent à la reine du pays, nommée Louve. Celle-ci trahissant leur confiance, les livre au proconsul romain. Une série de miracles les fait sortir de prison et échapper aux soldats envoyés à leur poursuite. Louve a recours aux animaux sauvages; mais les taureaux furieux, attelés à la sainte relique se calment soudain et conduisent leur précieux fardeau au palais de la reine. Cette fois elle s'avoue vaincue, se convertit et donne son palais pour élever une église en l'honneur de saint Jacques. Les deux versions sont-elles bien différentes? N'y a-t-il pas une étroite parenté entre l'idole renversée et Louve convertie?

Durant de longs siècles, le silence et l'oubli protègent seuls le tombeau de l'Apôtre contre les idolâtres et les hérétiques, les barbares et les pirates. Quand le calme renaît, de nombreuses étoiles, *campus stellæ*, révèlent miraculeusement sa présence à l'évêque Théodomir, 812. Sur l'emplacement de l'ancienne ville romaine de Liberum Donum,

---

1. Recuerdos de un viaje á Santiago de Galicia por el P. Fidel Fita y D. Aureliano Fernándes-Guerra. Madrid, 1880, p. 78.

une église s'élève et alentour une ville nouvelle, Saint-Jacques de Compostelle. Au nom du saint, se trouve uni à jamais le souvenir des étoiles qui ont fait découvrir son tombeau.

Les pèlerins accourus en foule au premier bruit de cette découverte, vont se succéder sans relâche pendant des siècles. Ils viendront des pays les plus éloignés, comme des rangs les plus divers de la société. Papes et rois, gens de guerre ou d'église, saints et savants se mêlent aux bourgeois, aux paysans, aux pauvres, aux exilés, même aux criminels. Ce courant surnaturel remue et entraîne toute l'Europe, provoque les Croisades et se prolonge longtemps après elles.

Au premier rang, il faut citer Charlemagne. Sans doute une critique judicieuse doit rejeter le récit apocryphe de l'évêque Turpin, mais tout le Moyen Age y a cru et a personnifié dans le grand empereur la résistance contre l'islamisme. Tous les livres populaires nous montrent saint Jacques apparaissant à Charlemagne et lui ordonnant d'aller en Espagne combattre les Sarrasins. L'empereur obéit, vient en aide à Alphonse le Chaste, élève sur sa route des églises et des hospices, arrive à Compostelle en pèlerin, préside un concile et, rentré dans ses états, continue de bâtir partout des églises en l'honneur de saint Jacques. Aussi au moment de la mort de l'empereur, le diable qui espérait se saisir de son âme, se voit contraint d'avouer « que le
« Galicien survenu a mis tant de pierres et de bois
« qu'il a apportées des églises que Charlemagne a
« fait bâtir à son honneur, que les bienfaits d'iceluy

« ont été trouvez beaucoup plus poiser à la
« balances que ses offenses. »[1]

En Espagne, saint Jacques personnifie la lutte contre les Maures. C'est lui qui apparaît à Ramire; lui qui ordonne de livrer bataille plutôt que de payer le honteux tribut des Cent Vierges; lui qui charge à Clavijo à la tête des chrétiens; lui qui, monté sur un cheval blanc, tenant d'une main l'étendard blanc à croix rouge, de l'autre son épée, pourfend les Maures et gagne ce jour-là le glorieux surnom de *Matamoros*. L'armée victorieuse promet à saint Jacques, après chaque conquête, « une part de chevalier quand on partiroit le butin. » Dès lors, il est peu de victoires dont les Espagnols n'attribuent l'honneur à saint Jacques, et quand ils vont au combat, en poussant leur cri de guerre : SANTIAGO! SANTIAGO! ils ne se contentent pas de l'invoquer, ils l'appellent à combattre à leur tête.

Dans les revers, la puissance de saint Jacques est réputée invincible. Deux fois, à la fin du x° siècle, Compostelle est pris par les Maures. Pour les chasser, le saint déchaîne contre eux la peste et tous les fléaux de Dieu. Les infidèles eux-mêmes sont frappés de respect et le chroniqueur arabe de l'expédition d'El Mansour en Galice, en 997, s'exprime ainsi : « La ville de Schant Yacoub est pour
« les chrétiens ce qu'est pour nous la Kaaba, un lieu
« de pèlerinage où l'on vient des contrées de Rome
« et même de plus loin. Après avoir dévasté le pays
« et rasé l'église, El Mansour place une garde auprès

---

1. Petit livre déjà cité (Bib. nat. Hz, 1431).

« du tombeau du Saint pour empêcher sa profa-
« nation. »[1]

Quand des historiens comme Mariana ou des chroniqueurs musulmans tiennent un pareil langage, que devait être, en ces siècles de foi ardente, le prestige de saint Jacques auprès des chrétiens! Son église, tant de fois détruite, est relevée au commencement du xii° siècle, et on admire encore, malgré d'incessantes et maladroites décorations, la sobriété virile de son architecture romane. Les papes multiplient les privilèges. Le siège épiscopal d'Iria Flavia transféré à Compostelle est élevé au rang d'archevêché. En souvenir des disciples du Sauveur, le nombre de ses chanoines est fixé à soixante-douze. Sept d'entre eux reçoivent le titre de cardinal. Seuls, avec les évêques et les légats du Saint-Siège, ils ont, jusqu'en ces dernières années, le privilège de dire la messe sur le tombeau de l'Apôtre.[2]

A la même époque, un Français, Aimery Picaud, compose le *Codex de Saint-Jacques* et, pour lui donner plus de crédit, l'attribue au pape Calixte II. Après avoir traité en quatre livres : de la translation du corps de saint Jacques, de ses miracles, des chants composés en son honneur et de l'expédition de Charlemagne, l'auteur donne, dans le dernier livre, un véritable guide à l'usage des pèlerins.

Parmi les plus illustres, citons d'après l'*Histoire littéraire de la France*, T. xxi : au x° siècle, l'évêque du Puy Gotescale; au xii° siècle, l'impé-

---

1. *Histoire lit. de la France*, T. XXI, p. 287.
2. Appendice C, p. 211 et 212.

ratrice Mathilde, fille de Henri Ier d'Angleterre et veuve de l'empereur Henri V, celle qui fut enterrée au Bec-Hellouin; Guillaume de Poitiers, père de la reine Eléonore; son gendre, le roi Louis VII; Thibaut V, comte de Blois; Philippe d'Alsace, comte de Flandre; au xiiie siècle, Jean de Brienne, roi de Jérusalem et empereur de Constantinople; Raymond VII, comte de Toulouse; Hugues IV, duc de Bourgogne. En Espagne, on pourrait nommer presque tous les rois, princes et princesses et le plus célèbre parmi les plus illustres, le Cid.

Les pèlerins de condition plus modeste nous semblent plus intéressants. Ce sont les ancêtres de celui qui nous occupe et c'est pour leur venir en aide que la charité chrétienne a enfanté ces merveilles, dont nous jouissons encore, quitte à en méconnaître l'origine. Pour diminuer la fatigue de tant de pauvres pèlerins, on répare les anciennes voies romaines, et les hommes qui y consument leur vie, aussi désintéressés que modestes, nous sont à peine connus par un nom de baptême! Un nommé Pierre relève à Puertomarin le pont sur le Miño rompu par la reine Urraca; un autre, Dominique, se consacre à refaire les chaussées détruites, mais il y acquiert, avec la sainteté, un nom célèbre porté aujourd'hui par une ville, Santo Domingo de la Calzada. Sur les cartes actuelles, l'antique voie romaine ainsi restaurée s'appelle encore « Camino real frances », route royale des pèlerins français.

Pour les pèlerins pauvres s'élèvent partout des hospices qui, transformés ou ruinés, jalonnent encore la route de Saint-Jacques à travers l'Espagne, la France et même la Belgique. Chaque ville

a le sien : Léon en possède deux pour l'aller et le retour ; Compostelle en comptera jusqu'à onze, sans parler des couvents tous plus ou moins hospitaliers.[1]

Entre ces lieux de refuge, de pieux chevaliers se chargent de protéger les faibles et assurent ainsi la sécurité des routes. L'ordre des chevaliers de Saint-Jacques établi en 1161 par Ferdinand II, roi de Léon, est approuvé par le pape dès 1175. Grâce aux libéralités des fidèles, il devient « le plus riche »[2] des ordres chevaleresques de l'Espagne. Quand la sûreté publique mieux assurée lui enlève son utilité, le titre de chevalier de Saint-Jacques reste assez glorieux, pour que Vélasquez le reçoive de son royal protecteur, comme la plus délicate des récompenses.

Propagé par d'innombrables pèlerins, le culte de saint Jacques s'est répandu partout. En France, que d'églises lui sont dédiées, au nord comme au midi ! Que de confréries se sont formées dans le but d'entretenir les hospices[3] et d'envoyer des pèlerins à Compostelle ! Pour devenir confrère de Monseigneur saint Jacques, il faut visiter son tombeau, et les femmes y sont obligées aussi bien que les hommes. Les vieillards et les malades seuls peuvent se faire remplacer. Plus tard le relâchement fera de cette tolérance une règle.

---

1. Voyez le récit de Manier, p. 64, 73, 74 et 87.
2. Madame d'Aulnoy, *Relation du voyage d'Espagne*, Paris, 1699, T. II, p. 86.
3. Pour ne citer que la capitale du pays auquel appartenait notre pèlerin, Saint-Quentin, dès 1203, avait un hospice destiné aux pèlerins de Saint-Jacques. *Histoire du Vermandois*, T. II, p. 466.

On a cité un certain nombre de ces confréries et publié leurs statuts. Aucune n'a été l'objet d'une aussi remarquable étude et ne le méritait mieux que la confrérie parisienne de Saint-Jacques.[1] Fondée à la fin du XIIIᵉ siècle et solennellement reconnue par une charte de Louis le Hutin, juillet 1315, elle se vit aussitôt l'objet des libéralités des rois, des grands seigneurs et des riches bourgeois de Paris. Élisant elle-même chaque année ses administrateurs, elle a son clergé, son église, son hôpital, son cimetière et même ses fêtes : le grand dîner et le bal qui terminent la grande procession du 25 juillet. Le milieu du XIVᵉ siècle marque son apogée. En 1368, elle donne l'hospitalité à 16.690 pèlerins.

La piété n'était pas toujours leur unique mobile. Au milieu du XVᵉ siècle, dans une période de 13 années, six Douaisiens laissent par testament à leurs héritiers la charge d'un pèlerinage à Saint-Jacques.[2] Si l'on peut douter de la ferveur désintéressée avec laquelle cette obligation fut remplie, du moins avait-elle été dictée par un sentiment pieux. Tout autre est le mobile qui, par un traité passé à Saint-Omer en 1326, envoie cent bourgeois de Bruges et de Courtrai en pèlerinage à Compostelle[3]. Si la politique intervient, elle reconnaît encore dans la religion le frein le plus salutaire et le plus fort. Un sentiment analogue impose souvent au con-

---

1. *La Confrérie des Pèlerins de Saint-Jacques et ses archives*, par Henri Bordier. *Mémoires de la Société de l'histoire de Paris et de l'Ile de France*, T. I et II.
2. *Relation du Pèlerinage* de l'abbé Edmond Jaspar, curé doyen de Saint-Jacques, à Douai, 1883.
3. *Pèlerinage de Compostelle* par l'abbé Pardiac, Bordeaux, 1863, p. 158.

damné[1], surtout après une commutation de peine, un pèlerinage dont le juge fixe le but et la durée. L'exil perd ainsi quelque peu de sa rigueur sans rien ôter à la sécurité publique. De même quand un différend vient d'être tranché entre adversaires capables de faire appel à la force, il n'est pas rare de les voir envoyer en pèlerinage à des sanctuaires différents, dans l'espoir que le temps, la distance et la dévotion pourront amener l'oubli de tout ressentiment. Les pèlerinages sont à ce point entrés dans les mœurs, que dans les procès ils donnent droit à des délais proportionnés d'après l'éloignement des sanctuaires visités.[2]

Faut-il ajouter que parmi tant de pèlerins obéissant à des motifs si variés, nombre d'entre eux étaient loin de mener une conduite exemplaire? Les pauvres, transformés en vagabonds et en mendiants, importunaient les fidèles jusqu'au pied des autels, et ainsi qu'on le verra au cours de ce récit (p. 127), l'autorité ecclésiastique dut réglementer le mode de demander l'aumône. De leur côté, les puissants ne se gênaient pas pour ravager les terres qu'ils traversaient. Ainsi en 1403, Ferry Ier de Lorraine, à peine revenu d'un pèlerinage à Saint-Jacques, fait mettre en prison trois seigneurs qui s'y rendaient. Ignorant le retour du comte, les nobles pèlerins voulaient en passant ravager ses terres.[3]

---

1. D'après le comte de Marsy, *Bulletin de la Société historique de Compiègne*, t. VI, p. 269, « les premiers Compiégnois qui allèrent à Saint-Jacques en Galice furent les deux fils d'Herbert, dit l'Escrivain, qui pour avoir vilainé Girart le Boucher, de Compiègne, furent condamnés par arrêt du parlement de Paris, du 28 mai 1284, à faire ce pèlerinage. »
2. *Pèlerinage de Compostelle*, par l'abbé Pardiac, p. 158 et 170.
3. *Ferry Ier de Lorraine comte de Vaudémont* (1393-1415), par M. Léon Germain, p. 54.

La Réforme porta un coup funeste aux pèlerinages. On avait vu de tous temps de saints évêques s'opposer parfois à de dangereux excès de zèle. En 1123, Hildebert, évêque du Mans, représentait à Foulques, comte d'Anjou et du Maine, désireux d'aller en pèlerinage à Saint-Jacques, qu'il ferait mieux de rester dans son palais à remplir les devoirs de son état: rendre la justice, protéger les églises et les pauvres.[1] Au XVI° siècle, c'est le principe même des pèlerinages qui est attaqué et taxé d'idolâtrie. Un provincial des Jésuites croit devoir réfuter ceux qui arguent d'une lettre de saint Grégoire de Nysse contre les pèlerinages.[2] En 1557, l'auteur de la *Police des pauvres à Paris* demande que les hospices destinés à loger les pèlerins soient employés à d'autres usages, « attenddu que pour « le temps present n'y a plus de pelerins allans « èsdictz voyaiges et que l'intention des fondateurs « n'estoit pas qu'ilz demeurassent aynsi inutiles et « que du revenu d'iceulx les vrais paouvres fussent « frustrez. »[3]

On aurait tort de prendre cette observation à la lettre. L'auteur doit forcer un peu la note pour obtenir ce qu'il désire, car Dormay, dans son *Histoire de Soissons*, rapporte que dans la procession

---

1. *Hist. litt. de la France*, T. XXI. Même du vivant de Charlemagne, un concile tenu à Chalon-sur-Saône, en 813, avait dû s'élever avec force contre l'abus des pèlerinages. Ludovic Lalane, *Des Pèlerinages en Terre Sainte*, Paris 1845, p. 15.

2. *Défense des Pèlerinages* par Louis Richeome, provincial de l'ordre des Jésuites, Arras 1605.

3. *Bulletin de la Société de l'histoire de Paris et de l'Ile de France*, p. 116, année 1888.

faite en cette ville, après le traité de Cambrai, il y avait trois cents pèlerins ou confrères de saint Jacques, avec leur bannière et les marques de leur pèlerinage.[1] Carlier ose « affirmer que la dévotion dominante du xvi° siècle a été celle des pèlerinages ».[2] C'est aller un peu loin, mais si réellement il n'y avait plus eu de pèlerins, Nicolas Bonfons n'aurait pas, en 1583, décrit aussi minutieusement le chemin de Saint-Jacques.[3] De même on n'aurait pas réimprimé jusqu'au commencement du xviii° siècle les *Chansons des pèlerins de S. Jacques*,[4] petit livre uniquement destiné aux pèlerins de médiocre condition. La maison hospitalière de Saint-Jacques à Paris conserva du reste sa destination primitive jusqu'en 1672, et quand elle eut été réunie à l'ordre du Carmel et de Saint-Lazare, ses charges hospitalières, ainsi qu'on le verra au cours de ce récit (p. 6), furent transférées à l'hôpital Saint-Gervais.

A la même époque les déclarations de Louis XIV, août 1671 et janvier 1687 « portaient défense à tous « ses sujets d'aller en pèlerinage à Saint-Jacques en « Galice et autres lieux hors du royaume, sans une « permission expresse de Sa Majesté, contresignée « par l'un des secrétaires d'état, sur l'approbation « de l'évêque diocésain, à peine des galères à per- « pétuité pour les hommes et de telles peines afflic- « tives contre les femmes que les juges des lieux « estimeraient convenables. »

---

1. Comte de Marsy, *Les Pèlerins picards à Jérusalem*, p. 14.
2. *Histoire du duché de Valois*, T. II, p. 553.
3. Voyez cet itinéraire, Appendice A, p. 175 et s. et la note 1 de la p. 183 qui montre bien que l'auteur écrit pour des pèlerins.
4. Elles ont été reproduites par A. Socard, dans ses *Noëls et Cantiques*, p. 74 et s.

Si sévères qu'elles soient, ces ordonnances n'indiquent nullement que les pèlerinages fussent tombés en désuétude, ni même que le roi songeât à les prohiber ; il voulait seulement en réglementer la pratique. Les désordres, auxquels on s'efforçait de remédier, continuèrent sans doute, aggravés encore pendant les années de guerre et de misère, car ces ordonnances furent renouvelées en 1717 et 1738, avec obligation pour les curés d'en donner lecture au prône tous les trois mois.

Elles n'étaient pas lettre morte, même à la fin du XVIIIe siècle. En 1777, dans l'intendance de Montpellier, cinq pèlerins furent arrêtés, dépouillés de leurs papiers, bourdons, chaperons de cuir et internés au dépôt de mendicité de Pau. M. de Tray, officier de la maréchaussée, rendant compte de ce fait à l'intendant, ajoute: « que ces gens doivent « s'estimer heureux d'être condamnés à la maison « de force, au lieu des galères perpétuelles. »[1]

Peu d'années auparavant, vers 1760, Lacolonie écrivait, au sujet de l'hôpital Saint-Jacques à Bordeaux : « La dévotion du pèlerinage est si *usée*, « qu'à la réserve de quelque mendiant qui se sert « de ce prétexte pour avoir plus de charité, *on ne* « *s'aperçoit plus qu'il passe plus un.* » L'abbé Pardiac, qui rapporte ce jugement sans oser y contredire,[2] semble ignorer que depuis longtemps les pèlerins ne se présentaient plus à l'hôpital Saint-Jacques, parce qu'ils recevaient l'hospitalité chez les Jésuites.[3]

---

1. *Les Chemins de Saint-Jacques en Gascogne*, par Adrien Lavergne. Bordeaux, 1887, p. 3.
2. *Pèlerinage de Compostelle*, p. 180.
3. *Récit de Manier*, p. 33.

Le dix-huitième siècle! voilà la date qu'admirateurs ou détracteurs des pèlerinages s'accordent à regarder comme celle de leur mort. C'est justement celle du pèlerinage dont je publie la relation. Faut-il lui en faire un mérite? Je ne puis croire que ce fût alors un fait aussi exceptionnel, quand l'auteur de ce journal signale la rencontre de nombreux pèlerins (p. 22, 88, 113, 147).

Sans doute ils appartiennent presque tous à des villages voisins. Dira-t-on que la Picardie seule avait conservé ses anciennes croyances? Il ne me déplairait pas d'accorder ce privilège à une province qui revendique Pierre l'Ermite pour un de ses enfants, qui réclame l'honneur d'avoir fourni le premier chevalier arrivé vainqueur à l'assaut de Jérusalem et qui enfin a vu naître la Ligue pure encore de toute ambition politique. De tous temps les pèlerins picards se sont signalés parmi les plus intrépides, et c'est à l'un d'eux que s'adressait une reine de France, pour accomplir le vœu téméraire d'aller à Jérusalem à pied, *en avançant de trois pas, et en reculant d'un pas, à chaque troisième pas.*[1] Notre vieille province compte également beaucoup de sanctuaires vénérés. Chiry, village voisin de celui habité par le paysan qui nous occupe, s'honore de conserver les reliques de sainte Anne rapportées des croisades. Amiens possède dans sa splendide cathédrale une relique de saint Jacques et de beaux bas-reliefs retraçant sa vie. Nombre de villes, même de villages, ont une

---

1. Carlier, *Histoire du duché de Valois*, T. II, p. 557, cité par le comte de Marsy, dans ses *Pèlerins picards à Jérusalem*, p. 19.

église dédiée à saint Jacques et, pour ne citer que les deux villes voisines, Noyon et Compiègne. Dans cette dernière existait aussi une confrérie de Saint-Jacques, qui chaque année donnait des représentations de mystères, auxquelles étaient conviés les confrères du voisinage, notamment ceux de la ville de Roye.[1]

---

[1]. Dans le Registre des Comptes de la ville de Compiègne, on lit sous la date du 9 août 1504 : A Regnault Petit Roy, Adam de Savenelles, Regnault Boucquery et plusieurs aultres confreres et pellerins qui ont fait la feste Monseigneur St Jaques, en la confrairie qu'ilz ont eslevée en l'église des Jacobins, a esté païé par le dit recepveur la somme de vint huit solz parisiz quy donnée leur avoit esté par les dis gouverneurs pour subvenir aux fraiz par eulx faiz en la dite feste et à recqeullir les compaignons de Roye aussi pellerins de mondit seigneur Saint Jaques, qui en grant joyeuseté les estoient venuz veoir à la dite feste. (Arch. comm. de Compiègne, CC. 76, folio 107.)

Sans mentionner l'existence de cette confrérie, les mêmes comptes (CC. 24, fol. 108) nous font savoir que dès 1466 il y eut une représentation de *la vie et mistère Saints Jame en personnages selon la légende, par plusieurs jeunes compaignons de ceste ville.* Une subvention, variant de 20 à 64 sols, figure dans les comptes de 1469, 1497, 1502, 1503, 1504, 1514, 1515, 1516, 1517, 1538, 1539. Elle est accordée tantôt aux jeunes compagnons de cette ville, tantôt à ceux de la paroisse Saint-Jacques, ou bien aux jeunes compagnons à marier, ou encore à un *confraire de Monseigneur St Jaques, Laurens Charmoluc, marchant demeurant à Compiengne.* Dans plusieurs comptes, il y a même une double allocation, l'une pour la fête proprement dite, l'autre pour la représentation du mystère qui est parfois reculée jusqu'au mois suivant (août 1502. CC. 76, fol. 104). L'énumération des diverses dépenses auxquelles il faut subvenir : établissements de hourds, costumes, habillement, cire, torches, luminaire et menestrez qui ne jouent pas gratuitement comme les acteurs, tout cela parfaitement détaillé dans les comptes permet de se faire une juste idée de ces fêtes données *pour l'honneur de Dieu et Monseigneur St Jacques et pour la récréation du populaire de la ville et des villaiges à l'entrée d'icelle ville et ainsi qu'il est de coustume ancienne et par chascun an.*

Cette confrérie ayant cessé de se réunir, fut reconstituée au XVIIIe siècle, dans l'église Saint-Jacques, par un nommé Jean Raux, natif de Compiègne. Son nom est inscrit dans l'escalier qui conduit au clocher de cette église, avec la date de 1693, qui est sans doute celle de son pèlerinage. (*Pèlerins picards*, p. 14.)

Si notre Picard mentionne uniquement la rencontre de ses compatriotes, n'est-ce pas pour le souvenir qu'il garde de cette agréable surprise ? N'a-t-il pas croisé sur son chemin bien d'autres pèlerins, français ou étrangers? J'en suis convaincu, et cette opinion me semble moins téméraire que l'accusation d'impiété communément jetée à tout un peuple et à tout un siècle, pour quelques individualités aussi brillantes qu'élevées par le talent ou la naissance. Sur les masses populaires, dont les croyances sont toutes de tradition, la forte discipline du XVIIe siècle a dû conserver son empire, pendant la majeure partie du siècle suivant.

Si cette relation n'emprunte pas à sa date un mérite de rareté, il lui en reste un autre plus sérieux et inattendu. Sur Jérusalem et Rome, on ferait un volume avec la bibliographie des ouvrages écrits par les pèlerins, les savants et les simples touristes; sur Saint-Jacques de Compostelle, au contraire, on ne trouve presque rien. Les nombreux voyageurs qui ont parcouru l'Espagne, semblent avoir dédaigné cette province écartée. Passer en revue ces différents récits français et espagnols, où le nom de Saint-Jacques est à peine prononcé, ne servirait qu'à témoigner des vains efforts de ma bonne volonté. Mieux vaut épargner au lecteur la partie la plus ingrate de ma tâche. Les notes, dont j'ai surchargé les pages de ce journal, feront assez connaître les rares auteurs qui se sont occupés de Compostelle. Je ne puis me flatter de les avoir consultés tous, mais le catalogue de notre bibliothèque nationale témoigne, sur ce sujet, d'une étonnante pauvreté. Notre paysan a donc de ce chef un mérite, dont il serait injuste de ne pas lui tenir compte et qui m'a déterminé à publier son *Voyage d'Espangne* et à négliger le Voyage d'Italie qui lui fait suite.

.·.

Quel était ce paysan ? Un garçon de 22 ans, Guillaume Manier, né à Carlepont et habitant ce beau village, où l'évêque de Noyon avait sa maison de campagne, vaste château qui existe encore. Un acte de vente et quelques baux consentis par Manier, au moment du départ, nous apprennent qu'il exerçait la profession de tailleur d'habits et possédait au moins une maison et quelques coins de terre.

Les registres de catholicité de la paroisse nous ont conservé son acte de baptême, du 19 juillet 1704. Son parrain, Guillaume de Cauche, malgré la physionomie aristocratique de son nom, n'était qu'un paysan ; mais chose à noter pour l'époque, il savait signer ! Quant à la marraine, l'ignorance est de règle et la propre sœur du curé, mademoiselle Geneviève Lecoingt, déclare (19 octobre 1704) ne pas savoir signer.

Dès le 20 janvier 1711, le jeune Guillaume Manier perdait sa mère, Marguerite Havet, morte en couche à 22 ans, et peu d'années après, son père, Louis Manier, à peine âgé de 40 ans, le 22 mars 1715. Orphelin à 10 ans, l'enfant fut-il recueilli par un parent de sa mère, l'abbé Jean Hermand, qui avait béni son mariage et était alors curé de Bailly, un village voisin ? Doit-il à ce prêtre une instruction supérieure à celle des paysans de son temps ? Toujours est-il qu'à 13 ans,

Guillaume savait au moins signer son nom sur l'acte d'enterrement d'une parente (27 août 1717). Il avait dû apprendre ses premières lettres sous la direction de ce vieux maître d'école, Charles Houpin, qui, suivant son acte d'enterrement (14 avril 1714), avait tenu les écoles de Carlepont pendant 35 ans, *avec beaucoup de fruits*. On sait à quoi ils se réduisaient !

Manier eut pour compagnons de pèlerinage: Jean Hermand, Antoine Vaudry et Antoine Delaplace. Né le 17 septembre 1697, Jean Hermand était un peu plus âgé que Manier, mais également orphelin. Son père étant mort le 14 juillet 1699, sa mère, Françoise Fourdrinier, s'était remariée le 25 octobre 1701 et avait eu de ce second mariage huit enfants, parmi lesquels Antoine Vaudry. La pauvre femme mourut en couche, comme la mère de Manier, le 14 septembre 1713.

La famille Delaplace est si nombreuse à Carlepont, qu'il est difficile de préciser d'une façon certaine le pèlerin en question. Ce doit être le fils de Claude Delaplace et de Louise Bleuet, Antoine, né en 1697. Pour obvier à une confusion de noms fréquente dans les villages, Manier, après avoir cité une seule fois au début de son récit, Antoine Delaplace, le désigne ensuite par son surnom de Delorme. Le hasard m'a fait rencontrer à Carlepont un membre de cette famille, dont le grand-père s'appelait précisément Delaplace, dit Delorme.

Ce pèlerinage n'a laissé du reste aucun souvenir dans le pays, et pas la moindre trace sur les registres de la paroisse. Ils sont parfaitement tenus, avec cette correction sèche digne d'une administration moderne.

L'auteur ne nous en apprend pas davantage sur son compte et sur celui de ses compagnons. Que dire de jeunes paysans de vingt ans ! En revanche, il rapporte si fidèlement toutes les formalités du départ, qu'il semble tenir au bout de dix ans, à se montrer bien en règle vis-à-vis de l'autorité civile et religieuse. Le curé du village est le premier instruit du projet de pèlerinage : mais, chose étonnante pour qui connaît les paysans, quand Manier se confesse, ce n'est pas à son curé. C'est lui pourtant qui délivre le certificat prescrit par les ordonnances royales. L'évêque de Noyon ne fait que légaliser la signature; le maire de Noyon y ajoute un laissez-passer et mentionne que Manier *a satisfait à la milice*. Malgré tout, il faudra demander au gouverneur de Paris un passeport en règle et le faire *rafraîchir* bien souvent.

Six semaines se passent en préparatifs, et Manier, tailleur de son état, vend un coin de terre 75 livres pour acheter un habit de voyage (p. 2)! Les bourdons sont prêts, le curé dit la messe pour les pèlerins, ils partent enfin le 26 août 1726, ayant en poche, Manier 50 livres, Delorme 35 et Hermand 12.

Quel motif les poussait ? L'auteur s'en explique avec une franchise faite pour inspirer confiance. Il avait contracté, pendant son service dans la milice, quelques dettes envers son capitaine et ne savait que répondre à ses réclamations. Déjà il songeait à quitter le pays, quand l'arrivée de quatre pèlerins venus de Saint-Claude, en Franche-Comté, met tout le village en liesse. Ils sont reçus enseignes déployées et tambours battants, puis logés chez le curé et chez le chirurgien du pays. Dès lors le parti de Manier est pris, il ira en pèlerinage, mais plus loin, à Compostelle, puis à Rome. Deux de ses compatriotes sont entraînés par son exemple et, au moment du départ, un troisième se joint à eux.

Nous sommes loin du pur enthousiasme du Moyen Age !

Est-on bien sûr qu'en ces siècles de foi aucun motif terrestre ne venait se mêler à l'élan religieux? Même dans les cœurs simples, les mobiles sont d'ordinaire plus complexes et moins purs. Le paysan varie peu ; à toutes les époques, la foi aux choses éternelles se complique du dur souci de l'heure présente. Le nier serait folie et il y aurait quelque injustice à refuser tout sentiment religieux à un pèlerin, parce qu'il laisse des dettes derrière lui. Que le mobile soit peu honorable pour Manier et que chez ses compagnons il semble bien futile, j'en conviens d'autant mieux que je pensais ainsi avant de rencontrer dans un village voisin de Carlepont, à Chiry, un vieux pèlerin de Saint-Jacques.

Ses voisins ignoraient qu'il eût fait ce voyage, lui-même l'avait quelque peu oublié et eut grand' peine à croire que ce fût l'unique raison de ma visite. Comme je le questionnais sur le motif de son pèlerinage :

« C'est un voisin, me répondit-il, qui en est
« cause. Il répétait sans cesse qu'il irait à Saint-
« Jacques pour accomplir un vœu de son enfance,
« si bien que je lui dis un jour que j'irais peut-être
« avant lui. Là-dessus, pour n'en point avoir le
« démenti, nous y avons été tous les deux. »

Après cette réponse, je devais me trouver satisfait des explications de Manier[1]; mais le vieillard était entré en confiance avec moi. Bien qu'il eût alors 80 ans, il se souvenait parfaitement d'avoir mis trois mois, moins deux jours, pour faire toute la route à pied, sauf le trajet en chemin de fer de Paris à Poitiers. Il était particulièrement fier d'avoir économisé 90 francs sur les 300 qu'il avait emportés, tandis que son compagnon parti avec 400 francs, était revenu sans le sou. En France, me disait-il, nous trouvions facilement un gîte et à manger; mais en Espagne, il fallait presque partout coucher sur la terre nue. Ne pouvant me faire entendre, j'avais toujours soin de garder de mon dernier repas un morceau de pain, des écailles d'œufs, une feuille de salade; je n'avais qu'à les montrer pour être compris et ne manquer de rien.

Comme je félicitais le vieillard de son ingénieux procédé, il m'eut volontiers donné son bourdon ou quelque souvenir de Saint-Jacques. Mais ses enfants avaient tout dispersé. J'ai pu cependant prendre copie, chez l'un d'eux, du certificat de pèlerinage de leur père, Jean-Baptiste Bouchain. On le trouvera à côté de celui de Manier (page 75).

J'ai tenu à relever, au bas d'un récit écrit par un paysan, le nom de son compatriote, le dernier pèlerin qui ait eu le mérite d'aller à Compostelle, à pied.

---

[1]. D'après Ludovic Lalane, dans *les Pèlerinages en Terre Sainte, avant les Croisades*, p. 12, les moines eux-mêmes obéissaient à des motifs aussi frivoles et se disaient l'un à l'autre : « Allons, partons, car il est écrit: Nul n'est prophète en son pays. »

∴

Après avoir rappelé ce que fut la dévotion du pèlerinage à Saint-Jacques et fait connaître, autant que possible, ce qu'était l'auteur de la relation qu'on va lire, il me reste à indiquer au lecteur pressé ce qu'il y trouvera.

Le voyage de Manier date de 1726 et sa relation n'a été écrite que dix ans après, en 1736; mais au cours d'un voyage de quatre mois, il avait pris soin de noter chaque jour tous les endroits par lesquels il passait: les bourgs, les villages, jusqu'aux moindres hameaux. Il n'aurait pu trouver dans aucun guide un itinéraire aussi détaillé. Il n'en existe pas de pareil, même aujourd'hui. En relevant à grand'peine tous ces noms sur les cartes de Cassini pour la France, sur celles de Lopez et de Coello pour l'Espagne, j'ai été tenté bien souvent de le trouver trop minutieux, mais il suffit d'avoir voyagé, même plus confortablement que ce pèlerin, pour savoir ce qu'a de méritoire un journal aussi fidèlement tenu, jour par jour, heure par heure. Sans doute les noms sont très défigurés, surtout en Espagne. L'oreille d'un étranger confond forcément certaines lettres; ailleurs notre paysan francise les noms; parfois il se permet certaines traductions fantaisistes qui rappellent celles de nos troupiers, à l'époque où ils n'avaient à combattre que sur le sol étranger. J'ai pu cependant identifier la plupart des noms, et tracer l'itinéraire le plus complet de Paris à Saint-Jacques de Compostelle.

Si Manier en a tout le mérite, il ne s'est pas fait faute d'ajouter des renseignements qu'il a copiés et, comme beaucoup d'auteurs plus lettrés, sans indiquer ceux qu'il a pillés. Les guides de voyage étaient nombreux à cette époque, où l'on voyageait beaucoup plus qu'on ne le croit communément.

M. Babeau, dans ses *Voyageurs en France*, l'a suffisamment prouvé et a cité un grand nombre de ces guides. Parmi eux, il est facile de reconnaître celui dont Manier s'est servi. Des passages entiers sur Paris, Orléans, Blois, Poitiers, Bordeaux, sont tirés du *Voyage de France*, du P. de Varenne. On y remarque les mêmes erreurs, les mêmes omissions. Ce guide est même indispensable à l'intelligence de certains passages obscurs à force d'avoir été tronqués. Un tel larcin n'est-il pas bien excusable? Le P. de Varenne en avait pillé bien d'autres et devait l'être à son tour par de plus huppés que notre paysan. Celui-ci du reste, même dans ces descriptions de ville, apporte toujours sa part d'impressions personnelles, reconnaissable à un tour moins correct mais plus vif. Certains objets l'intéressent particulièrement et il n'oublie jamais les fontaines. A Bordeaux, il en cite une qui n'est pas mentionnée dans le *Voyage de France* (p. 36, note 1). Au sud de cette ville que le P. de Varenne ne dépasse pas, Manier, réduit à ses observations personnelles, décrit avec non moins d'exactitude les fontaines de Dax. Il a la bonne fortune de trouver dans cette ville une aimable fille qui leur donne à dîner et se fait un plaisir de leur tout expliquer en détail. « C'était une beauté », mais tandis qu'un de nos pèlerins « en était épris », un auteur de 22 ans a bien quelque mérite à n'oublier ni le nombre, ni les noms des sources thermales.

Esprit net et curieux de s'instruire mais forcément peu élevé, il voit les choses par leur côté positif, ne passe pas sur un pont sans noter sa longueur, vante une ville pour son étendue plus que pour sa beauté, estime les choses pour ce qu'elles coûtent plus que pour ce qu'elles valent. Cependant on trouve parfois chez ce paysan un souci de l'ancien et un sentiment de la nature inconnus à cette époque chez les écrivains de profession.

Ainsi passant à Aulnay (p. 26), il indique les ruines de l'église, le cavalier encore debout sur le portail et les cercueils de pierre qui existaient alors dans le cimetière. Quel voyageur au XVIII° siècle se serait inquiété d'un cimetière gallo-romain et surtout d'une église du XII° siècle? Plusieurs fois en Espagne, il signalera également de vieux tombeaux ornés de la statue du mort *gisant* sur sa dalle funéraire.

Parmi les spectacles de la nature, les montagnes et surtout la mer l'impressionnent fortement. A Saint-Jean-de-Luz (p. 45), il voit la mer battre les murailles, « les flots accourir l'un sur l'autre, aussi fort qu'un cheval de poste, s'élever en l'air à plus de vingt pieds de haut et retomber en arrière les uns sur les autres, et toujours de même... » A Rivedieu (p. 99), sa description reflète fidèlement son trouble et sa terreur. « Les flots de la mer s'élancent en l'air les uns contre les autres, c'est un bruit effroyable et le mouvement qu'ils donnent à la barque où vous êtes, tantôt la fait descendre entre deux flots comme dans un précipice, tantôt, quand vous vous croyez englouti, la fait remonter au plus vite comme sur une montagne... » Un lettré aurait-il ce tour imagé et pittoresque ?

Parcourant à pied la partie la plus montagneuse de l'Espagne, notre paysan n'en parle pas seulement en homme qui souffre du froid et de la fatigue de ces rudes ascensions. Avant d'atteindre son gîte (p. 51), il songe encore à admirer ces montagnes qui se détachent toutes rouges à l'horizon, note l'infinie variété de leurs tons rouges et, dans sa naïveté, ne trouve à comparer ce tableau, qu'aux plus belles tapisseries qu'il ait vues.

Des paysages plus gracieux ne le laissent pas indifférent. Habitué aux villages agglomérés de Picardie, il est charmé de voir en Biscaye l'église presque isolée, tandis que les maisons s'espacent dans la campagne, à 20 ou 40 pas les unes des autres, et il compare ces toits rouges dans la verdure à autant de papillons (p. 146).

De pareils traits sont rares dans son journal. Comme il fallait s'y attendre, le souci de la vie matérielle et les mille petits incidents de la route, toujours plus nombreux dans un voyage à pied, forment le fonds assez prosaïque du récit. Peut-être le lecteur serait-il moins curieux de connaître les impressions d'un paysan que son genre de vie.

Aussi légers de bagage que d'argent, nos voyageurs font de cinq à six lieues par jour et vivent de la charité publique. En France, peu d'hospices reçoivent encore les pèlerins, mais les habitants se montrent accueillants surtout dans les campagnes. Aussi nos Picards évitent de coucher dans les villes où l'hospitalité se paie, s'arrêtent au village voisin, frappent à la porte d'une ferme et dorment aussi volontiers dans une grange que dans un lit. Jamais ils ne sont repoussés et avec le gîte, ils reçoivent gratuitement un morceau de pain, souvent une écuelle de soupe, même un pot de cidre ou de vin. Plusieurs fois, ils ont la bonne fortune de trouver sur leur chemin des parents ou des compatriotes, en Beauce, à Saintes, même à Madrid. Quand on ne peut les loger, on leur paie un lit au cabaret, mais on les garde à dîner, on leur donne des lettres de recommandation, un peu d'argent.

J'ai déjà mentionné la rencontre de pèlerins originaires du même pays, « mais faute d'un cabaret, avoue ingénument l'auteur, nous ne savions pas nous témoigner notre joie les uns aux autres. » En France, il ne faut pas songer à faire route ensemble. La maréchaussée qui les suit d'un œil méfiant, ne le souffrirait pas. Dans les endroits où les voleurs sont à craindre, elle prend la singulière précaution de faire voyager nos pèlerins isolément. C'est qu'elle les estime trop pauvres pour être volés et assez misérables pour se transformer en brigands. Aussi nos gens inquiets malgré leurs passeports, décampent avant le jour, passent les ponts pieds nus et coupent à travers champs pour éviter les villes et les bourgs, où une administration sans scrupule se saisit des malheureux sans ouvrage et les embarque à Rochefort et à la Rochelle, pour peupler les colonies.

Plus libres en Espagne vis-à-vis de l'autorité, il leur faut compter avec une population hostile et une langue inconnue. Bien que Manier compare le basque à l'allemand, achète des chansons espagnoles et termine sa relation par un double essai de manuel de conversation en basque et en espagnol, ce n'est pas un polyglotte émérite. Le changement de monnaie augmente encore les difficultés et cause bien des mécomptes; cependant le ton du narrateur reste bienveillant.

Dès son entrée en Espagne la beauté des femmes le séduit. Il en trace un portrait, à côté duquel je n'ai pas craint de rappeler les impressions d'une grande dame, qui était aussi un des plus fins conteurs du xvii° siècle (p. 47). Manier revient volontiers sur ce sujet, vante la taille des Espagnoles, compare à la blancheur de l'albâtre celle de leur gorge et de leur cou, insiste sur l'usage des dentelles noires qui font paraître leur peau encore plus blanche, « bien qu'elle le soit naturellement », précise les moindres détails de leur toilette, mesure la dentelle qui borde leurs chemises. Il en peut parler en homme du métier, car il apprend, en cherchant de l'ouvrage chez un confrère, que les femmes espagnoles se faisaient alors habiller par des tailleurs!

Comme aujourd'hui encore, le soin du logis ne correspondait guère à celui de la toilette. A mesure que notre compatriote s'éloigne de la France et passe des provinces basques dans l'Espagne proprement dite, il trouve le pays plus pauvre et les maisons plus misérables. Mieux vaut coucher dans une étable que dans une maison de paysan, sur la terre nue. Parfois la séparation entre les bêtes et les gens est purement imaginaire. Au milieu de la nuit les animaux en prennent à leur aise. Un cochon, cherchant sa pâture, évente un gros navet dans le sac d'un pèlerin et réveille le dormeur qui se servait de son sac en guise d'oreiller. L'animal gourmand avait saisi à la fois le navet, le sac et les cheveux du pèlerin. L'homme crie au voleur, le cochon ne lache pas sa proie, tout le monde se lève en sursaut et il en résulte une scène burlesque lestement contée (p. 70).

Qu'attendre de ces pauvres gens? Le beurre est un luxe de riches. On le conserve dans une peau comme du boudin et c'est une douceur que nos Picards ne goûteront qu'une seule fois. Des œufs rarement, un peu de poisson, une soupe d'une origine inexpliquée, des haricots confits dans la saumure, voilà avec le pain la nourriture quotidienne. N'oublions pas que celle du paysan français était alors plus frugale qu'aujourd'hui. Aussi Manier se déclare satisfait, car le pain est bon. Il le répète souvent et donne de curieux détails sur celui qu'on mange à Madrid, où le panetier du roi est son compatriote (p. 133). Plus que la nourriture, la boisson touche toujours le paysan. Or le cidre des provinces basques est préférable à celui de Normandie. Le vin, moins cher et meilleur qu'en France, n'est point falsifié! Si l'on songe aux vins de Noyon, l'éloge est mince, mais nos pèlerins se sont arrêtés à Bordeaux pour faire les vendanges. Peut-être sont-ils séduits par les façons de ces cabaretiers et cabaretières espagnols qui, l'outre sur l'épaule, délient la patte du bouc, comme on ouvre un robinet, et vous laissent boire à votre soif pour un prix fixe (p. 67).

Si le paysan espagnol est pauvre et parfois mal disposé pour les Français (p. 139), en revanche on trouve des hospices dans presque toutes les villes. Là encore, quelles différences! Ici on meurt de faim et on couche sur la planche; à Santiago on peut faire cinq à six repas par jour; à Madrid chaque nation a son hôpital et celui des Portugais est fort estimé pour ses lits. La compagnie qu'on y rencontre n'est pas moins singulière et peu édifiante. Des voleurs, des filles de joie, des Auvergnats qui, après fortune faite en Andalousie, se transforment en pèlerins, pour rapporter malgré les ordonnances leur magot au pays[1]. Nos Picards eux-mêmes ne donnent pas toujours le bon exemple. L'un s'éprend d'une prostituée, l'autre, brusque la servante et il faut décamper au plus vite pour éviter une sévère correction. A l'hôpital royal de Saint-Jacques, il y a au milieu du dortoir une chaîne pour attacher les hôtes coupables. A Burgos, les pères de Saint-Antoine ne se gênent pas, au moindre méfait des pèlerins, pour leur couper bras et jambes et les pendre à la porte de l'hospice (p. 61). Presque partout les gens de service sont des laïques, ailleurs des religieuses sont si ravies de trouver un musicien parmi nos voyageurs, qu'elles se mettent toutes à danser en rond avec eux (p. 150).

Il ne faut pas s'exagérer quelques aveux peu édifiants. Avec notre narrateur, point de sous-entendus. Il note avec la même bonhomie ses querelles avec ses compagnons et ses stations dans les églises. Ce n'est pas un saint, ni même un dévot, mais un honnête paysan, religieux, surtout pratiquant sa religion parce que tous la pratiquent encore, allant à la messe, recevant les sacrements, vénérant les reliques, faisant provision d'indulgences aussi bien que de grossières amulettes. Sa crédulité extrême s'étend des choses les plus véné-

---

1. *Voyages en Espagne et en Italie*, du P. Labat, T. 1, p. 287.

rables, au christ de Burgos, au coq ressuscité de Santo Domingo et aux pierres d'aigle ou d'hirondelle. Quand il s'avise de donner la liste de leurs *vertus et propriétés* (p. 95, 111), on peut sourire de tous ces remèdes ridicules ou indécents, mais avant de condamner un simple paysan, qu'on se rappelle Monconys, un magistrat distingué du grand siècle, parcourant toute l'Europe à la recherche de la pierre philosophale.

Malgré son titre de « Voyage d'Espagne, » le journal de Manier est celui d'un pèlerin. Sauf le palais du roi à Madrid, il ne décrit guère que les églises et tout particulièrement celle de Saint-Jacques ; dans les églises, il note de préférence la décoration des autels, les statues les plus vénérées des fidèles et surtout les reliques (p. 89, 102), avec un luxe de détails qui témoigne de son exactitude, au risque de fatiguer le lecteur. A son entrée en Espagne, il a été frappé par la dévotion des habitants poussée jusqu'à l'intolérance. « En quelque lieu que l'on se trouve, il faut se mettre à genoux quand l'Angelus sonne. » Par la suite, il se montre moins édifié de la tenue des fidèles pendant les offices. Tandis que dans la nef les femmes assises sur leurs talons, font brûler de longs cierges roulés en spirale, les hommes debout dans les tribunes, hurlent des cantiques et se frappent la poitrine avec un bruit de tambour. Le prédicateur monte en chaire et s'y démène comme un possédé, si bien que nos compatriotes pris d'un irrésistible fou rire n'ont que le temps de se sauver au plus vite, pour échapper aux mains des Espagnols indignés et résolus à leur faire un mauvais parti (p. 47, 119).

La politique, qui l'eût cru ? tient aussi sa place dans ces notes d'un paysan. A Crépy, il note les funérailles de cette jeune duchesse d'Orléans, dont le mari devait étonner son siècle par une douleur inconsolable (p. 6). A Chambord, il signale la présence du roi Stanislas, qui n'y est installé que depuis quelques mois (p. 20). A Bayonne, il sait que la reine d'Espagne, veuve de Charles II, est sous la garde de troupes françaises, dans une sorte de prison (p. 44). A Madrid, il ne se borne pas à esquisser le portrait du roi, de la reine, des infants, à détailler leur costume quand ils vont à la chasse ou à une procession, il prête l'oreille au bruit des dissentiments qui agitent la famille royale, montre la haine des Espagnols contre les Français, leur orgueil froissé par le renvoi de l'infante, leur susceptibilité éveillée par la présence sur le trône d'une dynastie étrangère. Sans y songer, il fait toucher du doigt les tristes résultats recueillis par la France, dix ans après la mort de Louis XIV, en échange de tant de souffrances et de tant de sang. Ce paysan est singulièrement renseigné et attentif. La reine est grosse de deux mois à peine, il le sait. Philippe V vient enfin d'être reconnu roi d'Espagne par l'Empereur, mais l'ambassadeur de l'Empire n'a pas encore fait sa visite officielle, il le note. Enfin, écrivant son journal dix ans plus tard, il ajoute que l'infant Don Carlos est devenu successivement duc de Parme et roi de Naples (p. 124, 125, 132, 133, 134).

•

Pour s'intéresser ainsi aux événements politiques de son temps, qu'était devenu Manier ? Etait-il toujours simple tailleur d'habits à Carlepont ? Il est certain qu'il est revenu dans son village. A plusieurs reprises, il cite différentes personnes de Carlepont auxquelles il a rapporté des chapelets (p. 112) ou des indulgences[1], et quand elles sont mortes entre l'époque de son voyage et celle où il rédige sa relation, il en fait mention avec une exactitude que j'ai pu facilement constater, en consultant les registres de la paroisse. Mais je croyais y trouver aussi l'acte de mariage ou de décès de Manier, pour le moins son nom au bas de quelque acte intéressant un parent ou un ami. Avec le prestige de ce lointain pèlerinage, il me semblait un parrain tout désigné.

En effet, dès le 13 mars 1727, un de nos pèlerins qui le premier avait quitté ses compagnons à Compostelle pour revenir en droite ligne au pays, Antoine Delaplace, figure comme parrain au baptême d'un de ses neveux. J'ai pu retrouver ensuite le décès de son père (19 janvier 1729), le mariage d'Antoine (29 mai 1731), enfin sa mort (13 janvier 1776). De même Jean Hermand, le fidèle compagnon de Manier, le seul qui ira jusqu'à Rome avec lui, figure comme parrain le 30 octobre 1727. A mon grand regret, je n'ai rencontré nulle part le nom de Manier.

Aurait-il quitté le pays pour se fixer à Noyon ? La première page de son manuscrit porte ce titre ajouté par une main étrangère :

Voyage d'Espagne et d'Italie fait en 1726 et en 1727 par Manier de Noyon, écrit de sa main en 1736.

Est-ce une preuve suffisante? Pour mieux faire connaître Manier, quoi de plus naturel que de rem-

---

1. Dans le *Voyage d'Italie*, Manier étant à Rome, énumère une dizaine d'habitants de Carlepont auxquels il a rapporté des indulgences.

placer le nom inconnu de son village par celui de la ville voisine? Moi-même, je l'ai changé contre celui de la province qu'il habitait et dont il parlait l'idiome. Les registres de catholicité de Noyon sont trop incomplets pour m'imposer à leur endroit la fastidieuse et inutile lecture que je viens de terminer à Carlepont, et personne dans le pays n'a pu me fournir le moindre renseignement.

Reste à examiner le manuscrit. Il se compose de deux volumes in-12, d'environ 225 pages chacun. Le voyage d'Espangne n'occupe que les 131 premières pages du premier volume; puis, après quelques feuillets blancs, commence le Voiage d'Itallie et de Rome, continué dans le second volume, sous ce titre de la main de Manier : Receuille et suitte du voiage de Rome et autre fait par Manier les années 1726, 1727 et 1736.

Nous savons par là, qu'en cette année 1736, pendant laquelle Manier écrivit la relation que nous possédons, il fit encore un autre voyage. Où? Je l'ignore. Le manuscrit ne nous donne même pas la fin du voyage d'Italie et se termine à la date du 13 juin 1727, à Flavigny (Bourgogne) par ces mots : mémoire des reliques.

Manier a-t-il continué sa relation dans un troisième volume que nous ne possédons pas? S'est-il arrêté brusquement au milieu de son récit, lui si exact et si minutieux? Serait-ce par suite de quelque accident survenu au cours du voyage de 1736? Où se trouvait-il alors? L'origine du manuscrit pourrait peut-être nous guider. En quel lieu et dans quelles circonstances a-t-il été trouvé par l'intrépide collectionneur qui, en parcourant l'Europe, songeait avant tout à recueillir tous les ouvrages se rattachant à un titre quelconque à notre vieille Picardie et pouvant augmenter son patrimoine littéraire? Seul, Victor de Beauvillé, en me confiant ce manuscrit, aurait pu me donner quelque renseignement. Aujourd'hui, hélas ! la publication de ce livre n'est que l'acquittement d'une vieille dette envers sa mémoire.

∴

Ma tâche est terminée. Le récit qu'on va lire est l'œuvre d'un paysan, scrupuleusement reproduite. Il n'est pas jusqu'au titre courant « Voyage d'Espagne » qui ne figure ainsi orthographié au haut des pages de son manuscrit, tandis qu'il écrit partout ailleurs *Espangne*. J'ai pu corriger l'orthographe, parce qu'il n'y en avait aucune; mais pour les noms propres, afin de laisser le lecteur juge de mon travail d'identification, j'ai tenu à respecter toutes les variantes. Je n'ai rien ajouté, rien retranché, sans l'indiquer expressément.

Il eut été facile de faire un bout de toilette à cette œuvre d'un ignorant. La tentation était forte, mais après y avoir cédé une seule fois, comment s'arrêter et que serait devenu ce récit dont le trait dominant est la naïveté? Mieux vaut encourir le même reproche. S'il se trouve quelque lecteur assez courageux pour passer par-dessus les défauts ou mieux l'absence de style, il pourra juger l'auteur. Peut-être sera-t-on amené à reconnaître chez ce paysan du XVIIIe siècle une intelligence et des goûts qu'on chercherait vainement aujourd'hui chez ses descendants plus instruits. N'aurait-on gagné à cette lecture que d'être plus modeste et de rendre justice à nos pères, on n'aurait pas perdu son temps.

VOYAGE D'ESPAGNE

FAIT EN 1726 ET EN 1727

PAR

MANIER

DE NOYON

Écrit de sa main en 1736.

VOYAGE D'ESPANGNE

FAIT PAR

GUILLAUME MANIER[1]

EN CETTE ANNÉE 1726.

RAPPORT DES PARTICULARITÉS DE CE VOYAGE.

Le 28 du mois de juin de cette année, sont arrivés à Carlepont, quatre petits garçons qui venaient de St-Claude en Franche-Comté, un Duger, un Varest, Brice Faivilet, Antoine Delorme. Ils furent reçus à l'entrée du village, à une croix nommée la Croix Minarde[2], avec le tambour et enseignes. Ce fut Monsieur Bonnedame[3], père du curé, qui les a reçus, comme ayant été à Saint-Claude, et Pierre Sterlin[4], chirurgien. Ils ont fait le voyage en vingt-sept jours.

---

1. L'orthographe de Manier étant absolument variable, je n'ai reproduit fidèlement que celle des noms propres, sauf à donner, s'il y a lieu, le nom rectifié entre crochets.
2. La croix placée à l'entrée de Carlepont, sur le chemin de Vic-sur-Aisne, porte encore ce nom.
3. Sur les registres de Carlepont, on trouve le nom du curé Louis Bonnedame, du 4 octobre 1716, au 3 janvier 1730. A partir du 11 janvier 1730, il est remplacé par l'abbé Hulot, mais, dans un acte de mariage du 27 novembre 1731, une dispense est accordée par le vicaire général Bonnedame, serait-ce l'ancien curé de Carlepont?
4. Son beau-père, Nicolas Moussu, avait exercé la même profession. Il y avait en outre un notaire, un maître et une maîtresse d'école, dans un village de 1019 habit. (Voyez *Dict. de la France*, 3 vol. in-fol. Paris, 1726 et *Registres de Catholicité de Carlepont*, 28 janvier 1713, 3 janvier et 25 avril 1728).

Dans le courant de ce mois, à Plaincourt [*Aplaincourt*][1], la femme d'un nommé Ravis fut tuée du tonnerre. En courant, l'air de ses cotillons, a attiré le tonnerre qui l'a tuée et a jeté son bonnet à dix pas d'elle.

Dans ce temps, de fréquentes demandes que mon capitaine me faisait pour aller payer des billets qu'il m'avait fait faire, ne me voyant pas en état d'y pouvoir satisfaire si tôt, me firent prendre la résolution de sortir du pays. Et, comme l'arrivée de ces petits pèlerins de Saint-Claude, avait donné envie à quelqu'un d'en faire un plus long voyage, nous nous sommes trouvés à trois du même sentiment pour aller à Saint-Jacques, en Galices, et, pour cet effet, avons pris les mesures pour cela, si bien que :

Juillet, du 6. — Nous sommes assemblés tous trois, savoir : Antoine Delaplaces, Jean Hermand et moi, pour prendre jour pour partir et pour............

Le 7. — Avons communiqué notre dessein au curé qui nous a applaudis.

Août, le 5. — Je fus passer contrat, à Noyon, chez Masson, pour les terres que je lui avais vendues, séant à la *Montagne Mion* et au *Tordoy Lurus*[2].

Le 18. — Je fus à confesse, à Noyon, à Monsieur

---

1. Qualifié de paroisse (*Reg. de Carlepont*, 27 octobre 1719), ne figure pas sur les cartes de Cassini et n'est aujourd'hui qu'un faubourg de Noyon, dépendant de la paroisse de Saint-Pierre. Sur le registre paroissial mal tenu, à cette date, on ne rencontre aucun nom analogue à celui de la victime.

2. Cette vente n'eut pas lieu, comme le texte semble l'indiquer, au profit de M° Masson, notaire à Noyon de 1706 à 1749, mais seulement dans son étude. L'acquéreur, Nicolas Bray, était berger à

Descuvilly[1]. Le même jour, avons commandé des bourdons à Firmin Ceuilly.

Le 22. — Avons été demander nos certificats au curé, qui nous furent accordés tels que les voici:

Certificat du curé[1]. — *Ego infrascriptus, rector parochialis Sancti Eligii Carolopontis, testor omnibus....... aut interesse poterit, ac fidem facio, Guillelmum Manier, parochianum nostrum, fidem catholicam, apostolicam et romanam profiteri, ipsumque peregrinationis causa ad sanctum Jacobum Compostellanum in Gallicia ac Romam hactenus aggredi velle. Qua propter omnes quotquot rogandi sunt, vehementer deprecor, ut illi liberum ac facilem aditum præbeant, illumque auxiliis ac omnibus facultatibus juvent. Datum in œdibus nostris Carolopontanis, anno Reparationis millesimo septingentesimo vigesimo sexto, in ea die vigesima secunda augusti.*

Avec cela nous fûmes à Noyon, à l'évêché, au secrétariat, pour le faire approuver de l'évêque, ce qu'ayant vu, le secrétaire a mis ce qui suit:

Carlepont; le vendeur prend la qualité de tailleur d'habits et déclare cependant que le prix de cette vente, 75 livres, doit être employé à l'achat d'un habit dont il a besoin.

Les lieux dits, indiqués ici, figurent encore sur le cadastre de Carlepont, orthographiés ainsi : *la Montagne mignonne* et le *Tordoy Luru*, du mot *tordoir*, lieu où l'on prépare le chanvre.

1. Aucun prêtre de ce nom ne figurant à cette époque sur les registres de Noyon, je pense qu'il est ici question du curé d'Écuvilly, qui pouvait fort bien résider à Noyon et se faire suppléer par un vicaire dans ce village éloigné de deux lieues.

2. Rectifiant l'orthographe française, je n'ai pas cru devoir, pour le latin, respecter des fautes de copiste, sauf pour les noms propres et les mots omis. On trouvera à l'appendice D, la traduction des différents certificats latins et espagnols reproduits dans ce récit.

Nos, episcopus, comes Noviomensis, par Franciæ, fidem facimus et attestamur testimonium suprapositum, esse scriptum et signatum manû propria magistri Ludovici Bonedame, parochialis ecclesiæ sancti Eligii Carolopontis nostræ diocesis, eique fidem adhibendam esse tam in judicio quam extra. Datum Noviomi, in palatio nostro episcopali, anno Domini millesimo septingentesimo vigesimo sexto, die vero mensis augusti vigesima secunda.

Signé : CHARLES FRANÇOIS[1], ÉVÊQUE, COMTE DE NOYON. Et plus bas : *De mandato :* LEGRAND.

Après cela, nous avons porté ce papier chez Monsieur Dopcens, à la Croix Blanche, qui était pour lors maire de ville, qui a mis son certificat au bas en ces termes :

Nous, maire de la ville de Noyon, certifions à tous qu'il appartiendra, que le nommé Guillaume Manier, garçon âgé de 22 ans, natif du village de Carlepont, distant de deux lieues de cette ville, se dispose à partir ce jour pour aller en pèlerinage à Saint-Jacques en Galice. Pour quoi, nous prions ceux qui sont à prier, de le laisser aller et revenir librement et sans aucun empêchement et de l'aider, si besoin est, de leur autorité, promettant de faire de même en pareil cas. Donné à Noyon, ce 23 août 1726.

---

1. Charles-François de Châteauneuf de Rochebonne, évêque de Noyon en 1707, abbé d'Elant, diocèse de Reims, en 1710 et de Saint-Riquier en 1717, archevêque de Lyon en 1731, mourut sur ce siège en 1740. Il signala son passage à Noyon par son zèle pour les écoles, surtout pour les écoles de filles. (Voyez à ce sujet le beau travail de l'abbé Morel, *Les Écoles dans les anciens diocèses de Beauvais, Noyon et Senlis*, p. 100).

Le dit Manier a satisfait aux ordres du roi pour le sort de la milice. DOPCENS.

Et le cachet des armes de la ville au bas, en rouge, et celles de l'évêque, en blanc.

Avec tout cela, nous sommes retournés à Carlepont, où le lendemain j'ai fait à Jean Delaplace, un bail de neuf ans, d'une de mes maisons et des terres, moyennant 50 livres chaque année. Le même jour, j'ai vendu, à Louis Vermand, un demi quartier d'aulnois, 12 livres.

J'avais 45 livres, Delorme[1] avait 30 livres, Hermand avait 12 livres. Dans le moment que nous étions prêts à partir, est survenu le nommé Antoine Vaudry, frère de mère à Hermand, qui a voulu être du voyage. Ainsi, nous étions quatre pour partir. Nous avons fait nos adieux, et sommes partis. L'on a dit la messe pour nous.

DÉPART DE CARLEPONT. — Le lundi 26, à midi, lendemain de la Saint-Louis, sommes partis de Carlepont, par la rue du Moulin, pour aller droit à Tracy-le-Haut [*Tracy-le-Mont*]; au Bac [*Tracy-le-Val*]; à Berneuil; à Pierfond [*Pierrefonds*], où nous avons couché au cabaret.

Le 27, avons passé à Condron *(commune de Fresnoy-la-Rivière);* à Crépis-en-Valois, ville où se faisaient, à Saint-Thomas, les services pour le

---

1. Il a été question plus haut d'Antoine Delaplace; Delorme doit être son surnom, comme Lacouture était celui d'Antoine Vaudry. Manier ne les désignera plus autrement. Un paysan de Carlepont nommé Delaplace a confirmé cette supposition en m'apprenant que son grand-père était Cadet Delaplace, dit Delorme.

repos de l'âme de Madame la duchesse d'Orléans¹. De là à Ormois; Amis-les-Champt [*Esmy-les-Champs*]; à Montagny, où nous avons couché dans une grange.

Le 28, à Esve; à Dammartin, petite ville; à Villeneuve; au Miny [*Le Mesnil*]; à Rouaisy [*Roissy*]; au Bourget; à Paris, où nous fûmes à l'hôpital de Saint-Gervais², où nous avons couché et soupé à merveille.

Le 29, fûmes voir la foire Saint-Laurent³, où nous y avons vu une lionne qui, de sa queue, cassait la jambe d'un bœuf, un ours, deux autres lions mâle et femelle et deux beaux tigres. Ils avaient des griffes comme des chats et juraient de même.

Hermand et Delorme ont couché à la Fleur-de-Lys-Double, rue Jean-Painmolet⁴, moi et Lacouture fûmes couchés dans la rue Saint-Antoine.

Le 30, avons porté nos passeports chez monsieur le duc de Gèvre, pour les faire signer, comme gouverneur de Paris, qui ne nous ont été remis que le.....

DES PARTICULARITÉS DE PARIS⁵. — Pendant ce

---

1. Princesse de Bade, femme de Louis d'Orléans, fils du régent, morte à vingt-deux ans.
2. Situé rue Vieille-du-Temple. On y recevait l'hospitalité pendant trois nuits. Si le lendemain, nos pèlerins couchent en ville, c'est aux frais de l'hôpital.
3. Elle se tient, du 24 juillet au 29 septembre, entre le faubourg St-Denis et le faubourg St-Martin, au profit des prêtres de la Mission. Mais le tableau qu'en trace Dulaure, n'en est pas plus édifiant.
4. Cette rue, qui figure sur le plan Truschet, se reliait, par la rue de la Tixeranderie, à l'hôpital Saint-Gervais et à la rue Saint Antoine.
5. Deux jours déjà bien remplis par les distractions de la foire Saint-Laurent et par des formalités de passeport ne pouvaient per-

temps-là, nous fûmes promener à l'Observatoire royal, au faubourg Saint-Jacques, où, dans le bâtiment, n'y a ni fer ni bois. Il fut élevé en 1667[1].

Dans la plaine de Grenel sont les Invalides. Les fondements en furent jetés en 1670, et il fut fini en dix ans de temps.

On compte que Paris a près d'un million d'habitants dont il y a au moins deux cent mille domestiques[2].

Le Parlement de Paris a été établi le premier de tous.

L'Hôtel du Luxembourg fut bâti par la reine, aïeule du roi. C'était Marie de Médicis.

L'Hôtel de Ville fut premièrement bâti de nouveau sous François I*er*, en 1535. La première pierre en fut posée avec solennité, mais le roi Henri IV, dès 1606, le fit remettre depuis le haut jusqu'en bas, avec nouvelle réparation de la salle, pavillon, colonnes et tour de l'horloge.

Le prévôt des marchands que toute la police est entre ses mains et de quatre échevins, ils sont élus tous les deux ans. Il y a vingt-six conseillers de

---

mettre, même à des gens plus instruits que nos paysans, de tracer de Paris le tableau qu'on va lire, aussi Manier a dû copier un guide et, sans aucun doute, *Le Voyage de France*, du P. Olivier de Varenne, ouvrage qui, d'après M. Babeau, parut pour la première fois en 1639 et eut au moins huit éditions. Il nous suffira d'indiquer brièvement les erreurs imputables au P. de Varenne, ce sera la meilleure preuve du plagiat de Manier, et celles ajoutées par la maladresse du copiste.

1. Ce passage se trouve textuellement en appendice dans l'édition de 1687. Des travaux, exécutés à l'Observatoire en 1828, ont infirmé cette croyance populaire et révélé l'existence de barres de fer.

2. 7 à 800,000 habitants dont 200,000 domestiques, d'après Piganiol, dans sa *Description de Paris* de 1736, p. 119.

la ville, dix sergents qui servent au prévôt et aux échevins. Les vingt-quatre porteurs de sel servent aussi à porter les corps des rois décédés. Le prévôt des marchands et les échevins sont nobles; leur charge finie, ils ont qualité de chevalier[1].

L'évêque n'est archevêque que depuis 1622, avec attribution des églises suffragantes, distraites de l'archevêché de Sens.

La Ville[2] a sept portes : celle de Saint-Antoine, celle du Temple, celle de Saint-Martin, celle de Saint-Denis, celle de Mommarthe, celle de Saint-Honoré et la Porte-Neuve.

Le pont Notre-Dame[3] et celui de Saint-Michel : fut bâti en pierres le premier depuis 1507, sous le roi Louis XII, avec six arches et soixante-huit maisons de hauteur de même aux deux côtés; aux quatre coins sont des tourterelles. Le pont Saint-Michel, ayant été bâti sous Charles VI, s'abattit en 1546 et fut refait depuis, avec des maisons des deux côtés de même hauteur.

Le Pont-Neuf fut commencé à faire en mil six cent septante-huit[4], sous le roi Henri III, qui a assis la première pierre. Henri IV l'a rachevé et

---

1. L'auteur confond le prévôt des marchands avec le prévôt de la ville. A la date où il écrit, il ne peut être question du lieutenant criminel. (Voyez Chéruel, *Dict. des Institutions de la France*).

2. Il s'agit ici de la Ville, par opposition à la Cité et à l'Université, distinction qui subsista jusqu'à la Révolution.

3. Le premier pont Notre-Dame s'étant écroulé, le prévôt et les échevins, jugés responsables, encoururent la prison et l'amende. Ils furent condamnés, non seulement à indemniser les victimes, mais encore à faire célébrer, pour le repos de l'âme des trépassés, un service funèbre qui coûta 100 livres parisis. (*Piganiol*, p. 162).

4. Simple erreur de copiste. Les diverses éditions du *Voyage de France* portent en chiffres : 1578.

fut fini en 1604. Il y a douze arcades, sept du côté du Louvre, cinq du côté des Augustins. Dessus la pointe de l'île est la statue, sur le pont, du roi Henri IV, envoyée de Florence par Ferdinand Ier, et Comme Ferdinant second, son fils, oncle et cousin de la reine Marie de Médicis, mère du roi Louis XIII[1].

Il y a soixante-trois collèges. Il y a huit portes : Saint-Bernard, Saint-Victor, Saint-Marcel ou Marceaux, Saint-Michel, Saint-Jacques, Saint-Germain, de Busy, de Nelle[2].

Il y a soixante-neuf églises. Notre-Dame faite par Dagobert, fils de Hugues Capet, et parachevée par Philippe Auguste. Ses fondements sont sur pilotis et toute la masse est soutenue de cent vingt piliers ou colonnes faisant deux allées tout autour dans l'œuvre, sans y comprendre les chapelles. Sa longueur est de cent septante-quatre pas, de largeur elle a soixante pas, de hauteur cent pas. Elle a quarante-cinq chapelles treillisées de fer. Elle a onze portes dans le tour. Sur le frontispice, les trois portaux de l'église, sont les statues des rois, relevées de pierre au nombre de vingt-huit, à commencer par Childebert jusqu'à Philippe Auguste. Il y a deux hauts clochers où dedans sont huit grosses cloches. Dans le petit clocher, sur la croisée de l'église, sont six moindres cloches. Au

---

1. François Ier de Médicis, père de la reine Marie de Médicis, eut pour successeurs, en 1587, son frère, Ferdinand Ier, et en 1609, Cosme II, son neveu.

2. *Le Voyage de France* édition de 1687, dans l'appendice déjà mentionné, indique la démolition de toutes ces portes, sauf celle de Saint-Bernard.

clocher, l'on y monte par 389 degrés. L'on va d'une tour à l'autre par deux galeries, l'une haute, l'autre basse. Il y a tant chanoines que chapelains cent vingt-sept[1].

La Sainte Chapelle de Paris fut faite par saint Louis en 1242.

Le collège de Navarre est le plus beau de tous; il fut fait par Jeanne, reine de Navarre, femme du roi Philippe le Bel. Celui de Sorbonne, par Robert de Sorbonne, familier de saint Louis.

L'Hôtel-Dieu en 660. L'hôpital des Quinze-Vingt, rue Saint-Honoré, en mémoire de trois cents aveuglés par les Sarrasins, fondé par saint Louis[2]. Celui de Saint-Louis-les-Paris, fondé par Henri IV, pour les pestiférés.

Le grand et petit Châtelet, faits par Jules César, ou plutôt par l'empereur Julien l'Apostat. Il sert aujourd'hui à tenir la cour et justice ordinaire du lieutenant civil et du siège présidial, dits à cause de ce le Châtelet et pour leur prison. L'hôtel de Clugny, rue des Mathurins, sert aujourd'hui à loger le nonce du pape. Etait aussi le palais ou château des Thermes ou bains, où logeait le même empereur.

Le Louvre est le logis ordinaire du roi, quand il

---

1. Notre pèlerin abrège fortement et écrit Dagobert pour Robert. Les dimensions données ici s'accordent avec celles trouvées par Viollet-le-Duc, sauf pour la hauteur calculée d'une façon différente. Le pas vaudrait 0^{m}75.

2. Cette erreur vient d'être réfutée par M. Léon le Grand dans son ouvrage sur *Les Quinze-Vingts* : « Monseigneur Saint Louis construisit les Quinze-Vingts, non point comme le veut la légende, pour nourrir et loger trois cents chevaliers, ses compagnons, auxquels les Sarrasins avaient crevé les yeux, mais, comme l'affirme le confesseur de la reine Marguerite, *pour ce que les povres aveugles demorassent ilecques perpétuelment jusques à trois cents.* »

est à Paris. Le premier bâtiment fut fait par Philippe Auguste qui donna des murailles à Paris et qui le fit paver et bâtir les halles. Charles V, dit le Sage, le répara et accrut. François Ier et son fils Henri II le parachevèrent. Henri IV a fait achever les Tuilleries.

L'hôtel des Tournelles, qui était autrefois au lieu où est aujourd'hui la Place Royale, fut démoli, l'an 1565, par le commandement de la reine Catherine de Médicis, parce que le roi Henri II, son mari, ayant été blessé en un tournois, dressé en la rue Saint-Antoine qui en est proche, est mort dans cet hôtel. Henri IV fit commencer les maisons de cette place, de même hauteur, l'an 1604, avec les arcades et les allées couvertes qui y sont. Au milieu de cette place, est posée la statue de Louis XIII, à cheval, le tout en bronze.

Dans l'enquête de la canonisation de saint Louis, il est porté que ce pieux prince a dépensé à faire faire la Sainte Chapelle, à Paris, plus de quarante mille livres tournois et que l'ornement des châsses et reliques qu'il donna, valait bien cent mille livres, qui était une grosse somme en ce temps-là. La même enquête de ce roi porte qu'il donna tant de blé de rente à dix ou douze chanoines qui y étaient, qu'ils avaient bien de revenu, chacun cent francs par an[1].

Reliques. — Et il y départit plusieurs trésors comme la couronne de Notre-Seigneur, les langes et drapelets dans lesquels fut enveloppé Notre-

---

1. D'après Piganiol, chaque canonicat vaut de 2 à 4000 livres, et la charge de trésorier, 8000.

Seigneur par la Vierge. Une chaîne de fer dont il fut lié. La nappe sur laquelle il fit la Cène avec ses disciples, en l'institution du Saint Sacrement de l'Autel. Une partie de la vraie Croix. L'éponge. Le fer de la lance, du moins une partie dont le soldat Longis[1] lui perça le côté. La robe de pourpre que Pilatte lui vêtit par moquerie. Le roseau que les Juifs lui mirent au lieu de sceptre. Une pièce de la pierre du Saint Sépulcre. Une partie du Saint Suaire. Une croix de triomphe. Du lait de la Vierge. La verge de Moïse. Une partie du chef de Saint Jean-Babtiste. Saint Clément. Saint Simon : qui sont les plus beaux joyaux qui sont demeurés à nos rois. Un joyau, augmenté d'un coffret d'argent doré, dans lequel fut enfermé le chef de ce religieux prince et roi saint Louis après qu'il fut canonisé.

La Chapelle[2] fut anoblie par Charles V. Il a obtenu du saint-siège, aux trésoriers d'icelle, d'user de mitre, anneau et autres ornements pontificaux, excepté la crosse, et donner la bénédiction comme un évêque célébrant le service divin. Dans le pourpris de l'enceinte du sanctuaire, cette chapelle a toujours été royale de fondation.

Monsieur Paquy nous apprend en ses recherches que nos autres rois la voulurent, par succession des temps, honorer des fruits et émoluments de leur régale. Le premier qui l'en gratifia fut Charles VII,

---

1. Saint Longin.

2. Ce passage est tiré textuellement des *Recherches de la France* par Étienne Paquier, page 302, de l'édition in-folio, publiée en 1643, chez Pierre Ménard, à Paris. Mais Manier n'a eu qu'à le copier dans l'appendice, déjà cité, du *Voyage de France*, édit. de 1687.

non à perpétuité, mais pour trois ans, lesquels étant finis, il continua autres trois ans, par ses patentes du 1ᵉʳ mars 1342[1], le tout, pour être employé moitié pour le service divin, l'autre pour l'entretènement des bâtiments et édifices. Et, par autres subséquentes, du 18 avril 1358[1], il leur continua cet octroi pour quatre ans, portant les lettres que le revenu fut reçu par les receveurs ordinaires, plus proches des lieux où écherraient les régales et par eux baillées au changeur du trésor, pour être par lui converties en la réfection et réparation des ornements et vêtements de la dite Sainte Chapelle.

Louis XI, soudain, après le décès de son père, voulant passer outre, par ses lettres du 13 septembre 1465, leur accorda, tant qu'il vivrait, le profit des régales pour employer la moitié à l'entretènement des ornements, vêtements, linges de l'église et pour en soutenir les vitres célèbres. Furent présentées à la Chambre qui ne les voulut vérifier tout à fait, mais les a seulement restreintes à neuf ans, par son arrêt du 6 novembre 1465. Depuis ce temps, on ne fit doute de leur accorder cet octroi, à la vie de chaque roi, et, de fait quasi par un vœu solennel, tous les successeurs de Louis XI leur octroyèrent, à leur avènement, tous ces profits, tant qu'ils vivraient et ne fit-on aucune difficulté à la Chambre, d'en vérifier les lettres. Charles VIII, par ses patentes du 12 décembre 1483. François Iᵉʳ, le 18 mars 1514. Henri II, son fils, le 2 novembre 1547. Jusqu'à ce que Charles IX, par son édit de Moulins du 20 février 1565, ordonna que de là en

---

1. Manier copie mal. Il faut lire 1ᵉʳ mars 1442 et 18 avril 1458.

avant tous ses fruits appartiendraient à perpétuité à la Sainte Chapelle[1].

Cette église a encore plusieurs autres prérogatives, comme de dépendre immédiatement du saint-siège apostolique, pour marcher de pair avec les chanoines de Notre-Dame, en processions publiques et avoir ses bénéfices et prébandes en la collation de nos rois.

L'évêque de Tuculi [*Tusculum*], légat en France de la part du saint-siège, consacra la Haute Chapelle le 27 avril 1248, et le même jour, Philippe, archevêque de Bourges, dédia la Basse à l'honneur de la Sainte Vierge.

En l'an 1630, un plombier étant dans le clocher de cette Sainte Chapelle, s'étant endormi, proche du plomb qu'il avait fondu pour recouvrir le clocher, le feu prit et brûla, non-seulement le clocher, mais encore tout le toit de l'église. Si ce n'eut été le secours des marchands du palais, intéressés pour leurs boutiques, sur lesquelles le plomb fondu découlait, comme un ruisseau d'eau en temps d'orage, il[2] aurait été brûlé. Louis XIII répara la perte, et le clocher fut rachevé par Louis XIV.

La Chambre de la Tournelle[3] établie la première en l'année 1667. Le parlement a été établi le premier de tous.

---

1. Louis XIII ôta la régale à la Sainte-Chapelle et lui donna, en compensation, l'abbatiale de Saint-Nicaise de Reims. (Chéruel, *Dict. des Institutions*).

2. *Il* ne se rapporte pas au toit, mais à la Sainte-Chapelle. Le guide, qui reproduit cette anecdote, le dit nettement.

3. Plusieurs chambres du parlement ont été successivement désignées ainsi, d'après le nom du lieu où elles se réunissaient, mais le P. de Varenne ne parle que de la Tournelle criminelle.

Après toutes ces particularités, à notre connaissance, sommes retournés chez monsieur le duc de Gèvres, pour prendre nos passeports qui étaient faits en cette façon :

Nous, duc de Gèvres[1], pair de France, marquis de Fontenay Mareil et Jagny, seigneur de Villier-le-Secq, Saint Ouyn, comte de Trocy et autres lieux, premier gentilhomme de la chambre du roi, brigadier de ses armées, gouverneur de Paris, capitaine et gouverneur du château et capitainerie royale de Monceaux, grand bailli et gouverneur de Crépy et du Valois, permettons à Guillaume Manier, natif de Carlepont, diocèse de Noyon, catholique, apostolique, et romain, d'aller à Saint-Jacques en Galice. Prions tous ceux qui sont à prier, de le laisser librement et sûrement passer, sans souffrir qu'il lui soit fait aucun trouble ni empêchement, mais au contraire, de lui donner tout secours et assistance en cas de besoin, promettant de faire de même en cas requis. En foi de quoi, nous lui avons donné le présent pour servir et valoir ce que de raison, et à icelui, avons fait mettre et apposer le cachet de nos armes, et contre-signer par notre Secrétaire ordinaire. Fait à Paris, le 30 août 1726. Signé: LE DUC DE GESVRES. *Par Monseigneur:* BLANCHAR.

---

[1]. François-Joachim-Bernard Potier, duc de Gèvres, né le 29 septembre 1692, gouverneur de Paris en survivance de son père, le 8 novembre 1722. (*Histoire généalogique* du P. Anselme, t. IV.).

DE PARIS
A SAINT-JACQUES-DE-COMPOSTELLE[1].

Départ de Paris. — Le 31, à dix heures du matin, sommes partis de Paris pour aller au Bourg-la-Reine, bourg ; à Antony ; à Lonjumeaux, bourg, où il y a une quantité de petites halles couvertes de chaume et une fontaine au haut. La rivière d'Orge y passe. Ce fut en cet endroit, où un nommé Antoine Louvet, de Carlepont, a appris le métier de cordonnier, où il eut le nom de : *Dempt cruel* et *Gueule d'en peine* (sic), à cause qu'il est grand mangeur. Ce fut monsieur le marquis d'Esfiat qui le fit bâtir.

De là, sommes allés à Balinvilly [*Balainvilliers*] ; après, à Sainte-Geneviève ; après Lière ; à la ferme de Bondousse où demeurait un nommé Pierre Louvet, dit *Marguette*, de Carlepont, notre village, où nous avons couché et avons été bien reçus.

Septembre, du dimanche premier. — Sommes allés au Plesier Dercouche [*Plessis d'Argouges*], à présent dit, le Plesier Septville[2], où nous avons été à la messe, où en sortant avons vu Louis, frère de Pierre Louvet, notre dernier hôte, qui nous a

---

1. Ce titre ne figure pas dans le manuscrit. On trouvera à l'appendice A, trois itinéraires que l'on peut comparer avec celui de Manier. Nous avons préféré, pour la France l'orthographe de Cassini, et pour l'Espagne celle de Lopez, dont les cartes datent également de la fin du xviiie siècle.

2. La carte de Cassini indique le Plessis d'Argouges, commune de Fleury-Mérougis, mais pas le Plessier-Septville.

menés au château voir le nommé Lefeubvre, dit Baujoin, leur oncle maternel, qui était receveur de ce château, qui, à la considération de ses neveux, nous a fort bien reçus[1]. Il avait avec lui une de ses nièces, sœur de ces Louvet, nommée Marie. Nous avons eu, de sa part, un lit au cabaret, où nous avons couché.

Le lendemain 2, ayant pris congé de lui, sommes partis pour aller à Bertigny [*Bretigny*]; à la Bertonnière [*Bretonnière*]; à Guittville [*Guibeville*]; à Esurinville [*Avrainville*]; à Tarfous [*Torfou*]; à la Poste [*de Bonno*]; à Estrechy le Caron; à Estampe, ville, (c'était le jour de la foire); à Ville Sauvage; à Mondy [*Montdesir*]; à Monarville, où nous avons couché à l'enseigne des *Trois Reines*. Les pots d'étain de mesure de ces cabarets : derrière l'anse est la largeur d'un écu d'étain qui manque exprès à ces pots[2].

Le 3, sommes allés à Angerville; à Toury, bourg;

---

1. Les registres de Carlepont nous montrent souvent des Louvet et des Lefeubvre unis à nos pèlerins par des liens de parenté et d'affection. Ces deux familles étaient alliées: un acte du 22 septembre 1711 nous fait connaître Louis Louvet, dit Marquet, époux de Barbe Lefeubvre, et la même année, un acte du 30 avril nous montre un de ces Lefeubvre également receveur de la terre de Carlepont. C'est donc pour voir des amis que nos pèlerins ont quitté, à Lonjumeau, la route directe de Paris à Orléans; ils vont la retrouver à la poste d'Estrechy.

2. Le texte porte: « Les pot destin de mesure de ces cabaret derier lance et la largeur dun escus destin qui manque expres a ces pots. » Je ne vois pas d'autre sens que celui-ci: Dans ces cabarets, les pots de mesure en étain présentent cette particularité, que, du côté de l'anse, il y a un trou dans l'étain, de la grandeur d'un écu.

Il se trouve en effet, au musée d'Orléans, d'anciens pots de mesure, en étain, dont le rebord, échancré du côté de l'anse, facilite l'action du pouce sur le bouton du couvercle et donne ensuite passage à ce bouton, quand le couvercle est relevé.

à Chantilly [*Santilly*][1]; à Artenay, bourg; à la Croix Briquet, où nous avons couché à *la Montjoie*.

Le 4, à Langerrie [*Langennerie*]; à Sercotte, où en sortant se passe un bois; à Orléans, ville.

DE LA VILLE D'ORLÉANS. — Dans cette ville, la rivière de Loire y passe. La cathédrale est Saint-Agnan, fondée par Charlemagne. Cette ville a eu autrefois titre de royaume, ensuite titre de duché donné pour apanage aux enfants de France. Ce fut Louis, frère du roi Charles 7 (*sic*), qui le reçut sous ce titre. Saint Agnan est le patron de la ville.

Sur le pont, est une croix de bronze, où au bas est l'image de la Vierge, tenant Jésus-Christ entre ses bras pour l'ensevelir. A un de ses côtés est à genoux le roi Charles VII, l'épée au côté. De l'autre est la pucelle d'Orléans, armée, bottée, éperonnée, l'épée au côté, à genoux comme le roi, faisant génuflexions. Elle a, comme une espèce de plastron, à son dos, garni comme de coquillages, avec ses cheveux épars. Tout est de bronze. Cette pucelle se nommait Jeanne Darcq, dont il fut changé en celui *de Lis*. Elle était native de Vaucouleur, en Loreine. Son épée se montre à Saint-Denis. Il se fait une procession en sa mémoire, tous les ans, le 12 de mai, où tous par ordre de la ville se trouvent et vont juqu'au pont, où se dit une messe. C'est la fête de la ville.

La forêt d'Orléans est de 70.000 arpents de bois.

---

1. Santilly-le-Viel et Santilly-le-Moutier (Eure-et-Loir), à 3 kilomètres sur la droite de la route de Paris à Orléans, sur le *chemin de César*, de Chartres à Orléans par Arthenay.

Elle avait été mesurée sous François Ier et avait pour lors 140.000 arpents. Après, avoir été défrichée et mise en terres labourables à blé, vigne ou prairie. Elle commence à Monpipeaux, va du côté du chemin romain, va à Giens[1].

Après avoir vu les particularités d'Orléans, sommes passés sur deux ponts, sur un desquels était un crucifix de bronze. La rivière, pour lors, était à sec. Pour, à l'égard de la ville, elle est de bonne grandeur: des basses rues étroites et bien marchandes et peuplées. Avant que d'arriver à la porte de la ville, pour la quantité de maisons et jardins qu'il y a, il semble un long faubourg d'une lieue. La place de la ville est assez grande, mais mal située.

DÉPART D'ORLÉANS. — De cette ville, avons pris la route de Saint-Memin, bourg; à Notre-Dame de Clairy, bourg; et nous avons couché dans une ferme, une demi-lieue de là, dans une grange.

Le 5, aux Trois Cheminées; à Saint-Laurent des Eaux, bourg; à Nouan, bourg; à Muydes; à Saint-Guis [*Saint-Dic-sur-Loire*], petite ville; à Montliveaux; à Saint-Claudes, d'où se voit le château

---

1. Tous ces détails sont copiés, avec quelques erreurs. Ainsi Manier, parlant de Saint-Aignan, écrit cathédrale pour collégiale. La cathédrale est Sainte-Croix. Fondée par saint Euverte, terminée par saint Aignan, brûlée par les Normands, elle a été reconstruite dans son état actuel en 1601. On y vénérait une relique de la vraie Croix et le calice de saint Euverte (voir l'appendice B).

La fête avait lieu le 8 et non pas le 12 mai. Quant à la statue de Jeanne d'Arc, qui datait du xve siècle, elle fut transférée à l'hôtel de ville lors de la démolition du vieux pont en 1745, et fondue, en 1792, pour faire des canons. L'un d'eux fut appelé « *la Pucelle d'Orléans*.

de Chambort, résidence du roi Stanislas. C'est un château superbe. Un quart de lieue plus loin, en est un autre où la reine douairière de Pologne demeurait[1]. Nous avons couché à une ferme peu loin de là.

Le 6, à Blois.

DE LA VILLE DE BLOIS. — En entrant à cette ville, nous avons vu plusieurs cadavres pendus et rompus : un pour avoir volé un carrosse, l'autre pour avoir habité avec une vache. Le monstre est venu au monde et on l'a brûlé avec ce misérable.

La rivière de Loire passe en cette ville. Cette ville est un comté. A trois lieues de cette ville est un endroit, nommé le château de Bussy, où dans le milieu de la cour du château, se voit, en bronze, la statue du roi David, d'un grand prix. Elle fut apportée de Rome avec celles de plusieurs rois et empereurs et entre autres celle du moine Fustembergts, celui qui inventa la poudre et l'artillerie[2].

---

1. Ici Manier ne copie pas et se montre bien renseigné, car le roi Stanislas n'habitait Chambord que depuis le 25 octobre précédent. Mais quelle peut être cette reine *douairière* de Pologne ? J'imagine que notre paysan a cru employer ce terme fort impropre comme synonyme de *belle-mère* du roi de France. Quant au château, l'étude de la carte de Cassini m'avait fait songer à Saumery. Une communication du comte Henri de la Bassetière m'apprend justement, que ses ancêtres maternels, propriétaires de ce château et gouverneurs de Chambord, eurent l'honneur de recevoir plusieurs fois le roi Stanislas chassé de Chambord par la fièvre et qu'une chambre du château s'appelle encore « la chambre du roi de Pologne. » Serait-il bien téméraire de supposer qu'à cette époque c'était Catherine Opalinska qui était venue chercher à Saumery un air plus salubre ?

2. Ce passage est copié littéralement. S'il faut décharger Manier des erreurs qu'il renferme, on n'en peut tirer aucune preuve de l'existence du David de Michel-Ange au château de Bury, en 1726. La Saussaye a fort bien raconté l'histoire de cette statue.

A Blois, se voit un fort beau château, qui tient à l'église cathédrale, qui est élevé sur une éminence, qui fait une belle face à la ville qui est en bas. Ce château fût fait par François I*er* et par la reine Catherine de Médicis[1]. Dans une allée du jardin du château, se voit l'effigie ou gravure d'un cerf qui fut pris du temps de Louis XII, qui a un bois de vingt-quatre rameaux. Le jeu de paume a, de long, cinquante-sept pas et vingt de large, estimé le plus grand de la France, si celui de Saint-Germain-en-Laye ne le compare.

Il y a un fort beau pont, tout neuf, magnifique, où dessus est une croix élevée fort haute. Elle est de pierre, de trente ou quarante pieds. Au-dessus, est une belle croix de fer doré avec une grosse pomme dorée aux bouts. La croix est sur la droite en allant à la ville. Le pont a 400 pas de long. Il y a un petit port assez beau.

Destinée à Pierre de Rohan, maréchal de Gié, elle échut, après sa disgrâce, à Florimond Robertet, son successeur dans la faveur royale. La république de Florence étant fort en dette vis-à-vis du roi Louis XII, le trésorier n'eut pas de peine à faire comprendre que ce cadeau simplifierait les comptes. Il voulait même y faire ajouter un piédestal qu'il prétendait payer. Cette statue figure à Bury dans un dessin de Du Cerceau de 1579. Elle y existe encore, d'après Jodocus Sincerus, en 1649, et d'après Du Verdier, en 1655. Mais, dès 1682, Bernier n'en parle plus que comme d'un souvenir. Elle disparut quand le marquis de Rostaing, propriétaire de Bury et d'Onzain, dédaigna le premier de ces châteaux pour le second. Pierre Clément croyait l'avoir retrouvée dans une dépendance de Saint-Cloud, mais MM. de Montaiglon et Courajod, dans le *Bulletin des Antiquaires de France*, (séance du 18 mars 1874), et dans la *Gazette Archéologique* de 1885, ont détruit cette espérance.

1. Notre pèlerin continue à écrire cathédrale au lieu de collégiale. La cathédrale est précisément à l'autre extrémité de la ville. Quant au château, chacun sait que la partie la plus ancienne date de Louis XII et la plus récente de Gaston d'Orléans.

C'est là où l'on apprend à fond la langue française.

De Blois, sommes allés à Choisy d'Onzin [*Chousy d'Onzain*]; Onzin, bourg; à Veusve; à Chantier [*Hautchantier*], où le mal de pied m'a si fort incommodé que je ne pouvais plus marcher. Mes camarades avaient l'avance de plus de deux lieues. Un cavalier m'a attrapé. Comme n'allant pas bien vite, et, me voyant fatigué, m'a dit un remède pour endurcir mes pieds; savoir du suif de chandelle, de l'eau-de-vie et de l'huile d'olive fondus ensemble. En blasser les pieds fait des merveilles. Avant que d'entrer à Amboise, mes camarades m'attendaient sur le chemin avec cinq autres pèlerins du village de Quertancourt [*Cannectancourt*], près Noyon, qui allaient aussi à Saint-Jacques et ils nous ont quittés avant d'entrer dans la ville. Nous y avons couché.

D'AMBOISE. — Avant que d'entrer en cette ville, est un pont, où il faut passer sur la rivière de Chère[1], qui est de bois, où se paie, par tête, deux deniers. Cette monnaie y valide à cause de cela. Ce pont a, de longueur 365 empas. Cette rivière est impétueuse et dangereuse.

Le lendemain, samedi 7, me sentant soulagé de mes pieds, sommes partis, pour aller au château, pour y voir le bois d'un cerf qui avait vécu 900 ans[2].

---

1. C'est la Loire et non le Cher. Nos pèlerins, arrivant de Blois par la rive droite du fleuve, doivent le traverser pour entrer à Amboise bâti sur la rive gauche.

2. Ce renseignement se trouve dans tous les guides et c'est tout ce que Monconys signale de curieux à Amboise, lorsqu'il passe par

Dans la ville est une cloche furieuse (*sic*) appelée communément Georges d'Amboise. Il n'y a rien de rare en cette ville, les rues fort petites et peuplées. Il y a quantité de caves, hors de la ville, dans des rochers.

Départ d'Amboise. — Nous sommes partis de cette ville pour aller à la Croix, bourg; à Bléré, petite ville. Ce sont tous pays de vigne. La Chère passe là. A Ofaux [*le Fau*]¹ sur-Indre, bourg; à Mantlan, bourg, passe la rivière de Drome, où nous avons couché, dans une ferme, sur la paille, où dedans j'ai perdu 12 sols.

Le 8, dimanche, après la messe, sommes allés à Ancelle [*Laselle*]; au Port-de-Ville, bourg, où l'on passe la rivière de Creuse ; de là à les Ormes, bourg; à Danger, bourg; à Ingrandes, bourg, où nous avons couché dans l'hôpital qui est abandonné.

Le 9, à Châtelreaux, ville.

De Chatelreaux. — La rivière de Vienne passe en cette ville. Le pont a 9 arches, 230 empas de long et 66 de large. Ce fut la reine Catherine qui commença à le faire bâtir et il fut achevé par le duc de Sully, gouverneur de la province. Il y a un vieux château où dans les masures se trouvent certaines petites pierres fort belles, que l'on appelle diamants de Châtelreaux et qui, étant polies, ont du rapport à des vrais diamants. Ce château est

---

cette ville pour se rendre à Compostelle. (Voyez ses *Voyages*, t. III, p. 4).

1. Cassini place le Fau sur l'Echandon, affluent de l'Indre, et n'indique aucun chemin jusqu'à Mantlan [*Manthelan*], poste, sur la route de Paris à Poitiers.

hors de la ville. Cette ville est renommée pour la qualité des bons couteaux et ciseaux.

Nous fûmes arrêtés à la maréchaussée, qui nous ont fait défense de marcher quatre ensemble, à cause de la quantité de voleurs qui rôdaient par là. De là sommes passés le bois[1], pour aller à la Tricherie; à Clin [*Clain*]; au Grand Pont des Ances[2]; à Poitiers.

De la ville de Poitiers. — La rivière de Clein passe au bas de cette ville. Cette ville est située comme sur un coteau. Dans l'église de Saint-Pierre se gardent beaucoup de saintes reliques. Dans celle de Saint-Hilaire, s'y voit une pierre, qui consume les corps morts en 24 heures de temps, le tombeau de Geoffroi-la-Grand-Dempt, fils de Merlusines, et une chambre où se garde le tronc d'un arbre appelé *le Berceau Saint-Hilaire*, où l'on y amène les fous pour les faire reposer dedans, avec quelques prières que l'on fait dire avec une messe, sous cette croyance qu'ils y recouvrent leur bon sens. Et ceux qui se veulent railler les uns les autres dans le pays, se renvoient au *Berceau Saint Hilaire*.

Dans cette ville, est un maire, 25 échevins et 75 bourgeois. Le maire est élu tous les ans, le jour Saint-Ciprien.

Charlemagne y fonda l'église de Sainte-Croix, comme celle de Saint-Jacques-l'Hôpital à Paris[3].

---

1. La forêt de Châtellerault. Tout ce qu'il dit de cette ville est également copié textuellement.
2. Le Grand-Pont, sur l'Auzance, dernière poste avant Poitiers.
3. Cette erreur a été réfutée par M. Bordier dans son *Histoire de la Confrérie de Saint-Jacques à Paris*, et je me suis expliqué dans l'Introduction sur cette croyance populaire, en faveur de Charlemagne. Quant aux reliques de saint Hilaire, voyez l'appendice B.

Le pavé de cette ville est fort petit et pointu comme celui de Verdun. Cette ville est grande et déserte, peu peuplée. Au milieu de la place est la statue de Louis XIV, en bronze peint en vert[1], le bâton royal à la main droite et la gauche sur son côté. Il est élevé sur un piédestal en carré, où chaque coin est une figure d'homme jusqu'à la ceinture. Autour est une grille de fer, en carré de 13 à 14 pieds de haut. Le palais est grand, mais désert, où se fait des peignes de buis, de corne et autres. Il y a un grand plaidoyer.

Nous avons couché chez Madame Lamontagne, rue de la Tranchée.

Le lendemain 10, fûmes faire raffraîchir nos passeports, par monsieur Dutière, pour lors maire. Ensuite avons passé les bois, pour aller à Croutel, où nous avons couché.

Le 11, à Colombiers ; à Lusignan, ville.

DE LUSIGNAN. — C'est de cette ville qu'est sortie l'illustre maison de Lusignan qui a donné des rois à Cipres et à Jérusalem. La rivière de Clein y passe. Il n'y a rien de rare en cette ville.

DÉPART DE LUSIGNAN. — De cette ville, sommes allés à Chnet [*Chenay*], bourg, où nous avons couché.

Le 12, à Chet [*Chey*], bourg ; à la Bart [*la Barre*] ;

---

1. Dans cette description, je ne vois à l'actif de Manier que le souvenir douloureux du pavé de Verdun, souvenir dont je puis contrôler l'exactitude, et une description de la statue de Louis XIV, qui par sa date, 1687, ne pouvait figurer dans le guide du Père de Varenne. Le bronze peint en vert est une idée de Manier qu'on ne saurait lui contester.

à Saint-Léger, bourg; à Briou, bourg, où nous avons couché[1].

Et sommes partis le 13, devant le jour, à cause que les archers arrêtaient chacun à cause des vols qui se faisaient fréquemment. Il y avait un pont, comme une longue chaussée, avant d'être dans le village, long de bien 200 empas. On nous dit qu'ils menaient les gens à Rochefort ou à la Rochel, pour les embarquer pour les îles[2]. Cela nous donna beaucoup de terreur, qui fit que nous avons passé ce pont deux à deux, pieds nus, à 3 heures. Le principal sujet que l'on arrêtait chacun était à cause que quatorze garçons, d'une bande, avaient volé et violé une fille, et l'avaient attachée à un arbre après cela.

Après être passés ce bourg, sommes allés à Ony [*Aunay*] bourg, où dans le milieu des champs, y avons vu les ruines d'une belle église qui avait été faite par les Anglais, où, au-dessus du portail, est la statue en pierre de Charlemagne à cheval, la couronne sur la tête. Autour de l'église, est comme un cimetière où se voit un nombre infini de tombeaux, de pierre dure, fermés[3].

---

1. Nos voyageurs, devant rencontrer la Boutonne avant d'arriver à Briou et n'ayant traversé cette rivière que le lendemain, couchèrent non pas dans le bourg, mais au lieu dit *le Bout du Pont*, marqué sur la carte de Cassini.

2. Peu d'années auparavant, pour coloniser la Louisiane, on y avait expédié non-seulement des gens sans aveu et des filles perdues, mais d'honnêtes artisans embarqués de force. (Voyez le Président Hénault, t. IV, p. 153) On voit que ces tristes pratiques continuaient.

3. Ce renseignement est d'autant plus intéressant, que cette belle église du XIIe siècle, isolée au milieu des champs, à peine citée par Viollet-le-Duc, *Dict. d'architecture*, t. V, p. 173, était presque inconnue avant l'étude de M. de Lasteyrie, *Gazette Archéologique* de 1886. Le Charlemagne, comme tant d'autres cavaliers qui déco-

De là, sommes allés à Viroulet [*Virollet*]; aux églises d'Argenteuil, bourg, où nous avons couché assez bien.

Le 14, sommes allés à Saint-Julien [*de Lescap*], bourg. Tous ces pays sont des vignes qui n'y a pas d'échalas. Le vin vient dans les pierres. Le raisin en est excellent. De là, à la Rue; à Gnière [*Annière*], bourg; à Saint-Hilaire, bourg; nous avons passé derrière Ville-Dieu, à cause que l'on y arrêtait[1]. Nous avons couché à Saint-Hilaire.

Le 15, à la Rouvre [*la Roulerie*]; à Xaintes, en Xaintonges, ville capitale de cette province, où nous avons couché.

DE LA VILLE DE XAINTES. — Dans cette ville, était un chantre de notre village. Il était à la cathédrale qui est Saint-Pierre, nommé Houpin[2]; nous avions même une lettre de recommandation pour lui. Cet homme nous dit qu'il croyait que ce fût un rêve de nous voir à quatre de son même village, que

---

rent, en Poitou, les portails des églises, est reconnu aujourd'hui pour un Constantin. Devenu un tronçon informe, il est relégué dans un coin de l'église. Le cimetière a été conservé, mais il ne contient plus de tombeaux anciens. Une inscription funéraire, transportée au musée de Saintes, les ferait remonter à l'époque gallo-romaine. (*Recueil de la Commission des Arts et Monuments de la Charente-Inférieure*, t. I, p. 57).

1. Ainsi, après avoir évité Villedieu, entre Briou et Aunay [*Aulnay*], ils quittent à ce bourg la route habituelle de Poitiers à Saintes (Appendice A, *Itin. de la Nouvelle guide et des Chansons*) prennent le chemin de Saint-Jean-d'Angély, le quittent à Saint-Julien-de-Lescap et sans route tracée, en passant par le hameau de la Rue, retrouvent enfin à Annière, la route de Niort à Saintes par Saint-Jean-d'Angély.

2. Probablement un parent de leur vieux maître d'école de Carlepont, Charles Houpin. Malgré tout le plaisir de cette rencontre, on aurait tort de lui attribuer le détour de Saintes, c'était la route habituelle. (Voyez l'appendice A).

depuis qu'il était là, il n'en avait pas seulement vu de Noyon, qu'il était charmé de nous voir. Il nous fit dîner splendidement et souper de même et nous fit donner un lit à la maison, où pend pour enseigne, *le Fort Louis*, vis-à-vis la porte Saint-Louis, une des portes de la ville, du côté de Blaye.

Le 16, sommes allés chez lui déjeuner et dîner. Cet homme est marié là, avec la fille d'un cordonnier de la Rochelle, qui lui a donné du bien assez. Elle nous fit bonne mine aussi. Elle a eu sept mille livres. Il avait avec lui la nièce de sa femme, nommée mademoiselle Lefeubvre, que nous avons trouvée mariée en revenant.

La rivière de la Charente y passe. Il y a une partie de la ville plus élevée que l'autre, sur laquelle est la tour de Mantrible, près du pont. Elle fut faite du temps des Romains. Il n'y a, au pont, que deux arches[1]. La cathédrale est Saint-Pierre, faite par Charlemagne, dont se voit la tête gravée sur la muraille dans l'église. L'on y remarque la vis du degré, pour aller au clocher. Par le dehors de la muraille, on y voit une Y pour marquer, à ce que l'on dit, que Charlemagne aurait fait bâtir autant d'églises en France, avant celle-ci, comme il y a de lettres à l'alphabet. Dans le faubourg Saint-Eutroppes, est l'église du même saint, où dedans se montre la tête, qu'en la touchant, l'on est guéri

---

1. Ce n'est pas au pont, mais à la tour de Mantrible que *Le Voyage de France* attribue deux arches. Le vieux pont, lors de sa démolition, en comptait cinq, et Viollet-le-Duc en donne un curieux dessin de 1574. D'après une bienveillante communication de M. le chanoine Laferrière, la tour Mantrible ou Montrible est un reste de l'ancienne citadelle successivement détruite pour élever le couvent des Carmélites en 1629 et l'hôpital en 1687. Son nom serait une corruption de *Mons terribilis*.

de plusieurs maux[1]. Sur le pont, est la statue de saint Charles. Dans la ville est un couvent, où l'abbesse est une Biron.

Cette ville est en partie dans un fond, fort souvent inondée des eaux.

Après cela, sommes partis avec deux lettres que Ch. François Houpin nous avait données de recommandation : une, (pour la liberté de passage de Blaye à Bourdeaux, comme l'on ne passait pas facilement), pour monsieur Dupeux, maître de pension à Blaye; et l'autre, pour un chantre à Bourdeaux, avec un écu de 3 livres qu'il nous donna. Avec cela sommes partis.

DÉPART DE XAINTES. — Le 16, sommes allés à la Jartes [Lajard], où devant, nous avons vu un homme roué, en chemise fine, de la compagnie de Cartouche[2], nommé *Brides-les-Beuf* et son garçon *Brides-les-Vaches*. De là, à Pont, ville, où nous fûmes chez monsieur Guerleaux, procureur général de l'hôpital, pour voir nos passeports. Il nous donna un billet pour aller coucher à l'hôpital,

---

[1]. Manier continue de copier, au lieu de raconter ce qu'il a vu. Il n'y avait point de tête de Charlemagne gravée sur la muraille de l'église, mais une statue de l'empereur, placée extérieurement dans l'angle de deux contreforts du clocher. Cette statue a été cassée par les protestants et il n'en reste que la partie inférieure. L'Y, sur laquelle on a bâti une légende, ne doit être qu'une simple marque de tâcheron. Mais il n'en est pas moins vrai que Charlemagne séjourna à Saintes en 777. Le pape Nicolas I*er*, écrivant à l'évêque Gui de Rochechouart au sujet de la restauration de l'église Saint-Pierre, lui rappelle qu'elle avait été richement dotée à sa naissance par Charlemagne. (*Recueil de la Commission des Arts et Monuments de la Charente-Inférieure*, p. 173). Au sujet des reliques de saint Eutrope, voyez l'appendice B.

[2]. Cartouche rompu vif en place de Grève, le 28 novembre 1721.

où[1] nous y avons eu chacun chopine de vin et une livre de pain, et mal couchés.

Le 17, à Bleur [*Belluire*]; à Saint-Chnis [*Saint-Genis*], bourg; à la Bergerie, où nous avons couché.

Le 18, à Pesrou [*Peyrou*][2]; à Mirambeaux, bourg; au Petit-Gnort [*Petit-Niort*]; à l'abbaye de Pleinne-Seve, bourg; à Saint-Aubin, bourg; à Torlie [*Etauliers*], bourg; à Pontel; à Fouchouboudeaux [*Fossebondan*]; à Saint-Martin; à Blaye, ville et port de mer, où nous avons couché.

Le lendemain 19, DE BLAYE. — L'église de Saint-Romain est la principale de cette ville, fondée par Charlemagne. Les habitants disent que Roland-le-Furieux ou Roland-le-Palatin, neveu de Charlemagne, était natif de cette ville et qu'il en était comte. Il fut enseveli en cette église de Saint-Romain, où fut mise son épée Durandal et sa trompe de chasse, au pied de son tombeau, qui depuis fut portée à Bourdeaux, à Saint-Surin[3].

Les habitants de Blaye sont presque tous soldats pour garder la ville.

La ville est séparée d'avec les faubourgs. La citadelle est sur une éminence, où dedans sont deux moulins à vent. Cette ville n'est pas grande, mais longue, dispersée en deux ou trois parts, fort

---

1. Sur cet hôpital, un des premiers que nos pèlerins rencontrent, voyez l'intéressante brochure de M. Lavergne, *les Chemins de Saint-Jacques en Gascogne*, p. 35. Cet hôpital existe encore et j'ai tout lieu de croire que le pèlerin de Chiry y a reçu l'hospitalité. Ce vieillard oubliait tous les noms et se souvenait seulement de n'avoir été reçu qu'une seule fois dans un hospice, peu avant d'arriver à Bordeaux.

2. Commune de Saint-Disant-du-Bois.

3. Ce passage, copié dans *le Voyage de France*, semble également tiré presque textuellement du *Codex*. (Voir l'appendice B).

peuplée et marchande à cause du port, où la Garonne arrose les murailles du fort. A une portée de fusil, dans l'eau, est un fort[1] pour découvrir, où les soldats de Blaye vont tous les jours monter la garde avec des petites barques.

Le poisson y est bon marché.

Ayant quelques prises avec Hermand, moi et Delorme, avions résolu de quitter ce Hermand ; pour cet effet avons passé la Garonne dans deux vaisseaux[2], le 19, moi seul dans un, ayant ma provision de vivres, ma gourde pleine de vin blanc et douze sardines grillées. Il m'a coûté dix sols de passage.

Le port de Blaye est assez beau, rempli de vaisseaux de toutes parts.

Nous sommes arrivés, après avoir fait sept lieues sur mer, à Bourdeaux.

DE LA VILLE DE BOURDEAUX. — Etant arrivés dans le bassin du port de cette ville, avons vu comme une forêt de bois, pour la quantité de mâts de vaisseaux qui remplissaient ce port, au nombre de plus de 200. Ce port est appelé le Port de la Lune, à cause de sa forme en croissant, qui est fait cependant comme un arc dont la ville est la corde.

---

1. Le Paté.
2. *Quand nous fûmes au port de Blaye, près de Bordeaux,*
   Nous entrâmes dedans la Barque pour passer l'eau.
         Il y a bien sept lieues par eau,
               Bonnes me semble
            Marinier, passe promptement
             De peur de la tourmente:
(*Les Chansons des pèlerins de S. Jacques* : 3ᵉ couplet de la 1ʳᵉ).
Voir aussi *la Nouvelle Guide*, appendice A.

Ce nombre d'environ 200 vaisseaux était fort bien équipé, royalement. Il y en avait de 40 pièces de canon de toutes les nations : des Indes, d'Espagne, d'Escosse, d'Irlandes, d'Angleterre, d'Holandes, de l'Orient, de la Turquie, de France, le tout, peint en différentes couleurs, très beau[1].

Nous sommes rejoints au port et avons marché ensemble.

Le Parlement de cette ville fut établi par Charles VII en 1461.

La France possède 15 archevêchés : le premier est Paris, Raims, Sens, Lion, Bourges, Tour, Nerbonnes, Auche, Toulouse, Rouen, Bourdeaux, Ambrune, Vienne, Arles et ......[2]. Les primats sont : Sens, Lion, Bourges, Nerbonnes, Rouen, Bourdeaux et Vienne.

La rivière de Garonne sort des Monts Pirennés, elle reçoit la Dordogne. A Bourdeaux est le flux et

---

1. Ici Manier ne copie plus le P. de Varenne et se rencontre avec le duc de Saint-Simon qui, arrivant à Bordeaux en 1721, évalue le nombre des navires à trois cents et déclare que ce port est ce qu'on peut admirer de plus beau après celui de Constantinople. La même impression se retrouve dans ces vers :

> *Et vîmes au milieu des eaux,*
> *Devant nous paraître Bordeaux,*
> *Dont le Port en Croissant resserre*
> *Plus de Barques et de Vaisseaux*
> *Qu'aucun autre Port de la Terre.*

(*Voyage* de Bachaumont et Chapelle).

2. Cette lacune est une des meilleures preuves du plagiat commis par Manier en même temps qu'un témoignage de son exactitude. Le P. de Varenne annonce quinze archevêchés et n'en énumère que quatorze, Manier s'en aperçoit et laisse en blanc le nom qu'il ignore. (Voyez l'édition de 1648, p. 5). L'archevêché oublié est celui d'Aix, et, à l'époque où Manier écrivait, la France comptait trois archevêchés de plus : Albi, érigé en archevêché en 1678, Besançon et Cambray réunis à la France en cette même année 1678, par le traité de Nimègue.

reflux. Sur l'autre rive de la Garonne, est un bois de cyprès, dont ceux qui partent de Bourdeaux prennent une branche de ces cyprès de la main du maire ou des jurats.

La ville a de tour 2583 brasses et 905 de long. Il y a treize portes.

Il y a un maire et six jurats, avec autant de quartiers que l'on appelle jurades. Ils ont été autrefois cinquante jurades et ont été réduits à six, depuis 1548. Le maire est toujours un seigneur du pays, et les deux premiers jurats sont de la noblesse; les deux autres sont deux avocats en parlement; et les deux autres sont bourgeois ou marchands. Ils ont une belle suite de plusieurs officiers politiques et archers du guet. Ils sont quarante archers qui vont devant eux, quand ils vont en corps. Le maire est revêtu d'une robe de couleur blanche et bleue, avec des parements de brocart; et les jurats ont des robes de damas blanc et rouge, doublé de tafetas rouge. L'archevêque ou le doyen du chapître, à son absence, reçoit le serment du maire dans l'église cathédrale de Saint-André.

Il y a dans la ville : douze paroisses, huit couvents de religieux et religieuses, le Collège des jésuites, (où sont reçus les pèlerins de Saint-Jacques par fondation) fondé l'an 1580[1].

Il y a un ancien château, dans la ville, appelé du Ha ou du Fart, et un autre appelé le Château-

---

1. Tout ce passage est copié (p. 79 et s.) sauf la mention relative à l'hospitalité des jésuites, et cette addition est faite si maladroitement, que 1580, date de la création du collège, semble celle de cette fondation, d'autant que Manier écrit : *fondée*. Ce renseignement

Trompette, qui est un ouvrage du roi Charles VII, de l'an 1454, pour empêcher les fréquentes révoltes de la ville pour les Anglais. Le premier est vers le couchant, dans un lieu marécageux, près de Saint-André. Le Château-Trompette est sur le bord de la Garonne.

Après avoir expliqué tout cela, je dirai en passant que les vendanges étaient prêtes à se faire et que, pour cet effet, la méthode du pays est que les vendangeurs s'assemblent sur une place exprès, dans la ville, environnée d'allées d'arbres; où il s'en trouve là quelquefois cinq à six cents avec les paniers et autres outils nécessaires pour la vendange; où les bourgeois, qui en ont besoin, vont sur cette place convenir avec le chef, de 5, 6 ou plus, s'il en a besoin, à tant par jour, et les emmène de cette façon à sa vigne.

Et comme un de nous était incommodé, qu'il s'était fait saigner à Blaye, avant l'embarquement, que cela n'allait pas mieux, nous l'avons mis à l'hôpital aux Jésuites, où il fut bien couché et sollicité; et, pour lui faciliter sa convalescence, nous autres trois, nous sommes mis dans la foule des vendangeurs et nous fûmes enlevés d'un seigneur pour vendanger à ..... sol par jour. Avons

---

confirme le 4ᵉ couplet de la IIᵉ *Chanson des Pèlerins*:
Aux Jésuites sommes allés
Qui nous ont donné grande joie,
Pain et vin pour notre souper.

Voilà qui atténue singulièrement l'importance de cette réflexion de Lacolonie, au sujet de l'hôpital Saint-Jacques de Bordeaux: « La dévotion du pèlerinage est si usée, qu'à la réserve de quelque mendiant qui se sert de ce prétexte pour avoir plus de charité, on ne s'aperçoit plus qu'il passe plus un. » (Cité par l'abbé Pardiac, *Pèlerinage de Compostelle*, p. 180).

venu coucher aux Jésuites, où nous eûmes chacun chopine de bon vin, une livre de pain et bien couché.

Le 20, nous fûmes retrouver notre gentilhomme, nommé monsieur Giast, qui nous a menés au Bourscades[1], sur le bord de la Garonne, à une demi-lieue de la ville. Nous étions à lui vingt-neuf, entre lesquels en était un, natif de Bergerat, qui avait le même nom que moi: Guillaume Meunier[2]. Ce qui nous fit connaître, ce fut quand le monsieur nous appela nom par nom; nous avons répondu tous deux et nous fûmes surpris tous deux. Par rapport au nom, nous nous sommes divertis ensemble. Nous avons couché dans une grange.

Le 21, avons travaillé dans une autre vigne.

Le 22, avons eu fait et sommes revenus à Bourdeaux et avons remis notre dernière lettre de Houpin, de Xainte, au chantre nommé Lafargues, musicien à Saint-André. Nous avons couché aux Jésuites.

Le 23, avons vendangé dans le même village, pour un vigneron.

Le 24, pour un autre, à Coudrant[3], de l'autre côté de la ville, à 8 sols par jour et nourris.

Le 25, encore.

Le 26, avons eu fait. Nous sommes retournés à Bourdeaux voir le marché, où se vendent toutes sortes de denrées; où dessus est une fontaine, avec

---

1. Le Bouscaut, commune de Cadaujac, au sud de Bordeaux, sur le chemin de la Brede.
2. Meunier, Manier, Magnier, Magni: c'est tout un pour un Picard.
3. Caudéran, au nord-ouest de Bordeaux, entre Mérignac et le Bouscat.

un beau bassin de gré fort grand, où l'on descend dedans par quatre endroits, de quatre à cinq degrés chacun et plus même. Le bassin est rond; l'eau se perd par des trous souterrains; les tuyaux, d'où sort l'eau, ne sont qu'à un pied du bassin; et le bassin est cinq ou six pieds plus bas que le pavé. Au-dessus de cette fontaine est un vieillard peint en blanc, avec des ailes et un bâton à la main[1].

De là, fûmes voir la cathédrale Saint-André. Il y a trois beaux clochers de pierre en flèche, hauts, élevés, percés à jour comme celui de Saint-Thomas de Crépis-en-Valois, faits par les Anglais[2].

Il y a, pour forteresses, à cette ville, trois châteaux : le Castel Tua, le Château-Trompette, le Fort-Louis où dedans le dernier est la poudre. Dans les autres sont dedans chacun une belle église et des moulins à vent.

Il y a une porte, entre autres, à cette ville, qui se nomme le palais Gasiel[3]. C'était autrefois un palais que le diable avait fait en une nuit de temps. Il y a encore des masures.

Cette ville est belle, grande et marchande, bien

---

1. A cette naïve description, on reconnaît le Temps qui ne respecte pas même ses attributs et transforme en bâton sa faux mutilée. Je n'ai pu me procurer aucun renseignement sur cette statue.

2. La Porte-Royale, seule, est attribuée à Henri II d'Angleterre, et dans l'architecture de cette partie de la France, l'influence anglaise n'eut qu'une faible part. (*Congrès scientifique de Bordeaux* de 1861 : t. II, p. 326).

3. Il existe à Bordeaux une porte du Palais, appelée aussi porte du Cailhau (*Congrès scient.*, t. II, p. 362); mais comme *le Voyage de France* n'en parle pas, je pense que Manier a en vue l'amphithéâtre de Gallien, dont il reparlera à la page suivante. Avec un compilateur maladroit, les additions sont moins probables que les redites. Il vient d'en donner la preuve au sujet du Château-Trompette, (p. 34 et 36).

peuplée de très belles grandes rues droites. Elle est la capitale de la Guienne, primat d'Aquitaine, université fondée par le roi Charles VII.

Les Romains la considèrent comme une ville franche et libre. S'y voit encore le palais de Tutele, qui était un temple consacré aux dieux tutélaires[1]. S'y voit aussi un très bel amphithéâtre bâti du temps de l'empereur Galien[2].

Cette ville fut brûlée par les Gost en 415, et les Sarrasins la prirent en 732. Depuis, les ducs de Guyenne s'en rendirent les maîtres. Héléonore, fille et héritière de Guillaume X[3], dernier duc, la réunit à la France par son mariage avec Louis VII dit le Jeune, en 1137. Dans la suite, elle a eu assez de part aux malheurs du temps, durant les guerres de la religion.

L'église métropole est composée de vingt-trois chanoines. Il y a douze paroisses, deux abbayes.

Il y a chambre de justice, siège de sénéchal, de

---

1. Parlant de ce temple dédié aux dieux tutélaires de la ville, le *Voyage de France* mentionne encore dix-huit colonnes. Cependant, dès 1617, il n'en restait plus que dix-sept. Manier a raison de les passer sous silence, car dès 1649, le vieux temple, transformé en redoute pour défendre la ville contre les batteries du Château-Trompette, n'était plus qu'une ruine informe. Elle disparut au milieu du XVIII° siècle, pour faire place au Grand-Théâtre. (BORDES, *Histoire des Monuments de Bordeaux*, t. I, p. 17).

2. Au XVIII° siècle, on ne distinguait plus que les deux grandes entrées à l'est et à l'ouest et l'intérieur était encombré de masures. Des démolitions exécutées en 1792 n'ont laissé debout que la porte occidentale. (*Congrès arch. de Bordeaux* de 1842, p. 82).

3. Converti par saint Bernard, à Parthenay en 1135, il fonda hors des murs de Bordeaux l'hôpital Saint-Jacques en faveur des pèlerins, et partit à pied pour Compostelle. De cette fondation il ne reste qu'une chapelle dédiée à saint Jacques. (*Pèlerinage de Compostelle*, par l'abbé Pardiac, p. 143).

l'amirauté, un bureau des finances, un des monnaies.

La foire était à la ville pour lors.

Il y a une église, où la porte n'est remplie que de fers à cheval. Des garçons maréchaux qui passent dans cette ville, chacun forge le sien et le pose là[1]. Peu loin de là, est comme une porte pour entrer d'une place à une autre, où est une cloche qui se sonne pour les affaires de la ville.

Après tout cela vu, sommes allés coucher hors de la ville, sur la route que nous devions prendre, dans le faubourg.

DÉPART DE BOURDEAUX[2]. — Le 27, au matin, avons parti de cette ville pour aller à Saint-Guenet [*Saint-Genès*]; au pont de la Lances [*Talance*]; à Saint-Jacques, où est un petit bois de ciprès; de là, à Gravignan [*Gradignan*]; au Petit Bourdeaux, l'entrée des grandes Landes, où se fait près de 30 lieues sans trouver autre que deux ou trois maisons de distance à autre. Il y a des temps[3] où les eaux sont fort hautes, dont les vachers et autres

---

1. Eglise dédiée à saint Éloi, patron des maréchaux-ferrants. Abraham Gölnitz, qui vint à Bordeaux vers 1630, signale aussi cet usage. (*Les Anciens Voyageurs à Bordeaux*, par M. de Verneilh).

2. Sur le chemin de Bordeaux à la frontière, consultez le remarquable travail de M. Adrien Lavergne: *Les Chemins de Saint-Jacques en Gascogne*. Bordeaux, 1887. Le compte-rendu du Congrès archéologique tenu à Dax en 1888, doit contenir un travail analogue, avec carte, par M. Dufourcet.

3. En septembre les Landes sont sèches, mais notre voyageur se souvient de ce passage des *Chansons*, 4ᵉ couplet de la Iʳᵉ:

Quand nous fûmes dedans les Landes
Bien étonnés,
Avions de l'eau jusqu'à mi-jambes
De tous côtés.

qui gardent les bestiaux, sont obligés de marcher avec des échasses de trois ou quatre pieds de hauteur de l'eau, et le soir, ils ont des huttes faites exprès pour y mener coucher leurs bestiaux. C'est le pays le plus ennuyeux du monde. Enfin nous fûmes jusqu'à la poste[1], où nous avons couché sur le foin.

Le 28, sommes allés à Clamlepeutche [*le Putz*]; à la Parpe [*la Barp*]; à Censier-la-Vargues [*la Vegne*]; à la Vignol; à Beslière [*Beliet*]; à Lespitala [*l'Hospitalet de Beliet*]; à Beslin [*Belin*], où nous avons passé la rivière et couché là[2]. Tous ces endroits, aux environs, sont des bois de pin, où se fait de la résine en guise de chandelle. Il font une entaille dans le pied de ces arbres, comme un dépôt où toute la sève découle. Ils la recueillent et font bouillir dans des chaudrons, puis en font de ces sortes de chandelles dont ils se servent dans ce pays.

Le 29, à Murest; à Lispostel [*Lipostey*], où nous avons couché à une maison[3] sur le chemin, à quelque distance de là.

Compagnons nous faut cheminer
En grandes journées
Pour nous tirer de ce pays
De si grandes rosées.

L'auteur du *Codex*, voyageant sans doute pendant la saison sèche, en trace un portrait tout différent et recommande : « Si l'on traverse ce pays en été, de se protéger soigneusement le visage contre les mauvaises mouches, guêpes et taons fort nombreux en ce pays, et aussi, de prendre garde à bien poser le pied sur ce sol couvert de sel marin, afin de ne pas enfoncer jusqu'au genou. »

1. Bellevue, première poste, après Petit-Bordeaux et avant le Putz.
2. La Leyre coulant au sud de Belin, ce n'est pas dans ce bourg qu'ils ont couché, mais sans doute à la poste suivante, la Tricherie.
3. La carte de Cassini n'indique rien sur la route de Lipostey à la Boire.

Le 30, à la Boire; à la Basse [*la Baste*]; à Lafarines [*Laharie*]; à Lesperon¹, couché.

Octobre. Le mardi premier, sommes allés à Talin [*Talet*]; à Gorberat [*Gourbera*]; à Erm [*Herm*], où nous avons couché.

Le 2, à Saint-Paul, où l'on passe dessous le clocher de l'église qui est un clocher rond². De là, à Daxe, ville, où nous avons couché dans le faubourg.

De Daxe. — Nous avons couché dans le faubourg de Sabla, qui est séparé de la ville par la rivière de l'Adour. Le maître des postes de cette ville réside dans ce faubourg; il se nomme Laborde, frère du sellier des mousquetaires noirs.

Les noyers dans ces environs sont communs aussi bien que des sources salines et mines de fer, où sont grand nombre de forges.

C'est de la province du Périgord³: à 2 lieues de Périgueux, la capitale, où se voit une fontaine, à 2

---

1. L'itinéraire *des Chansons* dit bien: « A l'Eperon, qui veut tirer à Navarre, faut prendre à main gauche, et passer la Biscaye, » mais nos pèlerins, allant en Espagne par Bayonne et Irun, n'ont aucune raison pour prendre la route de Dax. Je soupçonne fort Manier d'y être attiré par son grand amour pour les fontaines. Il y a longtemps que l'itinéraire tracé par le *Codex* était abandonné pour la grand'route nationale actuelle de Bordeaux à Bayonne. (Voir l'itinéraire de *la Nouvelle guide*, appendice A).

De Gourbera à Dax, Herm semble un détour inutile, et de Dax à Bayonne par Saubrigues, le *chemin d'Alaric* n'est pas marqué sur la carte de Cassini. Sur ces divers chemins d'origine romaine, voyez l'étude fort consciencieuse de M. Dufourcet.

2. La route d'Herm à Dax, ancienne voie romaine, passe en contrebas du portail de l'église. Il se compose d'un porche ouvert de trois côtés. Le clocher, qui le surmonte, est carré mais terminé par un campanile rond. Les bas-reliefs romans, qui décorent l'extérieur de l'abside, étaient plus dignes de remarque.

3. Ce passage serait inintelligible sans le *Voyage de France*. Manier n'y trouvant rien sur Dax, intercale fort maladroitement cette phrase sur « une fontaine voisine de Périgueux, ville assise dans le

lieues de là, que l'eau se convertit en pierre et se gèle comme glace, formant mille figures différentes. Ce qu'on y jette se convertit de même en pierre ou se revêt d'une croûte précieuse.

L'Adour, qui passe de Daxe à Bayonne, porte bateaux. Il y a 7 lieues.

Fontaine bouillante. — Cette ville possède en elle une fontaine qui est bouillante, dont il sort dans une rue de la ville, par deux cahos[1] de cuivre. Cette fontaine n'est ni carrée ni ronde, d'une mesure inégale; elle jette l'eau toute fumante dans la rue et chacun en prend pour laver la vaisselle. Elle est enclose dans une cour d'un tourneur, où il n'y a qu'un petit sentier pour y entrer et pour faire la séparation d'une autre qui est tout près, dont l'eau est froide comme la glace et n'a de grandeur que la moitié de l'autre.

La *bouillante*, peut avoir 50 empas de tour, environnée de maisons. L'eau est chaude toujours plus en plus en allant au fond. L'on y a jeté autrefois un plomb avec une ficelle pour en sonder la profondeur, l'on n'a jamais pu parvenir au fond. Autrefois, un menuisier, qui était fou à courir les rues, est tombé malheureusement dedans. Il fut retiré sur le champ cuit, qu'il tombait par lampion [*lambeaux*][2].

---

haut Périgord et capitale du pays tout entier. » (*Le Voyage de France*, p. 107 et 108).

1. Bouches par lesquelles l'eau sort des fontaines. Cette expression se retrouve souvent (pages 52, 59 et autres).
2. Pareil fait s'est renouvelé récemment pour une pauvre femme. L'eau est à 64 degrés centigrades. La fontaine voisine, froide relativement, a été transformée en borne-fontaine. La source d'eau chaude a été connue de tous temps, dans le pays, sous le nom de Nèhe. D'après M. Taillebois, ce mot, qui en gascon signifie *buée*, serait d'origine celtique. Il désignait une divinité des eaux. La reconnaissance des habitants aurait fait de la Nèhe la déesse tutélaire de leur ville.

Derrière les Capucins, hors de la ville, sur le bord de la rivière est une maison bourgeoise, où dedans sont renfermés trois bains, appelés les bains de Daxe, qui sont renommés par toute la France. Ils sont séparés l'un de l'autre. Ils sont enclos de planches peintes en rouge. L'on descend dans chacun par un escalier de planches, qui va jusqu'au fond, pour prendre les bains tant et si peu que l'on souhaite. L'eau en est tiède, c'est pourquoi l'on se déshabille pour y entrer. L'un s'appelle *la Boue*, le second *le Vin chaud*, le troisième *le Meilleur*[1]. La personne qui nous a expliqué cela était charmée et s'en faisait un vrai plaisir. Elle était fille, qui servait dans cette maison, mais une beauté! Elle nous a donné à dîner. L'un de nous en était épris.

La ville est à peu près comme Noyon, mais bien peuplée. Le pont a douze ou treize arches.

Ce pays est en renom pour les cochons noirs qui y sont aussi communs comme les blancs ici.

Après avoir considéré cette ville et ses particularités, sommes allés à Uers; (qui était le 3 du mois); à Questamesse; à Messe [*Mées et Bas-Mées*]; à la Rivière; à Soumuse [*Saubusse*]; à Saint-Jean-de-Marsacq; à Sobrie [*Saubrigues*],

---

1. Il est ici question de l'établissement thermal des Baignots, qui renferme trois sources d'eaux chaudes, appelées actuellement: la source du Pavillon, les Boues et la source du Manège. En écrivant Vin chaud, au lieu de Bain chaud, notre Picard a dû être trompé par la prononciation du pays, à laquelle fait allusion ce jeu de mots de Scaliger:

Oh! heureux peuple, pour qui vivere est bibere!

Je dois ces renseignements à la bienveillance de M. Taillebois, secrétaire de la société de Borda.

pays montagneux garni de pertrons[1] d'Espagne, qui sont fleuris presqu'en tous temps, jaunes, hauts de cinq à six pieds, une feuille longue et étroite, qui produisent de la graine comme celle des genêts; et il y a aux branches des picots longs d'un pouce et plus, gros comme un clou, presque aussi forts, et pointus comme une épingle.

De cet endroit, avons commencé à entendre gronder les flots de la mer comme un tonnerre, d'où il semblait que toute la terre s'allait ouvrir, quoique nous en étions loin de 5 à 6 lieues. Nous a fallu dépouiller pour passer dans l'eau[2], à ces environs, où nous en eûmes jusqu'aux genoux. Après cela, sommes arrivés à Saint-André [*de Seignaux*], chez un gentilhomme ruiné, où nous avons couché.

Le blé et pain de sarrasin sont si communs en ces environs, qu'il ne s'en voit guère d'autres.

Le 4, avons fait la lessive dans un chaudron que la dame nous a prêté. Après cela, fûmes à Saint-Martin de Lusignan [*Saint-Martin-de-Seignaux*]; à Bayonne, ville, où nous avons couché.

DE BAYONNE. — Dans cette ville, est un faubourg, appelé le faubourg du Saint-Esprit, où nous avons couché chez madame Belcourt, la première maison en entrant, sur la droite, où est pour enseigne une coquille de Saint-Jacques attachée au-dessus de

---

1. Dans *le Dictionnaire des idiomes du midi* par Azaïs, le genêt d'Espagne est appelé *petarello*. Manier francise le mot, en lui laissant sa signification plaisante. On sait que la semence du genêt, quand elle est mûre, s'échappe de la gousse avec bruit. (Communication de M. Eugène Rolland). Il faut ajouter que ce genêt ne ressemble pas à celui d'Espagne dépourvu d'épines.
2. Nombreux étangs, dont le principal est celui d'Orx.

la porte[1]. C'est là où tous les pèlerins de Saint-Jacques logent en allant et venant. Cette femme est connue aux quatre coins du monde pour cela.

A la porte, est une sentinelle pour empêcher les soldats de sortir de la ville. Nous fûmes très bien couchés chez elle.

Le 5, qui était dimanche[2], nous avons laissé nos hardes chez elle et nous sommes mis le plus propre qu'il nous fut possible et avons passé de quatre à cinq fois, sans que dans la quantité de plus de trente sentinelles on nous ait rien dit. (J'avais changé un écu de 6 l. en argent d'Espagne[3].) Ayant traversé le pont, tel que je le dirai, nous sommes parvenus dans le faubourg du côté d'Espagne, où était un fort beau château où demeurait la reine douairière d'Espagne, veuve de Charles 7[4], qui est une femme haute de six pieds, où elle est gardée par des troupes de France de la garnison de cette ville. Nous nous sommes là rejoints tous quatre, où nous avons resté quelque temps, espérant quelque gratification

---

1. On remarque encore en Espagne des coquilles de Saint-Jacques sculptées sur la façade d'anciennes hôtelleries, spécialement réservées aux pèlerins. Cet ornement servait d'enseigne et a valu à ces maisons le surnom de *Casas de las Conchas*.

2. C'est une erreur. Le 5 octobre 1726 était un samedi. Manier dit plus haut que le 1ᵉʳ était un mardi.

3.   *Quand nous fûmes à Bayonne,*
       Loing du pays,
   Changer nous fallut nos couronnes
      Et Fleurs de Lys.

Les Chansons de Saint-Jacques, 5ᵉ couplet de la Iʳᵉ. Voir aussi le 6ᵉ de la IIᵉ et le 5ᵉ de la VIᵉ.

4. Il est ici question de la veuve de Charles II, Marie-Anne de Neubourg, fille de l'électeur palatin, reléguée à Bayonne, en 1706, à la suite de ses intrigues en faveur de son neveu l'archiduc Charles, morte à Guadalaraja, en 1740.

d'elle ; mais au contraire, un valet de chambre vint à paraître, qui nous fit galoper par une sentinelle, nous voulant faire reconduire à la ville, ce qui nous fit prendre la fuite aussitôt.

Et dans ce temps, Delorme et moi, avions résolu de quitter les autres, à cause de leur manière de vivre qui n'était pas du tout traitable ; et Delorme me trahissait à merveille, il racontait aux autres nos résolutions entre nous deux. Voyant cela, nous marchâmes tous ensemble jusqu'à Usa [*Onçac*] ; et plus loin à l'Anglet, où nous avons couché dans une écurie, où j'ai perdu pour un écu d'argent d'Espagne.

Le 6, je suis parti pour aller à Desvidalle[1]; à Bidard [*Bidart*] ; à Saint-Jean-du-Lud[2], dernière ville de France. Cette ville ne passe que pour un bourg, mais il est très gros, bien peuplé, gardé par des troupes de France. La mer arrose les murs de cette ville. Il y a un pont, dans le milieu, qu'il faut traverser, fort long, devant entrer dans la ville. La mer bat contre un mur qui est entretenu de 10 ou 12 pieds de haut et autant d'épais. L'on le fait à neuf trois ou quatre fois par an, à cause de l'impétuosité avec laquelle les flots viennent frapper contre ce mur. Les flots accourent l'un sur l'autre, aussi fort qu'un cheval de poste ; et y étant arrivés, ils s'élèvent en l'air plus de 20 pieds de haut et retombent en arrière sur les autres, et toujours de même. Dans cette ville se faisait un vaisseau neuf.

Dans cette province, la méthode de se coiffer :

---

1. Ni sur la carte de Cassini, ni en parcourant le pays, je n'ai pu trouver de nom analogue.
2. On remarque à Saint-Jean-de-Luz un vieil hôpital, sous le vocable de Saint-Jacques, qui a été construit pour donner l'hospitalité aux pèlerins.

pour les hommes, au lieu de chapeaux, sont des bonnets d'étoffe de couleur de celle des savoyarts, faits en façon des bonnets que les bedots ou serviteurs d'églises se servent en France. Les femmes ont des mantilles noires sur leur tête; elles sont d'une humeur très charitable.

Après cela, fûmes dans un cabaret à cidre, à 2 sols le pot : du cidre exquis. Ils ont la méthode de le mettre dans des longues pièces, qu'ils appellent foudres, qui ont de tour dans le milieu 15 ou 16 pieds et bien 30 pieds de long, avec des gros robinets de bois. Dans le jardin de cette maison, était un arbre de laurier qui avait environ pied demi de tour dans le bas, haut de bien 30 pieds, droit comme un jonc.

Ensuite du dîner, fûmes à Orungne [*Urrugne*], bourg; à Bidard [*Baita?*][1]; au Pas-de-Vieux-Vis [*le Pas de Behobie*] le dernier village de France, où est une petite rivière qui fait la séparation de la France avec l'Espangne.

Étant arrivés au bac, le bactier nous refuse le passage. Étant bien embarrassés, pour lors nous avons résolu d'attendre la nuit pour passer sur des fascines de blé de Turquie que nous nous promettions de faire en voyant devant nous, n'eût été un prémontré, qui venait d'Espagne, qui, nous voyant embarrassés, pria le bactier pour nous de nous passer : ce qu'il fit pour chacun un sol[2].

---

1. Bien que Bidard soit orthographié absolument comme à la page précédente, je ne crois pas que ce soit ici une répétition du même village. On verra souvent au cours de ce voyage, la même déformation résulter de deux noms différents.

2. Nos pèlerins pouvaient s'estimer heureux de passer la Bidassoa à si bon compte, car, d'après le *Codex*, les bateliers n'observaient guère le tarif qu'il formule ainsi : Ne demander aux riches qu'une obole, une pièce de monnaie pour un cheval, aux pauvres rien.

ENTRÉE EN ESPAGNE PAR LA HAUTE-NAVARRE[1].

D'abord que nous fûmes passés cette petite rivière, nous sommes arrivés dans une petite ville de la Navarre, nommée Sainte-Marie-de-Hiron [*Yrun*], par un jour de fête.

Nous avons d'abord vu une quantité de filles et femmes revêtues chacune de si grande beauté, qu'il semblait être dans un lieu de délices, avec leurs cheveux en nattes, des corsets bleus ou rouges, faites au tour, des visages mignons au delà de ce que l'on peut imaginer. C'est pourquoi je peux dire que cette ville est partagée d'un aussi beau sexe, comme il s'en peut voir de toutes les villes de l'Europe et, au contraire, pour la laideur des hommes. Les femmes ont des manches à la marinière comme les hommes[2].

Les églises sont superbement ornées. Il n'y a guère de villages en Espagne, qu'à l'entrée et au sortir, il n'y ait une chapelle bien ornée et entretenue avec de l'huile qui brûle toujours. Quand on sonne *l'an-*

---

1. C'est une erreur. Ils entrent par le Guipuzcoa qui fait partie des provinces basques et non pas de la Navarre.

2. Il m'a paru curieux de rapprocher des impressions de notre paysan, celles d'une grande dame de la fin du xviie siècle : « Ces filles, dit Madame d'Aulnoy, sont grandes, leur taille est fine, le tein brun, les deuts admirables, les cheveux noirs et lustrez comme du geais; elles les nattent et les laissent tomber sur leurs épaules, avec quelques rubans qui les attachent; elles ont sur la tête un espèce de petit voile de mousseline brodée de fleurs d'or et de soye qui voltige et qui couvre la gorge; elles portent des pendants d'oreilles d'or et de perles, et des colliers de corail; elles ont des espèces de juste-au-corps comme nos Bohémiennes, dont les manches sont fort serrées. Je vous assure qu'elles me charmèrent. » (*Relation du Voyage d'Espagne*. Paris, 1699, *t*. I, *p*. 30).

gelus dans ces pays, en tel endroit que l'on se trouve, faut se mettre à genoux. Ils y font mettre les étrangers, même de force, en cas de résistance.

Nous fûmes coucher chez le passeur qui ne dégénérait[1] pas en beauté, non plus que les autres même de toute la Biscaye. Mais notre plus grand embarras, c'est d'avoir perdu tout à coup l'usage de la langue française et d'entendre pas parler, même espagnol, mais biscayen, langue plus difficile que l'alemant. Nous fûmes obligés de demander notre nécessaire par signes, comme des muets[2].

Le cidre à 4 sols *l'asombre*[3].

Pour payer, c'était encore pire : fallut passer à leur compte et leur mettre l'argent à la main pour se payer. Il nous a coûté, chacun 8 sols, qui font 4 réal de plate d'Espagne et 40 sols d'argent de France[4].

---

1. *Dégénérer* signifie également, d'après Littré, passer d'une manière à une autre. C'est ainsi qu'il faut l'entendre ici et lire : Le passeur ne changeait pas en beauté sa laideur commune aux autres hommes de la Biscaye. Ils sont encore plus maltraités par le *Codex*, p. 13.

2. *C'est pour la Biscaye passer*
Qu'il y a d'étrange monde
On ne les entend pas parler.
(6e couplet de la IIe *Chanson*).

3. *Azumbre*, mesure de liquide qui équivaut à une pinte ou un peu plus. (*Voyage d'Espagne*. Paris, chez Thierry, 1669).

4. Si le réal vaut 8 sols, 4 réaux ne peuvent en valoir 40. Mais cette contradiction est plus apparente que réelle. Plus loin, à la date du 7 novembre, Manier dira que 4 réaux valent 36 sols. Il faut tenir compte du change et aussi de ces édits de finance, si nombreux en France à cette époque, qui changeaient d'une année à l'autre la valeur des monnaies et réduisaient, en 1726, la valeur de la pièce de 20 sols à 18. (Voyez *le Traité des Monnaies* de Bazinghen. Paris, 1764). Ajoutons à ce sujet, qu'il importe de ne pas confondre le *réal de plate* ou d'argent, dont parle Manier et auquel il donne une valeur de 8 à 9 sols, avec le *réal de vellon* ou de cuivre, monnaie de compte beaucoup plus connue et d'une valeur égale à la moitié du précédent. Ce réal de vellon représente 8 *quartos* et un demi ou

Les monts Pirénnée commencent dans ces environs, suivent le long du Languedoct jusqu'à dans l'Auvergne.

Le 7, partant de là, avons vu sur notre droite la ville de Fontarabie, autrefois siège des François[1]. Il s'y voit encore la brèche qu'ils ont faite. Il n'y a que deux portes pour y entrer. La ville est très petite et elle est arrosée de la mer.

Ensuite nous fûmes à Yron[2], village superbe comme une ville, fermé de portes; de là, à Yarson [*Oyarzun*]; à Rintaries [*Renteria*], où il y avait des soldats en garnison, c'est un village très beau. Après cela, sommes passés à un quart de lieue de Saint-Sébastien, où nous avons vu la brèche des François[3]. Il n'y a que deux portes, une par terre, une par mer. Là, s'y vend des pierres d'hirondelle bonnes pour le mal des yeux.

Nous avons eu dispute ensemble avec Delorme et nous nous sommes quittés. Ils ont été ensemble, et moi tout seul, j'ai passé au Passage[4], où on me fit

---

ochavo. Le quarto correspond à la moitié de notre sol et vaut 4 *maravedis* de cuivre. C'est de là qu'il tire son nom. (Voyez *le Recueil des Monnoies* par Salzade. Bruxelles, 1767).

1. Prise par Berwick, le 16 juin 1719.
2. De Fontarabie à Oyarzun il faut repasser par Irun, et il n'existe aucun autre village d'un nom analogue, il est donc de nouveau question d'Irun. Ses quartiers séparés, Varrio del Bidasoa et Varrio de Aya pouvaient jeter la confusion dans l'esprit d'un étranger. La première fois (page 47), Manier parle de Sainte-Marie de Irun. C'est dans le Varrio del Bidasoa que se trouve cette église, Santa-Maria de Irun ou Nuestra Señora del Juncal, visitée par tous les pèlerins de Saint-Jacques. Au retour de Fontarabie, notre Picard passe par un autre quartier, oublie les noms et fait deux villages des deux quartiers d'une seule petite ville.
3. Prise par Berwick, le 1er août 1719.
4. Ce port naturel à l'embouchure de l'Oyarzun est très curieux, mais l'ancienne route d'Irun à Vitoria par Ernani ne passe ni au Passage, ni à Saint-Sébastien.

voir un vaisseau que l'on faisait pour le roi d'Espagne. De là, je fus à Arnannhis [*Ernani*], qui est un des plus beaux[1] villages de l'Espangnes, où il y a garnison, qui m'ont arrêté pour me faire engager de force. Ayant toujours résisté de parole, il n'en fut rien, quoique le colonel me dit que j'étais déserteur de Frances, que mon chapeau était un chapeau de munition que j'avais rogné. Peu après deux officiers me vinrent solliciter; peu après sont arrivés mes trois camarades que l'on leur a dit que j'étais engagé. L'un d'eux voulait s'y mettre aussi : mais lui ayant dit que non, avons remarqué tous les quatre vers Andouin [*Andoain*]; à Lichart[2], où nous avons couché sur des planches.

Le 8, à Bilionne [*Villabona*], tous pays montagneux; à Toulousette [*Tolosa*], ville; à Alesgria [*Alegria*]; à Stiedevisitte [*Ycastigueta*]; à Lesgoret [*Legorreta*]; à Tisrondon [*Ychasondo*], où nous avons couché sur des fougères.

A Villefranques [*Villafranca*], beau village fermé de portes; de là, à Biaquin [*Veasayn*]; à Yasis [*Yarza*]; à Sesguves [*Segura*], beau village comme une petite ville; à Arret, où, bien loin en delà, un garde du roi, ou commis, m'a pris un couteau à ressort que j'avais acheté à Châtelreaux. Sur ces environs

---

1. Ses superbes palais, dont les façades font encore l'admiration des artistes, furent construits au XVIe et au XVIIe siècles par des cadets de famille, qui rentraient dans leur province, après avoir fait fortune en Amérique.

2. Les cartes de Lopez et celles de Coello n'indiquent aucun nom analogue en cet endroit. La carte de Du Val, (*Le Voyage de Madrid et le Chemin de S. Jacques*, 1659), conservée à la Bibl. nat., cart. 188, n° 4080, indique Lassao et *l'Itinéraire de l'Espagne* de Germond de Lavigne mentionne Javora, pour son pont sur le Rio Oria. C'est là que la route franchit la rivière et suit la rive gauche jusqu'à Yarza.

sont des petits bois, où les paysans charrient avec une petite charrette et deux bœufs. Les roues, en marchant, vous divertissent pour l'harmonie qu'elles font, à force d'être négligées de graisser. Elles sifflent comme des cornets de toutes façons, tout à fait récréatif[1]. Nous étions pour lors au pied de la montagne Saint-Adrien [*San Adrian*]

Du trou Saint-Adrien et de la montagne. — Cette montagne est une des plus hautes du monde, il faut bien deux heures pour y parvenir. Et y étant arrivés, vous voyez une pierre aussi grosse, tout d'une pièce, comme le plus gros château que l'on puisse s'imaginer, où dedans le milieu est un trou percé que l'on appelle le trou Saint-Adrien, où dedans est une chapelle et un cabaret[2]. Et de là en bas paraît tout précipice de toutes parts. Après cela, l'on monte encore un peu et l'on entre dans un bois. En descendant ou en sortant, sur la droite se voit des montagnes rouges, de différents rouges, fort curieux, qu'il semble des tapisseries des plus belles. Nous sommes arrivés à l'Aret, où nous avons couché pour chacun 2 *chaves* [*ochavos*] qui valent un sol.

Le 9, à Lousourdes [*Zalduendo*]; à Ligoeslesgria [*Luzurriaga*]; à Arbona [*Arbulo*]; à Laroges [*Har-*

---

1. L'usage de ces roues pleines subsiste encore et, au dire d'un paysan, leur horrible musique sert à divertir le bœuf pendant son travail.

2. Peña-Horada (la Roche-Percée), où les cartes mentionnent encore Capilla y Venta de S. Adrian. L'hospitalité n'y était pas gratuite, ainsi qu'en témoigne le 6e coupl. de la VIe *Chanson*:

Quand nous fûmes à la montée
Saint Adrien est appelée,
Il y a un hôpital fort plaisant
Où les pèlerins qui y passent
Ont pain et vin pour leur argent.

raza]; à Loulouère [*Lorriaga*]; à Victoire [*Vitoria*], ville, où nous avons couché. Sur la place de cette ville[1] sont deux fontaines hautes de 6 ou 7 pieds, où il y a à chacune six caños par où l'eau sort. Le bassin est rond et couvert, du moins celui où sont les caños, dont l'eau sort pour tomber dans le grand bassin. Au-dessus est un lion assis sur ses pattes de derrière, qui tient en celles de devant les armes du roi. En sortant de là, de la porte par dans la ville[2], du moins au-dessus de la porte, est un fauteuil où dedans est assis le roi l'épée à la main. Cette ville est peu de chose, il n'y a que quelques belles vues.

Le 10, sommes allés à Esreigny [*Ariñiz*]; à Peuple[3] [*La Puebla de Arganzon*], beaux villages; à Leccoardo [*Lacorzana*]; à Mirandes [*Miranda de Ebro*], ville, où nous avons été bien couchés.

Le 11, à Auronne [*Oron*]; à Amio [*Ameyugo*]; à Pancordes [*Pancorbo*], où nous avons perdu notre route[4]; à Stifiguerre[5]; à Exaleingne [*Fonzaleche*], où nous avons couché.

---

1. La principale place de cette Ville est ornée d'une fort belle fontaine qui est au milieu : elle est entourée de la maison de Ville, de la prison, de deux Couvents, et de plusieurs maisons assez bien bâties. (Mme d'Aulnoy, t. I. p. 138).

2. Ce qui veut dire : Plus loin, sur la porte du côté qui regarde la ville.

3.
> Entre Peuple et victoire
> Fûmes joyeux
> De voir sortir des montagnes
> Si grande odeur,
> De voir le romarin fleurir
> Thim et lavande,

(6e coupl. de la Ire *Chanson*. Voyez aussi le 10e de la IIe et le 7e de la VIe).

4. C'est *l'Itinéraire des Chansons* qui leur fait faire le détour de San Domingo, au lieu de gagner Burgos directement par Bribiesca, Castil de Peones, et Monasterio de Rodilla. (Voyez la carte et l'appendice A).

5. Je n'ai pu trouver aucun nom analogue.

Le 12, sommes allés à un couvent de S. Francisco, où nous avons eu la soupe et une galette; de là, à Valiartes [*Vallarta de Bureba*]; à Rameilles [*Remelluri*][1]; à la Calsades Santomigo [*Santo Domingo de la Calzada*], en françois: à Saint-Dominique, ville, où nous avons couché.

DE LA CALSADES OU SAINT-DOMINIQUES. — Cette ville est le véritable endroit, où est arrivé ce beau miracle à l'endroit de ce pèlerin qui fut pendu, sans être mort, par le faux jugement du juge. A un demi-quart de lieue de la ville, avant que d'y entrer, est là, comme une espèce de petite chapelle soutenue de quatre piliers de pierre. C'est l'endroit où fut pendu l'innocent pèlerin, dont nous rapporterons l'histoire par la suite.

Nous entrâmes dans cette ville pour aller à l'hôpital, qui était comme un long cloître, où nous sommes entrés, où nous avons vu, élevée en l'air la peau d'un lézard remplie de paille, de la longueur de 5 à 6 pieds, d'une grosseur à proportion. Nous y avons eu pour notre souper, du bouillon, des fèves et du bon pain, et mal couchés.

Le 13, fûmes à la messe à Saint-Dominiques. Remarqué en entrant, à droite, une chapelle fermée d'une grille de fer, où dedans était représentée, en bas, la statue en argent de saint Dominiques, avec un visage noir, de hauteur de 5 pieds, avec la crosse en main[2].

---

1. Remelluri est avant Vallarta.
2. Le *Codex* recommandait de vénérer les reliques de ce saint qui avait consacré toute sa vie à faire des routes pour les pèlerins. (Appendice B.) Le P. Mariana lui attribue tous les ponts et chaussées de Logroño à Compostelle. (*Histoire générale d'Espagne*, traduite en français, par le P. Charenton. Paris, 1725, t. II, p. 443).

Sur la gauche en entrant, se voit élevée en l'air, à 20 pieds de haut, une cage de fer, peinte en bleu, où dedans sont renfermés un coq et une poule blanche, en mémoire de celui qui était rôti à la broche du juge, qui a jugé l'innocent pèlerin, en disant au père et à sa mère: « Si votre fils n'est pas mort com-« me vous le dites, je veux que ce coq, qui tourne « embroché, saute sur la table et chante. » Ce que le coq fit par permission divine. Et, pour cet effet, l'on a gardé des poules de la race de ce coq et l'on en élève, de temps à autre, pour faire connaître que ce miracle fut connu de là. Et l'on donne à chaque pèlerin deux ou trois plumes de la race de ces poules et coqs, que le plus souvent les pèlerins ont à leurs chapeaux.

Pour en rapporter l'histoire en raccourci, il suffit de dire qu'un jeune homme allant à Saint-Jacques avec son père et sa mère, arrivant à cette ville, furent logés dans une auberge, dont la servante est devenue amoureuse du garçon. Lui ayant proposé la lure, ce qu'il ne voulut accepter, et pour se venger de cela, le soir lui mit une tasse d'argent dans sa besace sans rien dire. Et le lendemain part sans savoir. La servante dit qu'il y avait une tasse de perdue. On fait courir après ces gens et l'on trouve la tasse sur le garçon, qui n'en savait rien. La justice s'en est emparée, si bien qu'il fut condamné d'être pendu et l'exécution s'en est faite. Le père et la mère poursuivirent leur voyage, où, au bout de quinze jours, furent de retour en cette ville; ont trouvé leur enfant qui n'était pas mort par permission divine. Ils vinrent chez le juge, lui prier de faire dépendre leur fils qui n'était pas mort. A

quoi le juge ne voulant pas ajouter foi, leur dit :
« Si cela est tel que vous le dites, je veux que ce
coq, qui tourne à ma broche, chante. » Ce que Dieu
a permis. Le coq s'ôta de la broche, sauta sur la
table et chanta trois fois au grand étonnement du
juge, ce qui fit connaître la vérité du fait. Et pour
punition du juge, il y eut un jugement rendu contre
lui et ses successeurs, qu'ils porteraient au col une
corde pour ressouvenir de ce jugement. Ce qui s'est
pratiqué longtemps, et depuis la chose s'est adoucie : ils portent un ruban rouge et donnent à souper
tous les jours à un pèlerin, en reconnaissance[1].

La chemise de ce pèlerin se garde encore dans
l'église et la potence au-dessus d'une fenêtre. Elle
est de cette façon[2]. L'église est ornée de très beaux
tableaux représentant le miracle et la vie et le jugement de ce pèlerin et le procès.

---

1. Le seigneur de Caumont reproduit cette légende dans son *Voiatge à S. Jacques en Compostelle en l'an mil. CCCC. XVIII*, publié à la suite du *Voyaige d'Oultremer*, par le marquis de la Grange. Paris, 1878. On la retrouve, avec de légères variantes, dans le *Libellus miraculorum sancti Jacobi*, cité par l'abbé Pardiac, p. 126 ; de même, dans un curieux petit livre, de la fin du XVIe siècle, à l'usage des pèlerins de Rouen, conservé à la Bibl. nat., H z, 1431, et malheureusement incomplet. Enfin les *Chansons de Saint-Jacques* n'ont garde de l'oublier :

Oh ! que nous fûmes joyeux
Quand nous fûmes à Saint-Dominique
En entendant le coq chanter
Et aussi la blanche Geline ;
Nous sommes allés vers la Justice,
Où resta trente-six jours l'enfant
Que son père trouva en vie
De Saint-Jacques en revenant.

(2e couplet de la IIe. Voyez également le 9e de la Ire et le 8e de la VIe).

2. Le dessin de Manier, d'un centimètre carré au plus, est trop informe pour être reproduit.

Après cela vu, sommes allés à Gnion [*Grañon*]; à Vessilcamine [*Redicilla del Camino*]; à Vilpon [*Villaipun*]; à Millamayort [*Villamajor*]; à Belreaux [*Belorado*]; à Soutante [*Tosantos*]; à Bilianbistia [*Villambistia*]; à Villranyu [*Villafranca de Montes de Oca*], ville, où nous avons couché dans de bons lits après avoir soupé: une écuelle de bouillon dans un petit gobelet, du boudin à force, mais du bon pain. Cette ville n'a rien de rare. Elle est petite, située sur la côte d'une montagne, partie en haut, partie en bas.

Le 14, avons parti de là et passé dans un bois sur une montagne. Avons passé à Daldouende [*Zalduendo*]; à Juesse [*Ibeas*]; à Castagnard [*Castañares*]; à Milayondes [*Miraflores*], où nous avons vu du blé sorti de terre qui balyoit[1] au vent; de là, à Burgues, lville, où nous sommes arrivés fort tard et nous avons couché à l'hôpital qui est au delà de la ville[2].

De Burgues. — Nous sommes arrivés après souper et nous nous sommes couchés tels, mais dans de bons lits.

Le 15, au matin, après avoir été à la messe aux Augustins, nous avons considéré les particularités de cette église, principalement la chapelle où est gardé le Saint-Crucifix, dont il est parlé si loin.

Cette chapelle est enrichie d'une lampe d'argent

---

1. Baler ou baller, verbe actif, qui signifie danser, s'agiter, remuer, et dont l'étymologie en basse latinité est *ballare*. (*Dict.* de Roquefort).
2. « Dans le Fauxbourg de la Vega, on voit un fort grand Hôpital fondé par Philippes II pour recevoir les Pèlerins qui vont à S. Jacques, et les garder un jour. » (M.me d'Aulnoy, t. I, p. 213).

aussi longue qu'un muid. Au-dessus de la porte de cette chapelle et même autour, le long du mur, de la même hauteur, sont 40 lampes d'argent, savoir : [20] d'une grosseur ordinaire, et 20, une fois plus grosses. Dans le sanctuaire, en sont, sept autres grosses de même matière, plus grosses qu'une pièce de vin, et une devant le Saint-Crucifix, encore plus grosse. A chaque côté du Saint-Christ sont un beau lustre d'argent avec six chandeliers de même, de chaque côté. Tant dans la chapelle que dans le sanctuaire sont cinquante lampes[1].

Autour du mur de cette chapelle, à 20 pieds de haut, sont vingt cierges de 2 pieds de tour chacun, près de 4 pieds de haut. A chaque coin du marchepied de l'autel est un chandelier d'argent d'un demi-pied de tour, haut de 6 pieds.

Le devant d'autel est d'argent massif. Sur l'autel sont douze chandeliers d'argent. Il y a autant et

---

[1]. Puisque Manier arrive à un total de 50 lampes environ, il a voulu écrire : 20 d'une grosseur ordinaire et 20 une fois plus grosses.

Madame d'Aulnoy, qui visitait Burgos en février 1679, en compte plus de cent : les unes d'or, les autres d'argent. Ici encore son récit est intéressant à rapprocher de celui de Manier. Outre les lampes, « il y a soixante chandeliers d'argent plus hauts que les plus grands hommes, et si lourds qu'on ne les peut remuer à moins que de se mettre deux ou trois ensemble. Ils sont rangez à terre des deux côtez de l'Autel; ceux qui sont dessus sont d'or massif. L'on voit entre deux des Croix de même, garnies de pierreries, et des couronnes qui sont suspenduës sur l'Autel, ornées de diamans et de perles d'une beauté parfaite. La Chapelle est tapissée d'un drap d'or fort épais..... Le Saint Crucifix est élevé sur l'Autel, à peu près de grandeur naturelle; il est couvert de trois rideaux l'un sur l'autre, tous brodez de perles et de pierreries: quand on les ouvre, ce qu'on ne fait qu'après de tres-grandes ceremonies, et pour des personnes distinguées, l'on sonne plusieurs cloches : tout le monde est prosterné à genoux; et il faut demeurer d'accord que ce lieu et cette vûë inspirent un tres-grand respect. » (Mme d'Aulnoy, t. I, p. 214).

plus de pots à fleurs d'argent et les fleurs d'argent massif. Le tabernacle est de même matière, de la hauteur de 2 ou 3 pieds, avec une vierge dedans de la même matière. Dessus le tabernacle sont six petits pots de fleurs et six bouquets, le tout d'argent massif. Il y a, aux environs, 6 pieds d'étoffe avec chacun un ange dessus, le tout d'argent, de 4 à 5 pouces d'épais et autant de haut. Chacun de ces anges tient un chandelier de la même matière.

Pour découvrir et montrer le Saint-Crucifix, il faut d'abord allumer tous les cierges; ensuite le prêtre revêtu de chasuble tire une corde, (après avoir fait sa prière), où est attaché un rideau, de devant le Saint-Christ, qui est de toile noire où dessus est imprimé un crucifix; ensuite tire un second rideau de soie rouge marbré; ensuite le troisième qui est de gaze fort claire, d'où se voit déjà à travers, le crucifix.

Les religieux, qui possèdent ce précieux gage, disent qu'il est en chair et en os. On le voit suer. Il a les cheveux noirs et la barbe, sa tête posée sur l'épaule droite. Il est de la hauteur de 5 pieds passés. Les bras paraissent meurtris de coups et de plaies cicatrisées et tout ensanglantées. Il a le corps tout déchiqueté. Il semble que le sang coule à vos yeux. Les Espagnols disent que l'on lui fait la barbe tous les huit jours, comme à celui d'Orinée [*Orense*] en Galice, que l'on lui coupe les ongles des pieds et des mains, [*comme*] à celui d'Orinée.

Ce christ de Burgues n'a jamais été fait de main d'homme. Il s'est apparu sur mer, d'où l'on l'a pêché en grande dévotion, et se garde là depuis en grande vénération depuis ce temps là, et il s'y fait des miracles tous les jours[1].

Dans la nef de l'église, en entrant, se voit un autel où est une fort belle vierge habillée proprement avec de grandes manchettes de dentelles. C'est la méthode du pays d'accommoder les saints et saintes, comme des messieurs et dames.

Au grand autel des moines est un tabernacle, où autour est un cercle d'argent, haut de 4 pieds et demi, 1 pouce d'épaisseur, et large de 4. A un autre autel est Notre-Seigneur: à un côté, revêtu d'une robe noire avec le corps et le visage tout déchirés de coups; à l'autre côté, il s'y voit dans les mêmes habits portant sa croix avec les bourreaux derrière.

Dans la sacristie est une fontaine, où l'eau monte dedans un petit bassin où sont quatre cahos, d'où l'eau tombe dans un autre petit bassin plus bas. Cette petite fontaine est très curieuse.

Nous avons acheté des petits christs de papier et trois d'argent: Delorme deux et moi un, le tout 22 sols. Ils ont touché au Saint-Christ.

---

1. Les *Chansons*, (10° couplet de la I™ et 12° de la II°), disent « qu'on le voit suer » et *Le fidèle conducteur en Espagne* l'attribue à Nicomède. Mais il est à remarquer, au sujet de sa prétendue antiquité, que le *Codex* ne le cite pas parmi les reliques que les pèlerins doivent vénérer sur leur route. Florez, *España Sagrada*, T. xxviii, se borne à reproduire la légende sans la discuter.

Aujourd'hui, chacun peut voir ce christ dans une chapelle de la cathédrale de Burgos. D'après le baron Davillier, *Voyage en Espagne*, p. 694: « C'est une sculpture en bois, œuvre de quelque artiste espagnol de l'école naturaliste de la fin du xvi° siècle. Les pieds et les mains sont réellement recouverts de peau humaine. On dirait des gants. Les ongles adhèrent encore à la peau, ceux des mains mieux conservés que ceux des pieds. La tête et les bras sont reliés au tronc par une peau, ce qui fait qu'en les relevant, ils retombent naturellement. »

DE L'HÔPITAL. — Après cela vu, nous fûmes à l'hôpital dîner, où l'on y a trois repas à prendre, qui diminuent par étage. A dîner, pour le premier, on nous a donné de la soupe et de la viande, plus que l'on n'en peut manger, avec une livre d'excellent pain blanc, une coartille[1] ou chopine de bon vin.

Après dîner, je me suis accosté d'un chaudronnier français qui m'a changé un louis de 24 l. Il m'a trompé de 6 l., parce qu'il me l'a changé en argent d'Espagne.

CATHÉDRALE. — Après cela, nous fûmes voir l'église cathédrale, où il y a huit clochers en rond, égaux d'hauteur, sans deux ou trois autres qui sont séparés de ceux-là, qui fait un joli effet. A cette église toutes les grilles et barreaux de fer, qui sont dans l'église, sont dorés. L'église est enrichie d'une quantité de beaux tableaux[2].

Ensuite sommes retournés souper à l'hôpital. On nous donna du pain plus bis qu'à midi, et chacun une demi-ration de viande sans vin, ensuite coucher.

AUGUSTINS. — Le vendredi 16[2], on nous a montré aux Augustins le Saint-Christ. On ne le montre que ce jour de la semaine, à 7 heures du matin. L'avons vu l'espace d'un demi-quart d'heure.

---

1. *Cuartilla,* le quart d'une arrobe.
2. Actuellement encore, les sacristains font grand bruit autour d'une Madeleine d'un auteur inconnu, qu'ils veulent être Léonard de Vinci.
2. Nouvelle erreur de date : le 16 était un mercredi et le vendredi 18 octobre, nos pèlerins, partis de Burgos depuis deux jours, allaient de Fromista à Carrion. La chose serait de peu d'importance, si l'on pouvait voir le christ un autre jour que le vendredi.

Le traître Delorme avait insinué, dans ce temps, dans l'esprit de Hermand que je le voulais quitter, ne disant pas que c'était par son avis et avec lui. Fit que Hermand m'a cherché querelle à nous battre, ce que nous avons fait. Ayant reçu quelques coups, je cassa mon bâton sur Hermand. N'eut été le secours du chaudronnier français, il y aurait arrivé autre chose. Toutefois sommes partis de là, en bons amis, pour aller à Comentergoelche [*Quintanileja*]; à Saint-Memin [*San Mamés de Burgos*]; à Trave de las Quastades [*Ravé de las Calzadas*], où nous avons quitté notre droit chemin; à Ornille el Camines [*Hormillos del Camino*], où nous avons été fort bien couchés.

Le 17, avons repris[1] notre chemin à Tardaep [*Tardajos*]; à Ontane [*Hontanas*], au couvent des pères de Saint-Antoine comme à l'hôpital de Burgues, où nous avons dîné. Ces pères ont une lettre sur leur habit noir, un T en rouge[2], (cet hôpital est pour les passants), qui pour la moindre incommodité coupent bras ou jambes et les pendent à la porte de l'hôpital. De là, à 4 Souris [*Castrogeriz*], ancienne ville réduite en bourg. Dans toutes les villes d'Espangne, ils ont l'habitude de vendre du poisson cuit et le tout, pommes et poires, à la livre. Dans ce bourg de 4 Souris, les dames m'ont pris des aiguilles en quantité, parce qu'ils sont fous. Après

---

1. *Repris* est rigoureusement exact, car d'Hornillos aller à Tardajos, c'est revenir sur ses pas.

2. Ordre religieux de l'observance de S. Augustin, fondé au xie siècle par Antoine de Viennois, pour soigner les malades atteints du feu sacré ou feu Saint-Antoine. Ces pères, dits Antonins, portent sur leur habit la figure d'un T, qui représente une potence pour marcher, connue sous le nom de *bâton de S. Antoine*. D'après *le Dict. de Trévoux*, sa couleur était bleue.

mille petits amusements, comme ceux-là et d'autres qui ne voient jamais en Espagne faits de cette façon (*sic*). Dans cet endroit sont cinq ou six couvents. L'on y fait du poivre écrasé d'une meule, par le coin, toujours tournante et traînée d'un cheval qui a les yeux bandés.

Après cela, sommes passés sur une montagne qui n'était que verre, d'où l'on en tirait pour faire des glaces. Cette montagne reluisait comme un soleil. Ensuite sommes allés à Yteros le Castille [*Itero del Castillo*]; à Godil del Camines [*Boadilla del Camino*], où nous avons couché chez un paysan, dans de la paille hachée, de ce qu'ils donnent à manger à leurs bœufs en guise d'avoine.

Le 18, à Fromista; à Posulations [*Poblacion de Campo*], où nous avons grappillé dans une vigne vendangée. Avec les grains que nous avons ramassés, nous nous sommes ivrés tous quatre. De là, nous fûmes à Resmingues [*Revenga*]; à Biliarmentereau [*Villarmentero*]; au grand Carillon [*Carrion*], ville, où nous avons *recoqueire*[1] sur de la paille. Pour entrer à cette ville est un pont sur une rivière[2], la ville est peu de chose.

Le 19, sommes allés à un hôpital[3], sur le chemin peu loin de là, où l'on donne pour pasade [*pasada*]

---

1. Le mot *recoger* reviendra souvent au cours de ce récit, presque toujours opposé au mot *pasada*; le premier désignant le gîte, le second la nourriture, que nos pèlerins trouvent encore fréquemment dans les couvents. Par ignorance, Manier emploie ici le mot *recoger*, qui signifie donner l'hospitalité, dans le sens de se coucher.

2. Un pont de neuf arches et de 300 pieds de long sur le Rio Carrion, rivière mentionnnée dans le *Codex*. (Appendice A).

3. Au couvent de Benevivere, sur la droite du chemin, à moins d'une lieue de Carrion. Il était occupé par des chanoines réguliers de S. Augustin. (*Voyage d'Espagne*, d'A. de Laborde. t. IV, p. 360).

du pain ; de là, au couvent nommé le Grand-Cavalier où l'on donne la pasade. De là, à Marottines [*Moratinos*]; à Saint-Nicolas [*San Nicolas del Camino frances*], où nous avons *recoqueire*.

Dans ces quartiers est un beau sexe habillé proprement: taille fine, les manches de leurs chemisettes justes comme celles des hommes en France, leurs poignets de chemise garnis de dentelle noire et sur le tour de la gorge et col, ce qui les fait paraître blanches comme albâtre, quoiqu'elles le soient d'elles-mêmes. Les dames ont des chemises fines garnies de haute dentelle par en bas, d'un demi-pied de haut.

Le 20, sommes allés à Sagoune [*Sahagun*], ville, où nous avons trouvé un déserteur de France, qui avait été garde du corps du roi d'Espangne, qui vint avec nous jusqu'à Léon et emporta le passeport du gouverneur de Paris, de la Couture, un de nous. En cette ville de Sagoune est une rivière[1], où dessus est un pont que l'on passe pour aller à Perchianne [*Bercianos*], où nous avons été; à Gagnerass [*El Burgo Ranero*]; à Reliesgosse [*Reliegos*], où nous sommes *recoqueire*.

Le 21, à Manncille [*Mansilla de las Mulas*], ville de peu de chose, dont les murs ne sont faits que de terre jaune, hauts, élevés. Ce fut en cette ville, où nous y avons vu pour la première fois des cosses, en façon de ces grosses gohettes[2] rouges ou haricots

---

1. La Cea passe à Sahagun. Le *Codex* recommandait de vénérer en cette ville les corps des S.S. martyrs Facundus et Primitivers et de visiter les prés, où les lances des vainqueurs des Maures se couvrirent miraculeusement de feuilles. (Appendice B).

2. Ce mot picard s'emploie encore, aux environs de Montdidier, pour désigner des haricots, surtout les gros.

que nous voyons en France, qui ne se plantent que par curiosité. C'est poivron, que l'on appelle en Espangne. Il y en a de toutes sortes de couleurs, des rouges, jaunes, noirs, ainsi des autres. La propriété que cela a, c'est que l'on met cela dans la soupe. Cela donne un goût charmant, comme du poivre. Voilà d'où qu'ils les appellent poivron, et pour les garder l'hiver, ils les font confire dans le vinaigre ou *atchitte*[1] en espagnol. Et ils mangent cela avec du pain seul aussi.

De là, sommes allés à Limosse [*Marne*]. C'est là où j'ai presque vu la fin de mes espadrilles que j'avais achetées à Burgues 6 sols. Ce sont comme des souliers de cordes de nattes cousues ensemble pour la semelle, et une toile de corde pour empeigne. Cela est léger et de grand usage dans le pays. J'ai fait près de 100[2] lieues avec. Après cela fûmes à Alcouesgues [*Alcabueja*]; à Pas de Ragonde [*Puente de Castro*]; à Léon, ville.

DE LA VILLE DE LÉON EN ESPANGNE. — Cette ville a un hôpital hors de la ville, pour recevoir les pèlerins qui vont à St-Jacques, qui est comme une maison royale, appelé communément hôpital St-Marc[3]; et

---

1. Ou le mot est espagnol et ce ne peut être que *aceyte* qui signifie huile, ou bien Manier confond avec l'italien *aceto*.

2. De Burgos à Léon, *l'Itinéraire des Chansons* compte 54 lieues; *la Nouvelle guide*, 37, et il y a environ 200 kilomètres. (Voir l'appendice A).

3. Cet hospice de San Marcos, fondé au XIIe siècle par les chevaliers de Saint-Jacques, devint le chef-lieu de l'Ordre. Ferdinand le Catholique en avait ordonné la reconstruction; mais la belle façade, dans le style de la Renaissance à l'angle de la Bernesga et du chemin de Saint-Jacques, date seulement du XVIIIe siècle.

dans la ville en est un autre, pour les recevoir à leur retour, appelé l'hôpital de Saint-Antoine.

Cette ville est un évêché. La cathédrale est assez belle[1]. A l'entrée est un pilier à la porte, où dessus est un lion, assis dessus, tenant en sa patte droite un étendard. Dans l'église sont deux beaux autels dorés, un de chaque côté. Plus avant dans l'église en sont deux autres plus petits aussi dorés. Sur le grand autel est comme un grand cercueil d'argent en travers de l'autel, où au milieu est une petite loge comme un tabernacle, où dessus est un petit saint d'argent. Je crois que c'est une châsse. Au pied de l'autel sont quatre chandeliers d'argent, hauts de 5 pieds et gros à proportion.

Dans le milieu de l'église est un crucifix dans une chaire de vérité, où à ses côtés sont quatre saints, savoir: saint Pierre, saint Paul, saint Jacques et saint Jean, à ce que je crois ; mais ce saint avec saint Jacques sont accroupis au pied de la croix.

Sur la gauche, en entrant, est un saint Cristophe, en peinture, portant Jésus-Christ sur ses épaules, avec une palme à la main, de 7 pieds de haut. Sur la droite, en haut, en entrant, est une horloge qui est frappée par un petit saint avec un marteau. Le

---

[1]. Malgré le proverbe espagnol qui résume ainsi les mérites des principales cathédrales du pays: *Sevilla en grandeza, Toledo en riqueza, Compostela en fortaleza, Leon en sotileza*, un Picard a quelque droit d'être médiocrement enthousiaste. Pour comprendre sa description, rappelons que le trascoro de cette église est percé d'une porte, de chaque côté de laquelle s'élève un autel. La finesse des sculptures est d'autant mieux appréciable aujourd'hui, que la dorure a presque complètement disparu.

cadran marque 24 heures tout de suite. Dans le trésor se voient de belles reliques¹.

Cette ville est petite, il n'y a rien de particulier.

Après cela, fûmes chercher la pasade à l'hôpital Saint-Marc, où devant est une croix, dont il est parlé dans la *Chanson de S. Jacques*, où les pèlerins s'avisent pour prendre le chemin à droite ou à gauche, quoique tous les deux vont à Saint-Jacques. Mais l'on va aussi à Saint-Salvateur, qui veut dire Saint-Sauveur, sur la droite². Nous avons pris d'abord à gauche. Pour la ville, elle est petite.

DÉPART DE LÉON. — De cette ville, sommes allés à Trouasse [*Trabajo*]; à Notre Seillo le Camine [*Nuestra Señora del Camino*]; à Fraisene [*Fresno*]; à l'Aldée [*La Aldea*], où nous avons couché dans de la paille hachée.

La méthode de ce pays pour mettre le vin, c'est

---

1. Le *Codex* mentionne les reliques de saint Isidore (Appendice B).
2. *Quand nous fûmes hors de la ville,*
  Près de Saint Marc,
 Nous nous assîmes tous ensemble
  Près d'une Croix,
 Il y a un chemin à droite
  Et l'autre à gauche,
 L'un mène à saint Salvateur
 L'autre à monsieur saint Jacques:
 . . . .
 A saint Salvateur sommes allés,
  Par notre adresse
 Les Reliques nous ont montré,
 Dont nous portons la lettre.

(12ᵉ et 13ᵉ coupl. de la Iʳᵉ Chans., voir également le 15ᵉ de la IIᵉ et le 9ᵉ de la VIᵉ).

Il est à remarquer que toutes les *Chansons* décrivent la route de droite, par Oviedo et que l'*Itinéraire*, qui leur fait suite, indique seulement la route de gauche, la plus directe, celle que nos pèlerins vont suivre.

dans la peau de bouc apprêtée pour cela. Le robinet est la patte du bouc. Ils n'ont point de chaises dans toute l'Espangne. L'on s'accroupit ou l'on se tient droit. Les bourgeois ont des tabourets de bois. On se sert de gobelets de bois pour boire. Plein un de ces gobelets de vin vaut deux liards, qui vaudrait bien dix sols en France, pour l'excellence et la qualité de ces vins qui ne sont pas falsifiés. Quand quelqu'un va pour boire, comme au cabaret, l'on s'accroupit; et la cabaretière ou autre ne quitte pas le cul du bouc de vin, que vous n'en ayez bu votre suffisance, qui ne dure pas longtemps, parce que vous êtes ivrés pour 6 liards.

Le 22, sommes allés à Robraides [*Robledo de la Valdoncina*]; à Bislialangues [*Villadangos*]; à Saint-Martin [*San Martin del Camino*], où nous avons eu pour la pasade une livre de pain et un demi-quart de beurre, qui est dans de la peau, comme du boudin, de la même grosseur. C'est ce qui est bien rare dans toute l'Espangne, car il n'y a que les riches qui s'en servent, à cause de la cherté. On se sert d'huile d'olive pour faire la soupe et autre chose. De là, sommes allés à la Pointe, ou Pont-d'Or, [*Puente de Orvigo*], qui est un village, où est un pont qui fait porter son nom au village[1]. Il a de long 400 empas. De là, à Calsasille [*Calzada*], où nous avons couché dans un parc de moutons, dans un tas de longue paille. Ce fut la première fois que nous avons couché à la belle étoile.

---

1. Sur le Rio Orbigo, affluent de l'Esla. Le village voisin, *Hospital-de-Orvigo*, tire son nom d'un hospice pour les pèlerins, ayant appartenu aux ordres de Saint-Jean de Jérusalem et de Malte, et actuellement abandonné. (*Itinéraire d'Espagne*, p. 270).

Le 23, à San Coussstre [*San Justo de la Vega*]; à Sturgues [*Astorga*], première ville de la Galice[1]. L'on réparait l'église presque à neuf[2]. Il y avait un pèlerin de mort à l'hôpital. Nous y avons eu la pasade: un verre de vin blanc et une livre de pain. La ville n'est revêtue d'aucune rareté non plus que de grandeur.

Partant de là, sommes allés à Sainte-Catherines [*Santa Catalina*]; à l'hôpital d'Argances [*El Ganso*]; à Ravanal, village de la province de l'Andalousie (*sic*)[3], où j'ai rencontré un vieux pèlerin de Saint-Jacques, overgna[4], qui m'a vendu une douzaine de pierres d'hirondelle 4 sols. Nous avons couché chez un paysan.

Le 24, à Fonsavalou [*Fuencebadon*]; à Macary [*Manjarin*]; à la Senne [*El Acebo*]; à Reaux [*Riego de Ambroto*]; à Moulin [*Molina Seca*]; à Ponfera [*Pontferrada*], petite ville, dans des montagnes affreuses, où elle est renfermée comme dans un précipice, où nous avons *recoqueire*, ou couché.

---

1. Astorga n'a jamais fait partie du royaume de Galice. Les cartes de Sanson d'Abbeville, 1679, et de Nolin, 1704, (Bibl., nat. carton 188) placent cette ville dans le royaume de Léon et le *Codex* ne fait commencer la Galice qu'à Cebrero. (Appendice A). Astorga a longtemps prétendu au rôle de capitale des Asturies.

2. La tour, qui porte les cloches, date effectivement du xviiie siècle. (*Itinéraire de l'Espagne*, p. 270).

3. Ravanal dépend du *Partido de Vierzo*. Il est difficile d'altérer ce mot au point d'en faire *Andalousie*.

4. Comme Manier signale plusieurs fois la rencontre de pèlerins auvergnats, il convient de rappeler ce passage du P. Labat, *Voyage en Espagne et en Italie*, t. I, p. 287 : « Il y a environ 20,000 Français, principalement Auvergnats, qui font toutes sortes de métiers en Andalousie, et qui, pour rapporter leur argent en France, malgré les lois, se déguisent en pèlerins de Saint-Jacques et gagnent les Pyrénées tout en mandiant et chantant. »

Le 25, à Componeraye [*Componaraia*]; à Cacavelle [*Cacabelos*], petite ville, où Delorme, un de nous, s'amusant à caresser les Espagnolettes, a manqué d'être sabré par deux officiers d'infanterie espagnole, n'eût été les excuses que je leur ai faites pour lui. De là, fûmes à Piero [*Pieros*], coucher.

Le 26, à Villefranque [*Villafranca del Vierzo*], petite ville, où nous avons été fort bien couchés à l'hôpital. Cette ville est environnée de montagnes.

Le 27, avant partir, nous ont donné du pain et de *calde* [*caldo*] ou du bouillon. Ensuite sommes allés à Perecq [*Perex*]; à Vaccalelle [*Valcárce*]; à Portelle [*la Portella de Valcárce*]; à Embassmestre [*Ambasmestas*]; à la Besgues [*la Vega de Valcárce*]; à Roytalant [*Ruitelain*]; à la Cararie [*las Herrerias*], où nous avons couché.

Le 28, à Liamas [*Lamas*]; à Falnouun [*La Faba*]; à la Lagoune [*Laguna*]; à Sesbraire [*Cebrero*]; à Lignard [*Liñares*]; à l'Hôpital de la Comtesse, où les maisons sont couvertes de chaume relié, de distance à autre, comme des cerceaux sur le toit. De là, sommes allés à la Marciespadormelle [*Padornelo*]; à Fomfiet [*Fonfria*], où nous avons couché.

Le 29, à Boudouaides [*Viduedo*]; à Foliouas [*Folgeiras*]; à la Matiacasstelle[1]; à Tesliacastelle [*Triacastela*]; à St-Chenis [*San Gil*]; à Fourelle [*Furela*]; à Pinty[1]; à Aquiades [*Aguyada*]; à Sars [*Sarria*], petite ville, (qui veut dire Sars [*Sastre*], tailleur), située sur une haute éminence. J'y ai acheté des *sapattes* [*zapatos*] ou souliers, 6 réals de plate

---

1. Il ne m'a pas été possible d'identifier Matiacastelle et Pinty.

demi. Le réal 8 sols de France. C'était un mauvais cuir. De là, sommes allés à Stomesquentes (*Meijente*); à Sainte-Marie; à Ferrerre [*Ferreyros*]; à Poslatchanne [*San Pedro de Puerto Martin*]; à Pontmarin [*Puertomarin*], où nous avons couché, où faut traverser un pont qui a de long 230 empas[1].

Le 30, à Saint-Jaques de Bigondes [*Bagude*]; à Saint-Jaque de Loutiede [*Ligonde*]; à Palas de Rey; au Carmalia [*Carvallal*]; à St-Julien del Camines [*San Julian del Camino*]; à Sainte-Marie de Louvre [*Santa-Maria de Leboreyro*]; à Fourelle [*Furelos*]; à Millier [*Mellid*]; à Pont de Penne [*Puente de Pambre*][2]; à Goelles [*Boente*]; à Castagnerre [*Castañeda*]; à la Pointe de Rivedieu [*Puente Rivadiso*]; à Arthes [*Arzúa*], ville; à Bourges [*Burres*]; à Frereuss [*Ferreiro*]; à Salsades [*Salceda*], village situé dans la Galices, la plus pauvre province de toute l'Espangne, où nous avons couché.

Tour plaisant arrivé a Hermant. — Étant arrivés dans ce village, dans une maison entre autres, où nous étions pour coucher: il est bon de dire que la méthode du pays est pour les hommes et femmes, qu'ils couchent tout habillés et changent de linge deux fois par an. Les bœufs couchent dans la même maison, à la réserve d'un bâton qui les sépare avec l'auge à manger. Les cochons et autres bestiaux

---

1. Sur le Rio Miño. Le *Codex* rapporte que ce pont, ayant été rompu par la reine Urraque, fut rétabli, en faveur des pèlerins par un saint homme, nommé Pierre.

2. Il y a là une erreur manifeste: Puente de Pambre, sur le Rio Pambre, est entre Carvallal et Santa-María de Leboreyro.

sont libres de battre la patrouille la nuit, par tous les coins et recoins de la maison.

Nous autres, étions couchés devant le feu sur trois ou quatre brins de paille qui couraient après l'un l'autre, si bien que l'heure de la patrouille des cochons étant arrivée, sont venus nous joindre où nous étions. Ils ont d'abord éventé un navet que Hermant portait dans son sac, depuis plus de 50 lieues, par curiosité et dans la vue d'en faire une fricassée, pour le régal de celui de nous qui serait roi en découvrant le premier le clocher de Compostelle. Ce navet pesait bien 3 livres. Le plus hardi de ces cochons ayant investi le pauvre Hermant, pour avoir son navet qui était pour lors dans son sac, et que son sac était en guise de chevet sous sa tête; l'empressement que ce cochon avait d'avoir le navet, fit qu'il donna un grand coup de gueule sur le sac pour avoir le navet; il prit en même temps le sac et une bonne partie de ses cheveux et l'entraîna à quatre pas loin. Celui-ci se sentant insulté, tout en sursaut se met à crier: au voleur et à l'assasin; si bien que tout le monde s'était éveillé. On a allumé la lampe pour voir ce que c'était. L'on a d'abord vu monsieur le cochon en bataille avec ses camarades, qui voulaient être de moitié de sa capture. Ce qui fut le sujet de la comédie des Espagnols, le reste de la nuit, et le sujet des jurements exécrables de Hermant qui ne se possédait pas, si tellement que si on lui en parlait encore aujourd'hui, il jurerait de nouveau, comme si la chose venait de lui arriver.

Le 31, fûmes à Brerre [*Brea*]; à Nervoiscades [*Las dos Casas*], où nous avons couché.

Le premier de novembre, arrivée à Saint-Jacques.

NOVEMBRE. — Du premier de ce mois, sommes allés à Umesnard[1], qui est dans un fond; puis on monte une montagne pour aller à Lavacouille [*La Vacola*]; à la Fouguere [*Fabnega*]; à Saint-Marc [*San Marcos*]. J'ai pris l'avance une lieue, seul, pour voir le premier le clocher, ce que j'ai vu. Il y a trois clochers de pierre, savoir: celui des Jésuites, fait par les Anglais, dont l'église n'est pas loin de celle de Saint-Jacques; cette église est une de celles que l'empereur Charlemagne a fait faire; celle de Saint-Jacques a deux clochers faits dans le même goût[2].

L'ayant aperçu, j'ai jeté mon chapeau en l'air, faisant connaître à mes camarades, qui étaient derrière, que je voyais le clocher. Tous, en arrivant à moi, ont avoué que j'étais le roi[3]. Nous sommes arrivés ensemble à Talatte, qui n'est qu'à un quart de lieue de Compostelle qui est au bas d'une montagne.

---

1. Point de nom analogue. Quant à Lavacouille, je pense que c'est *la Vacola*, d'après la carte de Nolin, citée dans la note 1 de la page 68; mais ce nom ne figure ni sur la carte de Lopez ni sur celle de Coello.

2. Ainsi trois clochers: un à l'église des Jésuites, deux à Saint-Jacques. Plus loin, page 76, Manier en indiquera trois. Faut-il ajouter que l'attribution à Charlemagne de l'église Saint-Jacques n'est pas plus fondée que celle des Jésuites aux Anglais? Mais, bien que le *Codex* n'en parle pas, cette croyance était universelle. (Appendice C).

3. Ni le *Codex*, ni les *Chansons* ne mentionnent ce vieil usage rapporté par l'abbé Pardiac. Il y voit une des origines des noms de Rey, Roy, Leroy si communs en France. (*Pèlerinage de Compostelle*, p. 151).

DE NOTRE ARRIVÉE A COMPOSTELLE

ET DE LA DESCRIPTION DE LA VILLE.

Cette ville est à peu près de la grandeur de la ville de Noyon[1], située entre des montagnes. En y entrant, étant descendu de la montagne de Talatte, l'on y entre de plain pied et dans le milieu l'on descend. Elle est fort marchande. Le tabac d'Espangne se vend en poudre, étalé sur la place, aussi bien que d'autres marchandises.

Nous y avons entré à 9 heures du matin, où nous fûmes à la cathédrale, qui est Saint-Jacques, pour rendre grâces à Dieu de nous avoir fait la grâce d'avoir fait le voyage en santé. Nous y avons entendu la messe. Ensuite à *comaire* [*comer*] ou dîner au couvent de Saint-François de Chocolante[2] (*sic*), à onze heures précises; l'on y donne du bon pain, de la soupe et de la viande. A douze heures, avons été manger, en second lieu, la soupe

---

1. D'après Germond de Lavigne, Compostelle compte actuellement 28,900 habitants, et son étendue annonce une population plus considérable. Il y a donc là une exagération que le patriotisme ne suffit pas à excuser.
2. On retrouvera la même expression pour désigner un couvent de Saint-François, à Oviedo. Il s'agit des frères mineurs observantins, surnommés en Italie et en Espagne *Soccolanti*, c'est-à-dire porteurs de soques. (Héliot, *Histoire des Ordres religieux*, t. VII, p. 71). Je dois ce renseignement au père bénédictin, D. Gérard van Caloen.

au couvent des bénédictins de Saint-Martin, où l'on y donne de la morue et de la viande et de l'excellent pain, ce qui est rare en cette province. A une heure à Sainte-Thérèse, couvent de religieuses qui donnent du pain et de la viande. A 2 heures aux Jésuites, l'on donne du pain. A 4 heures au couvent de Saint-Dominique, hors de la ville par où nous sommes entrés, l'on y donne la soupe qui sert de souper. Après cela, nous fûmes coucher à l'hôpital, dans de bons lits, dont nous parlerons par la suite aussi bien que de l'hôpital[1].

Le 2, Jour des Ames, qui était un samedi, fûmes à confesse à un prêtre français dans l'hôpital, où en sortant m'a donné un billet dont voici le contenu :

Audivi confessionem Guillelmi Manier, natione Galli, diocesis noviodunensis. Compostellæ,

---

[1]. Dans son *Historia y descripcion archeológica de la basílica Compostelana*, ouvrage imprimé à Lugo en 1870 et auquel nous ferons de fréquents emprunts, l'archidiacre D. José María Zepedano y Carnero cite (p. 84, note 1) onze hospices :

1º de JERUSALEN, le plus ancien, fondé par les Arméniens.

2º de SANTIAGO, créé par le chanoine D. Diego Gelmirez, lors de son élévation au siège épiscopal.

3º de SAN PAYO, établi à la suite de l'accord intervenu entre le monastère de ce nom et la cathédrale.

4º de SAN MIGUEL, primitivement appelé du Saint-Esprit et de Notre-Dame. Fondé en 1400 par le chanoine D. Ruy Sanchez de Moscoso, il possédait des logements séparés pour les deux sexes, une bibliothèque pour distraire les convalescents, etc.

5º de SALOMÉ, réservé aux femmes.

6º de SAN ANDRES.

7º de LA RAIÑA.

8º de SAN JUAN.

9º LE GRAND HÔPITAL ROYAL. Fondé par les Rois Catholiques en 1499 et construit par l'architecte de la cathédrale de Tolède, D. Enrique Egeas, il était destiné à héberger, cinq jours durant, les pèle-

die 2 mensis novembris anno Domini 1726. Et soussigné au bas.

Avec cela, je fus à Saint-Jacques communier dans la chapelle des Français, appelée la chapelle Saint-Louis. Après avoir communié, on m'a donné à deux heures mon certificat de voyage et de communion de cette façon[1] :

---

rins pauvres, qui devaient seulement justifier de leur moralité et de leur qualité de pèlerin. Cet hôpital, ouvert par la suite aux malades de toutes sortes, a acquis une grande réputation, surtout par le grand nombre de médecins célèbres qui s'y sont formés.

10. L'hospice S. ROQUE, fondé en 1577, par l'archevêque Blanco pour le traitement des maladies honteuses.

11. L'hospice DE LAS CARRETAS, créé après le voyage de Manier, en 1764.

Manier cite bien d'autres maisons charitables envers les pèlerins. Mais actuellement, de ces onze hospices, les trois derniers seuls existent.

1. Voici, à titre de comparaison, le certificat donné en 1867, au pèlerin de Chiry, J. B. Bouchain, dont j'ai parlé dans l'Introduction :

D. Josephus Maria Varela Temes, hujus Almae Apostolicae et Metropolitanae Ecclesiae Compostellanae Canonicus, ejusque Fabricae Administrator, et ab I^{mo} Dño Decano et Capitulo deputatus ad curam Capellae Christianissimi Francorum regis ibidem sitae, omnibus Fidelibus et Peregrinis ex toto terrarum Orbe devotionis affectu, vel voti causa ad limina Apostoli nostri Hispaniarum Patroni, ac Tutelaris sancti Jacobi convenientibus, omnibus, et singulis praesentes litteras inspecturis notum facio:

Antonium, Joannem Baptistam Bouchain,
hoc Sacratissimum Templum visitasse, confessumque et absolutum Eucharisticum Dñi Corpus sumpsisse: In quorum fidem, praesentes litteras nomine meo subscriptas et Sigillo ejusdem Sanctae Ecclesiae munitas ei confero. Datum Compostellae, die 19 mensis Junii anno Dñi 1867.

De mandato Fabricae Administratoris.
Gratis.   EMMANUEL PENIL.

On voit que la chapelle des Rois de France, malgré les révolutions, a gardé son nom et sa destination glorieuse. La formule n'a guère varié, sauf la mention: *gratis.* D'après Zepedano, le prix du certificat fut réduit de deux réaux à un, sous l'épiscopat de Francisco Blanco (1574-1581); puis Maximilien d'Autriche, archevêque de 1603 à 1614, ordonna de le délivrer gratuitement aux indigents.

D. Lucas, Antonus de la Torre, canonicus hujus almæ apostolicæ ac metropolitanæ ecclesiæ compostellanæ ejusque fabricæ administrator et ab illustrissimo. D. decano et capitulo deputatus ad curam capellæ christianissimi Francorum regis ibidem sitæ, ut omnibus fidelibus et peregrinis ex toto terrarum orbe, devotionis affectu vel voti causa, ad limina apostoli nostri ac Hispaniarum unici et singularis patroni ve tutelaris sancti Jacobi convenientibus sacramentaliter ministremur, omnibus et singulis præsentes litteras inspecturis notum facio: Guillelmum Manier, natione Gallum, diocesis noviodunensis, pergentem ad Romam[1]*, hoc sacratissimum templum visitasse, confessumque et absolutum, eucharisticum Domini corpus sumpsisse. In quorum fidem, præsentes nomine meo subscriptas et sigillo ejusdem sanctæ ecclesiæ munitas ei confero. Datum Compostellæ, die secunda mensis novembris anno Domini 1726*[2].

Yo canónico Damianus Asenicado.

Cela nous a coûté 2 sols. En sortant de là, nous fûmes à l'archevêché où l'aumônier de l'évêque ou l'archevêque nous a donné chacun une *coartes* [*cuarto*], 2 liards.

De l'église de Saint-Jacques et de ses particularités[3]. — Cette église a trois clochers de pierre

---

1. On sait que Manier allait aussi à Rome. (Voir le certificat du curé de Carlepont, p. 3).

2. On trouvera à l'appendice D, la traduction des deux certificats.

3. L'appendice C donne, d'après le *Codex*, une description de cette église, à l'époque de sa construction. Malgré des modifications

faits en flèche, avec des pommes d'or au haut, savoir: deux sur le chœur, un sur le bout[1].

Le service, le jour de la Toussaint, s'y est fait en cet ordre: premièrement une musique entière avec deux jeux d'orgues, qui sont dans l'église au-dessus du chœur des chantres, non pas faits de la façon de ceux que nous avons en France, dont les tuyaux sont en longueur; mais au contraire ces tuyaux ici sont en travers, pour mieux dire de la façon qu'est une trompette, quand elle est sonnée[2].

Il y avait trois violons, une épinette, une trompette, plusieurs basses et autres instruments qui faisaient une mélodie charmante.

Il y a dans cette église environ quarante ou cinquante chanoines[3], avec de bonnes prébendes.

---

presque toutes regrettables, cette description est encore exacte. Quelques notes empruntées à l'ouvrage de D. Zepedano, suffiront à la compléter et à la tenir en quelque sorte au courant.

1. La façade occidentale actuelle ne date que de 1738. A l'époque qui nous occupe, il n'y avait là qu'une tour renfermant les cloches et terminée en forme de pigeonnier; au-dessus du carré du transept, la coupole actuelle terminée en 1445; enfin au bout du bras sud du transept, la tour del Reloj élevée en 1463. (Zepedano, p. 99, 219 et 224).

2. Ces orgues, mentionnées pour la première fois à la fin du xv° siècle, furent tenues gratuitement, au commencement du siècle suivant, par le français Denis Menon, chapelain du roi de France. Il voulait témoigner ainsi de sa reconnaissance envers saint Jacques qui l'avait sauvé d'un naufrage sur la côte d'Espagne. Les orgues complètement restaurées en 1708, sous l'archevêque Monroy, sont encore telles que Manier les décrit. Cette disposition est du reste la plus usitée en Espagne.

3. Ils devaient être, d'après le Codex, au nombre de soixante-douze en souvenir des disciples du Sauveur. Les offrandes faites à Saint-Jacques étaient partagées entre eux suivant un règlement fort curieux. (Voyez l'appendice C). D'après le Journal du Voyage d'Espagne en 1669, on comptait parmi eux, trente-cinq archiprêtres, treize dignités, sept cardinaux, trente-quatre chanoines et onze prébendiers. D. Zepedano (page 101) signale un doyen, un abbé, quatre archidiacres, un écolâtre et un trésorier.

Ils sont revêtus de surplis à grandes manches toutes plissées à petits plis. Ils mettent cela comme une chemise de roulier.

Les deux jeux d'orgues sont magnifiques et dorés.

Dans cette église sont deux chœurs, savoir : le chœur où est l'autel, le plus grand de l'église; séparés l'un de l'autre, de dix ou douze empas, par une allée formée de grilles de fer de part et d'autre qui donne communication de l'un à l'autre[1].

Dans le maître-chœur sont plusieurs belles figures de saints à grands personnages très beaux. Au bas du grand autel étaient huit chandeliers d'argent de la hauteur de cinq à six pieds, gros à proportion. Le devant d'autel est d'or et d'argent massifs. Au-dessus de l'autel est un tabernacle haut de passé trois pieds, soutenu de huit petits piliers d'argent, le tout fait en miniature. Le tabernacle environné de plusieurs autres belles figures, entre autres une petite vierge d'argent, dont la tête et le visage sont tout noirs. Au tabernacle est une sainte vierge, et un saint évêque couronné d'un ange, le tout d'argent. Aux quatre coins du tabernacle sont quatre évêques, couronnés de quatre anges, aussi tout d'argent[2].

---

1. Suivant l'usage espagnol, il y a deux chœurs fermés, reliés l'un à l'autre, par une allée bordée de grilles. L'un, semblable à ceux des églises françaises, contient le maître-autel et se nomme *Capilla mayor*. L'autre, oublié par Manier, occupe les premières travées de la nef après le transept. Il renferme les stalles des chanoines et se nomme *Coro*.

2. L'autel actuel, tout en marbre, couvert d'or, d'argent et de pierres précieuses, avec plus de profusion que de goût, a remplacé, en 1665, le vieil autel élevé, en 1105, par Gelmirez. D'après Zepedano, l'archevêque Monroy aurait, par dévotion, conservé l'ancienne statue de saint Jacques. Mais le P. Fita, qui l'a reproduite deux fois, dans ses *Monumentos antiguos de la Iglesia Compostelana* et dans ses *Recuerdos de un viage á Santiago*, l'attribue au règne de

Au-dessus du tabernacle, Saint-Jacques à hauteur d'homme, en argent doré, avec une *selavine* [*esclavina*] ou collet de même matière sur ses épaules, garni, au lieu de coquillages...; le tout d'or et d'argent massifs, assis dans un fauteuil, le bourdon à la main, la tête nue. Au collet sont les armes de guerre : canon, fusil, tambour, épée, *esporton* [*espadon*]; frange d'or au bas du collet. Aux deux côtés, derrière le chœur, sont deux escaliers secrets, un de chaque côté, qui ont treize ou quatorze degrés, qui conduisent tous deux à la hauteur de ce Saint-Jacques, où étant parvenus les pèlerins embrassent Saint-Jacques par derrière, mettent leur collet sur ses épaules et leur chapeau sur sa tête[1].

Au-dessus de ce Saint-Jacques en est un autre en pèlerin, en matière de cuivre jaune, le chapeau sur la tête, le bourdon à la main.

Sept ou huit pieds plus haut est comme un pupître soutenu par quatre gros anges. Au-dessus et dans le milieu de ce pupître, est représenté à grand personnage Saint-Jacques à cheval, appelé des Espagnols *Santiago*, la cavale dorée, qui de sa *mane stierdes* [*man isquierda*], sa main gauche, tient un étendard blanc, de la droite l'épée à la main, avec lesquels il chasse deux païens qu'il foule sous les pieds de son cheval[2].

---

saint Ferdinand. De plus le *Codex* ne mentionne nulle part ce Saint-Jacques assis, la tête nimbée, le bourdon dans la main gauche et la main droite appuyée sur une tablette qui porte une inscription.

1. Cette scène est reproduite dans une estampe de la Bibl. nation. V b. 135.

2. De ces trois statues, la première seule, concorde assez bien avec le dessin du P. Fita (mentionné dans la note 2 de la page précédente). C'est la seule où le saint soit représenté tête nue et assis. La vénération des pèlerins confirmerait cette supposition, mais Manier affirme

Autour de lui, de part et d'autre, contre le mur, sont cinq étendards[1] rouges soutenus de cinq anges. Autour du chœur, de la hauteur de cinquante pieds, sont seize lampes[2] d'argent fort grosses, soutenues, du moins les cordes de chacune, par un ange des plus grands, qui est dans l'attitude d'un officier de guerre quand il tient l'étendard. Les anges sont dorés, huit chaque côté.

L'église est fort longue, en forme de croix. Il y a trois entrées. La plus commune est à gauche[3], où il faut descendre trois ou quatre degrés dans un grand espace, où sont huit petites boutiques, où se ven-

---

que le collet de son manteau est garni d'armes de guerre, telles que canons, fusils, etc., Ou Manier se trompe, et son étonnement permet difficilement de le supposer, ou bien la statue du xiii⁰ siècle aurait été singulièrement modernisée. Il est plus naturel de croire qu'il n'est pas question ici de la statue du P. Fita, d'autant que l'estampe citée à la note 1 de la page 79, nous montre également un Saint-Jacques d'un type tout différent et beaucoup moins ancien.

1. Parmi les drapeaux indiqués par D. Zepedano, p. 92, trois ont été pris à Ciudad Rodrigo et donnés, le 25 octobre 1707, par le comte de Fefiñanes; les autres sont tous postérieurs au voyage qui nous occupe. Quant à la *gaillarde,* prise à Lépante et offerte à Saint-Jacques par Don Juan d'Autriche, elle est déposée dans une autre partie de l'église.

2. Le nombre des lampes a naturellement beaucoup varié. Le *Codex* en signale trois, dont une à sept branches, en l'honneur des sept dons du Saint-Esprit (voyez l'appendice C). A la fin du xii⁰ siècle il y avait dix-neuf lampes, et plus tard cinquante et une, en argent. En 1645, Monconys n'en compte que vingt-cinq ou trente, plus six grands chandeliers d'argent donnés par Philippe III. L'aide de camp du maréchal Ney, cité par A. de Laborde, t. IV, page 442, réduit beaucoup l'importance des richesses trouvées à Saint-Jacques, mais son témoignage est suspect. Trois lampes seulement échappèrent à l'invasion française. (Zepedano, p. 96).

3. A l'extrémité nord du transept. Le *Codex* l'indique comme la porte par laquelle les Français ont l'habitude d'entrer dans l'église. Aussi est-elle appelée *Porte de France.* Elle n'a été remplacée, qu'en 1758, par un portail de médiocre style greco-romain, appelé *Puerta de la Azabacheria,* à cause des *azabacheros,* ouvriers en jais, qui habitaient la rue voisine.

dent des petits Saint-Jacques en plomb, en cuivre, des coquilles et chapelets[1].

Des chapelles de l'église[2]. — En entrant par la porte qui est à gauche, sur la gauche est une chapelle [I], où dedans sont deux lampes d'argent dont l'une est faite en forme de vaisseau de mer.

Ensuite en est une autre [II] de Saint-Hippolyte, où dedans sont deux lampes d'argent, une grande et une petite.

Ensuite en est une autre [III], où l'on monte quelques degrés, appelée la chapelle du St-Sépulcre, où en entrant à gauche est Notre-Seigneur couché sur une hauteur. Il y est représenté au naturel, en chair, mourant ou mort, les pieds nus, le corps couvert de taffetas, la tête mourante sur un oreiller de toile fine, avec de la dentelle en frisure autour, à différents étages, entrelacée de rubans bleus dans le double de la dentelle. Le tout blanc comme albâtre.

Après cette chapelle en est une autre [IV], où dedans sont deux lampes d'argent[3].

---

1. Cette petite place, appelée aujourd'hui *Paraiso de la Ciutad* est mentionnée également dans le *Codex* sous le nom de *Paradisus* et Aimery Picaud raconte que les pèlerins de son temps y achetaient, entre autres souvenirs de Saint-Jacques, des coquilles. (Appendice C.)

2. A l'aide de la description des chapelles et du plan donnés par D. Zepedano, nous allons suivre Manier de la Porte de France à celle de la Quintana, c'est-à-dire du bras nord du transept au bras sud. D. Zepedano procède dans l'ordre inverse, mais tous deux comptent douze chapelles, huit de la porte de France à la chapelle des Rois de France placée dans le chevet de l'église, et trois de cette chapelle à la porte de la Quintana. Pour éviter toute confusion, j'ai numéroté les chapelles décrites par Manier.

3. Les chapelles I, II, III, IV, ne peuvent être que celles appelées par D. Zepedano: San Fructuoso, San Andrés, Santa María de la Corticela et Espíritu Santo. D. Zepedano ne mentionne aucune chapelle Saint-Hippolyte.

San Fructuoso a remplacé, en 1696, la chapelle Saint-Nicolas.

Après cela, en est une autre [V], où dedans est une belle vierge avec un cercle d'argent sous ses pieds et comme un croissant qui environne sa tête avec une couronne, le tout d'argent, avec une lampe et deux lustres d'argent qui brûlent devant. Dans la même chapelle est un second autel où devant sont 2 lustres d'argent[1].

En retournant autour du chœur à gauche, est dedans [*chapelle VI*] un évêque couché[2].

Ensuite en est une autre [VII], où dedans est une lampe d'argent.

Plus en tournant autour du chœur, en est une autre [VIII][3], où dedans est une lampe d'argent, fermée d'une grille, où entre 2 barreaux à hauteur

---

San Andrés date de la même année. Santa María de la Corticela est au contraire fort ancienne. Elle servit longtemps de paroisse aux étrangers et le grand nombre de pèlerins y fit instituer les *lenguageros*, confesseurs pour toutes les langues. La chapelle Espíritu Santo a été complètement remaniée depuis l'époque qui nous occupe. (Zepedano, p. 153 et s.)

1. La chapelle V est effectivement dédiée à Notre-Dame sous le vocable de Nuestra Señora de la Concepcion, et renferme deux autels du genre churrigueresque. Fondée par le comte de Rivadeo, elle a remplacé la chapelle Sainte-Croix du *Codex*, et a été cédée par le chapitre à la confrérie des Clers du Chœur. (Zepedano, p. 147.) Plus loin dans le Mémoire des Reliques, page 94, Manier la désigne par son nom.

2. La chapelle VI est celle dédiée à San Bartolomé, qui a remplacé, en 1515, l'ancienne chapelle Sancta Fida du Codex. On y remarque en effet, du côté de l'évangile, le tombeau de l'écolâtre D. Diego de Castilla (1521). Il est représenté, *gisant*, mître en tête. Manier pouvait donc se tromper sur sa qualité, mais au point de vue artistique, c'est, d'après D. Zepedano, un des plus précieux trésors de la cathédrale.

3. Les deux chapelles qui précèdent celle de Saint-Sauveur ou des Rois de France, sont : VII, la chapelle Saint-Jean mentionnée dans le *Codex* et citée par Manier dans le Mémoire des Reliques, p. 93, et VIII, la chapelle Nuestra Señora la Blanca, fondée au xiiie siècle et connue également sous le nom de son fondateur, Juan España. Sa situation, en arrière de la chapelle VII, sur le même alignement que la chapelle des Rois, justifie cette expression : « *plus en tournant autour du chœur.* »

d'homme est enclavée une machine de fer, en façon d'ailettes avec quoi les femmes filent du lin, où dans le milieu, comme dirait une bobine sur un fer entre ces supposées ailettes, est enfilé un grain du chapelet de St-Jacques que les pèlerins vont toucher et faire tourner par dévotion[1].

Ensuite est la chapelle Saint-Louis [IX], appelée la chapelle du roi de France[2], où tous les pèlerins communient et reçoivent leur certificat de voyage de St-Jacques, qui vous coûte avec le billet de confession 4 coartes qui valent 2 sols de France. Cette chapelle est enrichie d'un bel autel doré rempli de belles figures, avec deux belles lampes d'argent.

Plus en tournant, derrière le chœur, à côté de celle-là, en est une autre [X], où dedans est une belle vierge d'argent avec une lampe de même[3].

Dans celle d'après [XI], sont 3 autres lampes et 2 lustres d'argent.

---

1. Ni D. Zepedano ni le P. Fita ne mentionnent ce grain de chapelet, dont je n'ai personnellement aucun souvenir.

2. Chapelle construite et consacrée par Diego Gelmirez, en 1105 sous le vocable de SAN SALVADOR (voir l'appendice C). Enrichie par les libéralités des rois de France, surtout par celles de Louis XI qui dota trois chapelains chargés d'y dire la messe à perpétuité, elle prit dès lors le nom de CHAPELLE DES ROIS DE FRANCE et fut spécialement affectée à la distribution des sacrements aux pèlerins. Les certificats de Manier et du pèlerin de Chiry, en 1867, montrent que cet usage et le souvenir de nos rois ont été conservés. On y remarque encore une statue fort ancienne du Sauveur et une autre de sainte Madeleine.

3. La chapelle X est celle de SAINT-PIERRE. Manier, dans son Mémoire des Reliques, p. 93, l'appelle ainsi et la désigne clairement : « à droite de la chapelle du Roi de France. » Mentionnée dans le *Codex* sous le vocable de Saint-Pierre, elle est connue également sous le nom de son principal bienfaiteur Mencia de Andrade (1571). La statue, dont il est ici question, est celle de N. Señora de la Azucena (Notre-Dame-du-Lys), placée entre celles de Saint-Pierre et de Saint-Paul. (Zepedano, p. 122.)

Dans l'autre ensuite [XII][1], est un haut autel doré avec une belle lampe d'argent devant, en forme carrée, où à chaque face est une coquille de St-Jacques gravée en argent dessus, de la grandeur, de la forme d'un *sombrere* [*sombrero*] ou chapeau.

Dans le trésor[2] est une chapelle, où à chaque côté est un grand saint, et St-Jacques à cheval au milieu d'eux qui foule sous les pieds de son cheval 2 païens. Devant le bas du trésor est une balustrade de 9 à 10 pieds de haut, en barreaux au nombre de 80. Le tout d'argent.

De l'autre côté de l'entrée de l'église, sur la droite, n'y a pas de chapelles[3].

---

1. Les deux dernières chapelles, XI et XII, sont forcément les deux seules chapelles indiquées par D. Zepedano entre la chapelle San Pedro et la porte de la Quintana.
La chapelle XI est celle de Nuestra Señora de la Piedad ou de Mondragon, son fondateur (1522).
La chapelle XII est celle de Nuestra Señora del Pilar ou de Monroy, son fondateur. Manier la désignera sous ce dernier nom, dans le Mémoire des Reliques, page 94. La belle lampe, dont il parle ici, a coûté à l'archevêque Antoine Monroy, 50,000 ducats. Peu de prélats ont été aussi généreux envers cette église. Né à Mexico, général de l'ordre de Saint-Dominique, archevêque de Compostelle en 1685, mort en 1715, il fut enterré dans la chapelle qu'il avait fondée.
2. La Chapelle du Trésor est accolée au bas côté sud. Elle date de 1521, mais elle servit d'abord de sépulture à diverses personnes royales et archiépiscopales, puis de salle capitulaire de 1551 à 1613. C'est seulement en 1624 qu'on décida d'y réunir les reliques. La construction de l'autel, dans le genre churrigueresque, dura de 1625 à 1633, et les reliques y furent transférées en grande pompe, le 11 août 1641. D. Zepedano, qui entre dans tous ces détails, ne mentionne pas le monument de saint Jacques à cheval.
3. Si l'on se rappelle que Manier est entré dans l'église par le portail nord, la droite de cette porte désigne clairement le bas côté nord et son erreur s'explique d'autant moins que dans le Mémoire des Reliques, il va citer la principale chapelle placée de ce côté, la chapelle Carrillo.
A droite de la porte nord, on rencontre successivement : 1° la chapelle Santa Catalina fondée en 1544; 2° la chapelle Nuestra

Au bout de l'église est un christ, où au bas est un autel, où au-dessus de cet autel est une vierge revêtue de noir, en linge blanc, magnifique, en religieuse[1]. Au-dessus de cette vierge sont 3 belles lampes et 2 lustres d'argent.

Sur la gauche est un autre autel de la Vierge tout doré, où devant sont 6 autres belles lampes d'argent.

De l'autre côté est une chapelle, où est une lampe.

Dans l'église sont deux beaux grands christs[2]. Devant celui, qui est devant le grand autel, est une belle grille de fer doré, haute de 50 pieds. Devant est un lustre d'argent, qui est au-dessus de l'allée, qui donne communication du chœur des chanoines à l'autre[3].

Au-dessus du grand autel et au-dessus de St-Jacques le pèlerin en argent, est représenté Notre-Seigneur dans les nues, environné d'anges.

---

señora del Pardon, ou de la Comunion élevée par l'archevêque Lope de Mendoza sur une partie du patio de l'archevêché et terminée en 1541; 3° la chapelle Carrillo, élevée également par l'archevêque de ce nom, sur une partie du patio de son palais (1655-1667). Cette chapelle, possédant depuis 1754 une copie du Saint-Christ de Burgos, est connue actuellement sous ce nom. (Zepedano, p. 162 à 169).

1. Le bout de l'église, c'est le trascoro que surmonte un crucifix et auquel est adossé un autel. La vierge placée au-dessus de cet autel, Nuestra Señora de la Soledad, est l'objet d'une telle vénération qu'un bref du pape Benoît XIV a déclaré l'autel privilégié.

2. Comme il vient de parler du crucifix placé au-dessus du trascoro, entre les statues de Notre-Dame et de l'apôtre saint Jean, il se borne maintenant à indiquer celui du maître autel.

3. La grille dorée, don de l'archevêque Alonso IV, date de 1535 et a coûté deux millions de maravedis. Quant au lustre, placé au-dessus de l'allée qui conduit au chœur des chanoines, ce doit être le fameux encensoir d'argent, qui subsista jusqu'à l'invasion française. D'après D. Zepedano, il rappelait et remplaçait à la fois les réchauds, où jadis on brûlait de l'encens pour purifier l'air de l'église, quand de nombreux pèlerins y avaient passé la nuit à attendre le premier office du matin.

A côté de ce St-Jacques sont 2 hommes guerriers. Le grand autel est garni de 10 chandeliers d'argent.

A côté du chœur, en entrant, sont 2 chaires de vérité dont le dessus en est doré. Ces 2 chaires sont de bronze[1].

Devant le chœur des chanoines est un pilier sur la droite[2], où tout le long est un tuyau ou fourreau de fer, où dedans est enfermé le véritable bourdon de St-Jacques, dont les pèlerins ont la satisfaction de toucher le fer par en bas.

A l'autel de la Vierge, derrière le chœur des chanoines, est une vierge noire[3] et un ange, à chacun de ses côtés, tenant à leur main un gros cœur rouge. Au-dessus de ces anges, en sont 2 autres qui tiennent chacun un tableau. Au-dessus des tableaux sont des couronnes d'épines et au-dessus est une figure.

Dans le milieu du bout de l'église est un pilier de marbre bis-blanc, où dessus sont les marques des 5 doigts d'une main de Notre-Seigneur, quand il a changé l'église, parce qu'autrefois le grand autel était au soleil levant. Les marques des cinq doigts y sont moulées comme dans de la pâte[4].

Pour descendre dans l'église, sur la gauche, sont 8 ou 10 degrés.

---

1. Aux piliers du transept, qui bornent la Capilla Mayor, sont adossées deux chaires, en bronze noir, fondues en Flandre en 1563 et données par l'aragonnais J. B. Celina.
2. Du côté de l'épître.
3. Il a déjà été question de cette vierge, note 1 de la page 85.
4. Aucun écrivain, à ma connaissance, ne fait mention de cette légende sans fondement, puisque, d'après le *Codex*, l'église était bien orientée à son origine. Cependant j'ai le souvenir assez vague d'un récit analogue fait par quelque sacristain et je pense qu'il doit être question d'un changement, non pas dans l'orientation de l'église, mais dans la porte d'entrée. Plus loin en effet, p. 89, Manier parlant de la Porte-Sainte, attribue à Jésus-Christ la fermeture de cette porte et l'ouverture d'une autre entrée.

Dans le clocher de cette église sont les sonneries de différents rois. Il y a 4 grosses cloches entre autres; l'on y sonne à la française. L'une de ces cloches fut donnée par le roi de Portugal, la seconde par le roi d'Espangne, la troisième par l'empereur, la quatrième par le roi de France[1]. Elles portent le nom, chacune de leur donateur. Après tout cela examiné, fûmes coucher à l'hôpital.

Le 3, fûmes promener dans la ville, où nous y avons vu 5 ou 6 fontaines ou *foente* [*fuentes*] assez belles. L'une[2] est sur le marché aux Herbes, à 4 cahos d'où l'eau sort et tombe dans un bassin, puis dans un second plus grand, à peu près comme celles de Noyon et Viler-Cotret

Il y en a une autre devant le couvent de Saint-Martin, mais elle n'est pas si belle.

Etant un jour à manger la soupe au couvent de St-Martin, était avec nous un Ecossais, noir comme la cheminée, qui faisait l'admiration de plus de 50 que nous étions.

DE L'HÔPITAL. — Cette maison est comme une maison royale. Les lits de l'hôpital ne sont pas si mauvais: il y a 3 couvertes, 2 pour en guise de draps et une dessus.

Il y a dedans une grande cour, où sont deux fontaines[3], comme celles de dessus la place.

---

1. Deux cloches furent données par Louis XI, mais on dut les refondre, en 1665. (Zepedano, p. 225.)

2. Serait-ce l'ancienne fontaine du Paradis, qui fut démolie au xve siècle et transportée sur la place de la Plateria ? En consultant l'appendice C, le lecteur jugera. D. Zepedano mentionne également la fontaine devant le couvent de Saint-Martin, dont il va être question

3. Bory de Saint-Vincent, l'aide de camp du maréchal Ney, dont A. de Laborde se contente de reproduire le médiocre récit, t. IV, p. 457, note également ces deux fontaines.

Devant la face de l'hôpital sont 24 piliers de pierre, hauts de 2 ou 3 pieds, éloignés du mur de 5 ou 6 pieds, où est dessus chacune d'elles une grosse chaîne de fer plombée dessus, de façon que toute l'approche en est défendue par le moyen de chaînes entrelacées de bondes[1].

Ce fut là où nous avons rencontré un garçon tourneur, natif de Raims, qui m'a vendu 12 pierres d'aigle et une d'aimant. Le garçon est revenu en droiture avec un de nous, nommé Delorme, qui nous a quittés, comme je dirai par la suite, pour aller avec ce garçon nommé Saucet.

Dans l'hôpital est une chaîne de fer pour y attacher les malfaisants, (ce qui est arrivé à un pendant que nous y étions couchés), avec la lampe allumée pendant la nuit pour lui faire plus de honte. Il avait volé un en dormant (sic).

Dans cette ville sont plusieurs belles églises: entre autres celle des Jésuites, où il y a 2 beaux clochers en pierre, faits en flèche, percés à jour, faits par les anglais. Ces deux clochers de loin paraissent être ceux de Saint-Jacques comme en étant tout près, si bien que bien des gens croient que les deux des Jésuites et les trois de Saint-Jacques sont à la même église[2]. Il n'y a pas de pommes d'or à ceux des Jésuites.

Après cela, fûmes coucher à l'hôpital.

Le 4, au matin, après avoir été à la messe, fûmes faire nos petites emplettes de chapelets, coquilles et plombs, et autres petites drôleries. Puis après,

---

[1]. Ces bornes fréquentes en Espagne, surtout autour des édifices religieux ou charitables, marquaient les limites du droit d'asile.

[2]. Je puis, pour y avoir été trompé, garantir la justesse de cette observation.

mes camarades m'ont donné un bouquet, comme leur roi ; ensuite j'ai acheté des sardines qui sont des demi-harengs. Nous fûmes au cabaret boire quelques *sombre* ou pots de vin, pour les régaler en reconnaissance de leur bouquet, où pendant ce temps, Delorme nous a signifié, qu'il voulait nous quitter et ne voulait pas aller à Saint-Salvateur[1]. Nous l'avons laissé dans la ville avec son nouveau camarade; puis sommes allés coucher à l'hôpital.

Le 5, au matin, nous fûmes à Saint-Jacques voir la Porte-Sainte[2], où la porte de l'église avait été anciennement; mais Notre-Seigneur a permis qu'elle fût changée et remise où elle est à présent. Et en mémoire de ce, elle est appelée Porte-Sainte. Au-dessus de cette ancienne porte est la statue de saint-Jacques représenté en pèlerin, peint en blanc, avec un autre pèlerin à chacun de ses côtés de même couleur.. C'est par cette porte que saint Jacques est entré à Compostelle.

Après cela, fûmes voir le trésor dont voici le mémoire :

MÉMOIRE DES RELIQUES[3]. — Premièrement, sous le grand autel, est le corps du glorieux apôtre saint

---

1. A l'adresse des pèlerins de Saint-Jacques, qui faisaient comme Delorme, *La Novvelle Gvide* contient la réflexion suivante: « Voyage singulier duquel l'ont dict, qui a esté à Sainct Jacques et n'a esté à Sainct Salvateur, a visité le serviteur et a délaissé le Seigneur. »

2. Située dans l'angle sud-est de la basilique, entre les chapelles de San Pedro et de San Salvador, elle servait primitivement de porte de communication entre la cathédrale et le couvent des Antealtares et s'appelait alors la porte de *San Salvador*. On la nomme Porte-Sainte, depuis qu'elle s'ouvre seulement les années de jubilé. (Zepedano, p. 124).

3. A la fin des *Chansons de Saint-Jacques* figure un *Mémoire des saintes Reliques qui sont en l'Eglise de Compostelle*. Comme

Jacques-le-Grand, patron d'Espagne et premier fondateur de la foi catholique en ce royaume, avec deux de ses disciples: saint Athanase et saint Théodore. Dans le trésor de cette église sont les reliques suivantes :

Premièrement, la tête de saint Jacques-le-Mineur, dit le Juste, avec plusieurs de ses reliques qui sont enchâssées en argent doré, orné et garni de pierreries, avec une dent du même apôtre, qui fut dérobée. Et par permission divine il retourna à ce saint reliquaire[1].

* Des reliques de saint Antoine.

Dans une croix d'or est une grande pièce de bois de la Vraie-Croix de Notre-Seigneur.

Dans une boîte de cristal est une épine de la couronne de Notre-Seigneur.

Dans une image de Notre-Dame est une goutte du lait de la Sainte Vierge.

* Dans un petit livre, qu'une petite image de saint Jacques tient, en sa main, est une partie du vêtement de saint Jacques.

Alexis Socard a négligé de le reproduire, on le trouvera à l'appendice B. Le mémoire donné par Manier est beaucoup plus étendu, on en jugera par l'astérisque dont j'ai gratifié ses additions. Il y a peu d'années, on vendait encore aux pèlerins un mémoire des reliques, mais le cardinal archevêque vient de l'interdire à cause des nombreuses erreurs qu'il renfermait.

Ne faisant pas de critique religieuse et uniquement soucieux d'éclaircir le journal d'un paysan, je me suis borné, autant que possible, à rectifier le nom des saints peu connus, et, quand il y avait de nombreux homonymes, à indiquer par la date de la fête le saint le plus probable. Si l'on voulait faire la critique de ces reliques, on saurait du moins de quels saints il est question.

1. Un dessin de ce reliquaire a été donné par le P. Fita: *Recuerdos de un viaje á Santiago*, p. 88. Cette tête rapportée de Jérusalem par D. Maurice, archevêque de Braga, fut déposée d'abord à Carrion et transportée ensuite à Compostelle par D. Gelmirez.

Plusieurs reliques de saint Janvier et ses compagnons, martyrs espagnols[1].

* Le gosier de sainte Novelle [*12 avril*] et de sainte Gaudence, martyrisées à Rome [*30 août*].

* Des reliques de saint Mathias, apôtre.

Des reliques de saint Brices, archevêque de Tours, en France [*13 octobre*].

Beaucoup de reliques de saint Cécile[2] et ses compagnons, martyrs espagnols, lesquels furent brûlés vifs en Grenades, pour la foi.

La tête de saint Victor, martyr.

* Des os de saint Julian, martyr, époux de sainte Basilistes [*saint Julien l'Hospitalier et sainte Basilisse, 9 janvier*].

Des reliques de saint Vincent Ferrier, religieux jacobin [*5 avril*].

Un os de saint Clément, pape et martyr.

Un grand os de saint Rossende, prélat de cette sainte église [*saint Roẕeind, 1 mars*].

Un grand os de saint Torquat, disciple de saint Jacques, évêque de Cadix [*15 mai*].

* Des reliques de saint Maxime, évêque et martyr.

Des reliques de sainte Agnès, vierge et martyre.

* De celles de saint Laurent, martyr, avec plusieurs reliques de saints et saintes, martyrs.

Huit têtes des onze mille vierges, lesquelles, avec

---

1. Saint Janvier, saint Fauste et saint Martial, appelés par Prudence les Trois Couronnes de Cordoue, y subirent le martyre en 304. Fête, le 13 octobre.

2. Le *Mémoire des Chansons* porte : Sainte Cécile et ses compagnes. La version de Manier est préférable. San Cecilio est un saint espagnol, le P. Labat le cite parmi les compagnons de saint Jacques. Une chapelle de la cathédrale de Grenade lui est consacrée. Sa fête est fixée au 15 mai.

sainte Ursule, furent martyrisées à Colongne, ville d'Allemangne.

La tête de sainte Paulines, vierge et martyre.

La moitié d'un bras de sainte Marguerite, vierge et martyre.

De la robe de Notre-Dame, avec d'autres de plusieurs saints et saintes, vierges et confesseurs.

La moitié d'un bras de saint Christophe, martyr.

Une des têtes des deux cents martyrs, qui furent martyrisés à Saint-Pierre de Cardeigne ou Cartagène, en Espagne[1].

Le corps de sainte Suzanne, vierge et martyre.

Celui de saint Silvestre, martyr.

Celui de saint Cucufatte, martyr [*saint Cucufat, 25 juillet*].

Celui de saint Fruteux, archevêque de Bragues en Portugal [*16 avril*][2].

* Celui de saint Quairines, martyr [*saint Quirin, 4 juin*].

* Celui de saint Crécences, martyr [*saint Crescent de Cordoue, 27 juin*].

* Des reliques de saint Luc, évangéliste, avec beaucoup d'autres de plusieurs saints.

* Le corps de saint Candides, martyr[3].

* Des reliques de sainte Julienne, veuve [*7 février*].

* De celles de saint Amante, martyr[3].

---

1. A San Pedro de Cardeña, près Burgos, on voit encore la *Chapelle des Martyrs* consacrée à saint Sanchèz, abbé, et à près de deux cents moines martyrisés avec lui. Fête, le 6 août.

2. Les reliques de saint Fructueux, archevêque de Braga, furent enlevées par Didace, évêque de Compostelle, qui, visitant les biens que son église possédait en cette ville, profita de la bonne hospitalité de l'archevêque saint Gérald, pour opérer son pieux larcin. (*Histoire lit. de la France*. t. XI, p. 115).

3. Il n'y a pas de motif pour choisir entre les nombreux homonymes.

De celles de sainte Pauline, vierge et martyre.
* Une figure de saint Philippe de Néri, où sont de ses reliques.

Mémoire des reliques apportées par le roi Dom Alphonse le Grand, quand il a consacré cette église, suivi de plusieurs archevêques et princes d'Espangne.

Premièrement, DANS L'AUTEL DE SAINT-SAUVEUR, qui est la chapelle du roi de France, est :

Du tombeau de Notre-Seigneur;

De sa sainte tunique;

De la sainte Croix;

Du lait de la Vierge;

De saint Vincent de Xérès, [*22 janvier ?*];

Des cendres et du sang de sainte Eulalie de Mérida, [*10 décembre*];

De saint Martin, évêque, [*30 janvier*];

De sainte Léocadie, [*9 décembre*];

* De sainte Martines;

* De sainte Lucresse [*sainte Lucrèce, 23 novembre*];

De saint Christophe;

De saint Julien et de sainte Basilisse [*déjà cités*].

DANS L'AUTEL DE SAINT-PIERRE, qui est la chapelle à droite de celle du roi de France, sont des reliques de :

Saint Fructeux, évêque [*déjà cité*];

De sainte Luces;

De sainte Ruffines.

DANS L'AUTEL DE SAINT-JEAN L'ÉVANGÉLISTE, à gauche de la dite chapelle, sont :

De la robe de saint Jean, apôtre et évangéliste;

De saint Barthélemy, apôtre;

De saint Laurent, archidiacre;

De sainte Lucresse, martyre;
De sainte Léocadie;
De saint Jean-Baptiste;
De saint Julien;
De la robe de la sainte Vierge.

Dans la chapelle E. E. M. D. Pedro Carillo, archevêque de cette église sont les reliques suivantes:
* Le corps de saint Demettre, martyr;
* Celui de saint Boniface, martyr.

Dans la chapelle de Notre-Dame de la Conception sont des reliques:
* De saint Auban, [*saint Audence de Tolède, 3 décembre?*];
* De saint Fortunat, [*3 décembre*];

Dans la chapelle de monseigneur Monroy, je que c'est celle du roi d'Espangne, sont les reliques:
* De saint Fructuoso, saint Théodore, sainte Justine, [*déjà cités*];
* Saint Vincencie [*sainte Vincentia, 1 février*];
* Saint Victorie [*sainte Victorie, 28 septembre*];
* Et de sainte Liberatto [*sainte Liberate, 18 janvier*];
* Saint Laureato[1], martyr, et plusieurs autres qui sont en cette église, qui ne sont pas marqués, à cause de la grande quantité[2].

Auprès de l'hôpital était un laurier, gros de 3 ou 4 pieds et bien haut de 50.

---

1. Serait-ce saint Laurien, évêque de Séville, martyrisé en 544, et dont le chef est conservé à Séville? — Fête, le 4 juillet.
2. Il est à remarquer que ces trois dernières chapelles ne figurent pas dans le *Mémoire des Reliques*, annexé aux *Chansons de S. Jacques*. J'ai cru pouvoir en tirer quelque conjecture sur la date de ce petit livre. (Voyez l'appendice B.)

DE COMPOSTELLE A OVIEDO[1]

Départ de Compostelle. — Le lundi 4 du mois, après avoir rendu grâces à Dieu, sommes partis de cette ville à 2 heures après midi, à trois, ayant laissé Delorme pour partir le 5; et nous, nous fûmes d'abord à Talatte; à Saint-Marc; à Lavacouille, où nous avons quitté le chemin que nous étions venus, pour reprendre celui de Saint-Salvatur pour passer à la Fouguère[2], où nous avons couché. Le chemin est à gauche.

Étant arrivé le soir, pour me désennuyer de la perte d'un de nous, je me suis amusé à lire et à écrire la recette, vertus et propriétés des pierres d'Aigle.

Les vertus et propriétés des pierres d'aigle, (aquilœ), qui se trouvent en la mer peaisque [*persique*] et des Indes[3]. — Les anciens auteurs, lesquels

---

1. Ce titre ne figure pas dans le manuscrit. Le *Codex* ne parle pas du pèlerinage de San Salvador. *La Nouvelle Gvide*, qui le recommande aux pèlerins de Saint-Jacques d'une façon assez plaisante, n'indique la route que de Léon à Oviedo. Seules les *Chansons* décrivent la route de Léon à Compostelle par Oviedo. Nos pèlerins ne sont plus que trois. Delaplace, dit Delorme, rentre directement au pays, où, dès le 14 mars suivant, il sera parrain d'un neveu. (Regist. de cath. de Carlepont).

2. En allant à Compostelle, page 72, Manier indique la Fougère entre Saint-Marc et Lavacouille; au retour il le place au-delà. Le même nom doit donc désigner deux endroits différents. Je crois qu'ici c'est Sabugueira.

3. J'ai poussé le scrupule de l'exactitude jusqu'à reproduire ces

ont découvert la propriété des animaux, pierres, plantes et racines, ont laissé par écrit, entre autres choses, après en avoir fait expérience très véritable des vertus et propriétés d'une pierre appelée « *aquilœ* » ou l'aigle. Les Grecs et Latins lui donnent le nom « *œtire* ». Elle a été délaissée aux hommes par l'aigle, oiseau royal. De là vient qu'elle en porte tel nom, parce que l'aigle peut faire éclore les œufs de ses petits la portant dans son nid, de sorte que le plus souvent l'on en trouve deux au nid des aigles. Aussi l'aigle s'en sert afin que ses petits soient préservés de toutes aventures, comme sorcelleries, tempête ou autres inconvénients. Quant à la forme, il y en a de toutes façons, sa couleur est la plupart rougeâtre ou tirant sur le castor gris. Dans icelle on sent remuer comme un pion ou une autre pierre, ceux qui ont la pierre. Ou le mâle la ponte et la femelle. Toutefois il n'y a guère de différence en cette pierre aquilœ. Dieu, de la providence duquel tout dépend, a donné merveilleux effet, voire qu'il semble prodigieux à ceux qui l'ont expérimenté. Entre tous les auteurs qui ont écrit, le très ancien Isidore en parle au livre XVI°, chapitre IV; Pline, livre XXVI, chapitres II et III; Dioscorides, au *Livre des Pierres*; Albert le Grand; Matheoles Bartellemy Anglos, dans son livre: *De la propriété des choses*; Remi Beleaux, en ses *Pierres précieuses;* et autres grands personnages de grande autorité, lesquels, après l'avoir mise en usage, lui ont donné les vertus, effets et propriétés qui en suivent, savoir: pour les femmes enceintes ou en travail faut prendre cette

---

niaiseries. Elles n'ont d'autre intérêt que de témoigner des superstitions de l'époque, aussi m'abstiendrai-je de toute rectification.

pierre, et la lier étroitement sur le bras gauche ou à la ✠ de la femme, mais la faudra ôter à l'instant que la femme sera délivrée, sans retard. Pour empêcher d'avorter les femmes grosses, liez la pierre sur le bras gauche de la femme et vous verrez que le fruit viendra à perfection; ou bien, étant pulvérisée, en mettre dans son brevage. Pour ceux qui sont empoisonnés, faut prendre de cette poudre dans du potage ou du vin, serez guéris. Contre le haut mal: l'ayant pilée et mise en poudre, incorporez-la avec de l'huile, citron, ou d'olive, et faites un sachet pour le mettre dedans, et mettez le sachet sur l'estomac, avec l'aide de Dieu serez guéris.

Contre le mal de tête, pilez-la et prenez la poudre en un bouillon sur le soir, avant de vous coucher.

Contre le mal temporel cette pierre est bonne. Contre toutes sortes de fièvres, prenez de cette poudre; la mettez dans votre bouillon, quand la fièvre vous saisira. Contre la peste: cette pierre est un bon remède contre le mal pestilentiel. La portant sur soi, elle ôte aussi les marques du visage, si elles sont fraîches. Elle est bonne contre le mal de ventre. La terre qui est dans cette pierre est bonne pour la pleurésie, en prenant deux dragmes avec de l'eau, devant 24 heures ou bien devant. Elle étanche le sang. Elle est bonne contre les vers, en la prenant en buvant ou mangeant. Elle est bonne contre le mal de matrice, la prenant dans du vin ou du bouillon. Elle est bonne pour la vue, pour une maladie laquelle est cause de l'obscurcissement de la vue. Elle est bonne pour les enfants qui ont quelque coupure. Faut la lier dessus.

Elle est de la grosseur d'une noix ou plus en longueur, comme un caillou.

DÉPART. — Le lendemain 5, fûmes à Sainte-Marie de Gonsart [*Gonẓar*], où nous avons couché à une maison escarpée.

Le 6, sommes allés à Sobrades [*Sobrado*], où est un couvent très beau, où sur l'église sont deux beaux clochers de pierre d'une hauteur prodigieuse, avec un beau portail à l'église, fait en sculptures en pierre; il est superbe. Ce village est dans un fond.

Dans l'église, de chaque côté, sont couchées les statues de deux seigneurs ou fondateurs de cette église, en pierre, représentés en habit guerrier, leur sabre en main, le long de leur corps.

Dans ce couvent, nous y avons eu la soupe et bien chacun livre demie de pain. Après cela, sommes partis pour aller à Saint-Mammert [*Santa-Marina*], où nous avons couché.

Le 7, sommes allés à Sainte-Marie de Incheri [*Santa-Maria*]; à Mirasse [*Mueira*], où nous fûmes chez un gentilhomme, qui nous a donné chacun une *escoudelle* [*escudilla*] de vin, du bouillon et du pain, et 4 réal de plate à un de nous, nommé La Couture, pour lui acheter des souliers. Cela fait en argent de France 36 sols. Ensuite fûmes à Sainte-Locades [*Santa Leocádia de Parga*]; à Bresdebres de Parques [*Puebla de Parga*]; à Bamondes [*Baamonde*]; à Liatort [*Illan*], où nous avons couché.

Le 8, à Saint-Jean de Valdes; à Bilialbes [*Villalva*]. Sommes allés coucher à une maison, sur la gauche du chemin. Tous ces environs sont montagneux et des endroits la plupart comme des précipices.

Le 9, à St-Jacques de Goyries [*Goiriẓ*]; à Montagnelle [*Mondoñedo*], ville située sur le côté d'une montagne, partie rocher. Parmi les campagnes de ces environs, dans les haies et buissons, ce ne sont que lauriers d'une prodigieuse grandeur.

Nous y avons vu un oignon des Indes d'une prodigieuse grosseur, avec des orangers qui portent oranges bonnes à manger. Peu loin est un couvent tout neuf. Après cela, fûmes à Villeneuve [*Villanueva*]; à Saint-Judes de Cavaldes [*San Justo de Cabarcos*]; à Saint-Pierre de Rentes [*Rente*], où nous avons couché; du moins j'ai couché, comme ayant laissé les autres derrière, pour dispute que nous eûmes ensemble.

Le 10, je fus à Notre-Seigneur de la Pointe [*N. S. de la Puente*]; à Rivedieu [*Rivadeo*], petite ville et la dernière de la province de Galice[1].

DE LA VILLE DE RIVEDIEU. — Par un dimanche, étant arrivé en cette petite ville tant renommée, pour être l'endroit du *pont qui tremble*. Cette ville est sur le bord de la mer, un des endroits les plus périlleux et à craindre de toute l'Espangnes. Il coûte 2 cuartes, qui valent un sol, pour le passage. L'on est une demi-heure à le passer. Il y a bien au moins un demi-quart de lieue de trajet. L'on ne passe au moins qu'à une cinquantaine dans une grande barque faite exprès, dont il faut ramer. Vous voyez les flots effroyables de la mer s'élancer en l'air les uns sur les autres, qu'il semble qu'ils vous menacent de ruine, joint au bruit effroyable qu'ils font: qui donnent un mouvement à la barque où vous êtes, qui font descendre la barque entre

---

1. Le rio Eo, que l'on franchit à Rivadeo, forme la limite de la Galice avec les Asturies.

deux flots, comme si elle descendait dans un précipice ; puis vous croyant englouti de ces ondes, une autre vous fait remonter au plus vite, comme dessus une montagne. Voilà le manège que cela fait pendant le passage, qui vous cause des peurs épouvantables, que vous croyez à tous moments être péri. Voilà le sujet, à cause du péril où vous êtes, qui donne le nom à ce passage de: « *pont qui tremble*[1]. »

A l'autre bord, où l'on débarque, est comme un petit village nommé Figuere ou Stifiguere [*Figueras*]. De là, je fus à Bars [*Barres*] ; à Ville [*Vilarvelle*] ; à Casselliau [*Salsedo*], où j'ai couché.

Le 11, à Saint-Thiedes [*Santa Gadea*]; à Tappe [*Tapia*], situé sur le bord de la mer, où j'ai drogué, où j'ai eu cinq sardines, dix œufs ou *goesve* [*huevos*] et quatre à cinq livres de *panne* [*pan*] ou brouette[2]. De là, je fus à Mante [*Martin*], où j'ai retrouvé mes camarades. Nous nous sommes réunis ensemble et avons relié la fête en *goeves* et en sardines. Ensuite sommes allés ensemble à Salebbe [*Salave*] ; à El Franques [*El Franco*] ; à la Machaliol de Parle [*Mohices ?*] ; à Arbosse [*Arboces*], où nous avons couché.

---

1. Quand nous fûmes au pont qui tremble,
    Bien étonnés,
 De nous voir entre deux montagnes,
    Si oppressés,
 D'ouïr les ondes de la mer
    En si grande tourmente.

(15e coupl. de la 1re Chanson. Voir également le 16e de la IIe et le 11e de la VIe)

2. Ce mot, d'une origine évidemment germanique, est encore usité en Picardie pour signifier du pain. L'abbé Corblet, *Glossaire du patois picard*, écrit: broute.

Le 12, à Saint-Charles; à un quart de lieue plus loin se passe une rivière[1]; de là, à Nave [*Navia*]; à Autour [*Otur*]; à Escaral; à Serville[2]; à Louarques [*Luarca*], ville, située au bas d'une montagne, dont quelques rues sont percées dans le rocher, qui est sur le bord de la mer. La ville ne se voit pas que l'on ne soit à la porte. Nous avons couché à l'hôpital dans de bons lits. Il y en a huit de même. Dans le haut de la salle est un Saint-Jacques à cheval.

Le 13, à Barcia, où à quelque distance de là se passe une barque sur un recoin de la mer[3]. Mais elle est calme. De là, à Cannerre [*Canero*]; à Casavese [*Cadavedo*], où nous avons couché dans l'hôpital.

Le 14, à Balotte [*Vallota*]; à Sainte-Marie [*Santa Maria de Vallota*]; à Chatte [*Castañeras*]; à Montmayort [*Mumayor*], où se monte une rude montagne fort raide. De là, fûmes à Pillia de Pilly [*Piñera*]; à Coudidierre [*Cudillero*], ville située sur la côte d'une montagne, où nous avons couché à l'hôpital, dans de bons lits.

Le 15, fûmes à Mort [*Muros*]. A un quart de lieue plus loin l'on passe une barque[4]. De là, à Sancobiesde [*Soto del Barco*], où nous avons couché, à une maison peu loin de là.

Le 16, à la Grandes [*Grado*]; à Obiede [*Oviedo*], dit S. Salvateur ou S. Sauveur, ville.

Ce jour là, sont tombées les premières neiges.

---

1. La ria de Navia (embouchure de la Navia).
2. Je n'ai pu identifier Escaral et Serville.
3. La ria de Canero.
4. La ria de Pravia.

DE NOTRE ARRIVÉE A OBIEDES ET DE SES PARTICULARITÉS.

Cette ville est située dans une plaine, où à sa gauche est un pont de pierre bien de 40 pieds de haut, sur 41 arches. Il a 5 pieds demi de large. Cela est à cause des débordements qui y arrivent quelquefois[1]. Il y a avant d'entrer, sur la droite, un couvent de Saint-François[2], où se donnent à trois heures, la soupe, de la morue et du pain.

Cette ville est marchande, assez bien peuplée. Elle est de moyenne grandeur. Elle n'a rien de rare, sinon à la maîtresse église qui est Saint-Sauveur. Le clocher de l'église est en flèche, mais il fut rompu, par la moitié, par le tonnerre[3].

Voici le mémoire des reliques qui sont renfermées dans le trésor[4].

MÉMOIRES DES SAINTES RELIQUES. — Au temps que

---

1. La Nora, affluent du Nalon, déborde quelquefois. (*Voyage* de Laborde, t. IV, p. 421).
2. Sans mentionner ce couvent, Germond de Lavigne indique le *Campo de San Francisco*, comme le lieu de réunion de l'ancienne confrérie des tailleurs. Pour n'en point parler, il faut que Manier, si attentif à tout ce qui touche sa profession, ait ignoré ce fait.
3. Cette tour est due à D. Francisco de Mendoza. Il n'est fait mention nulle part, à ma connaissance, de l'accident signalé ici, et on n'en voit pas trace aujourd'hui.
4. Florez nous apprend que le doyen et le chapitre de cette sainte église ont coutume, depuis les temps les plus reculés, de donner aux pèlerins un bref mémoire des reliques conservées dans la Camera Santa. Il se borne à le reproduire sans rien garantir. (*España Sagrada*, t. XXXVII, p. 291). Nous y avons eu recours pour rectifier les noms et nous ne nous départirons pas de la réserve, que nous nous sommes imposée, à l'égard des reliques de Compostelle.

Coldrœs [Chosroës] roi de Perse, saccagea la ville de Jérusalem, Dieu par sa puissance admirable transporta une arche ou coffre de bois incorruptible fait de la main des apôtres et rempli des merveilles de Dieu, de cette sainte cité jusqu'en Afrique; de là à Carthagène en Espagne; de là à Séville, ensuite à Tolède; de là aux Asturies, à la montagne appelée *Sacrée*; et de là à cette sainte église de St-Sauveur, ville appelée Oviedes. Et cette arche étant ainsi ouverte, s'est trouvé dedans quantité de petits coffrets d'or et d'argent, d'ivoire. Et ceux, qui avec grand respect les ouvrirent, trouvèrent les témoignages écrits, en chaque relique, qui déclaraient manifestement et distinctement ce qu'il contenait.

Ils y trouvèrent une grande partie du suaire de Notre-Seigneur, dans lequel il fut enveloppé dans le sépulcre. Ce précieux linge est teint de son sang, ayant couvert sa face et son chef. Ce qui se montre trois fois par an au peuple; le jour de la fête des Saintes-Reliques qui arrive le 3 mars et le jour du vendredi-saint et le jour de l'exaltation Sainte-Croix, le 14 septembre, et les jours de fêtes ordonnés dans les jubilés.

Un *aleaa* [*ala*], qui est mot espagnol à moi inconnu[1], de la Vraie Croix.

Huit épines de la couronne de Notre-Seigneur.

De sa tunique rouge.

De son saint Sépulcre.

---

1. Cette phrase indique que Manier n'avait sous les yeux qu'un mémoire écrit en espagnol. Ce n'est pas celui reproduit par Florez, car le mot *ala* ne s'y trouve pas. Mais les deux textes se ressemblent assez pour qu'on doive s'étonner de la façon dont notre paysan traduit l'espagnol.

Des linges dans lesquels il fut emmaillotté dans la crèche.

Du pain de la Cène.

De la manne que Dieu fit pleuvoir aux Israélites.

Une bonne partie de la peau de saint Bartellemy, qui fut écorché tout vif.

Le manteau ou chasuble que la Reine du Ciel donna à saint Ildefoso ou Ildephonse, archevêque de Tolède[1].

Du lait de la sainte Vierge.

De ses cheveux.

De ses vêtements.

L'un des 30 deniers, pour lesquels le Fils de Dieu fut vendu par Judas, lesquels il a reçus.

L'on y trouva une petite fiole en laquelle étaient de l'eau et du sang de Notre-Seigneur.

De la terre, sur laquelle il mit les pieds, en montant au ciel et quand il ressuscita le Lazare.

Du sépulcre du Lazare[2].

D'un manteau du prophète Élie.

Du front et des cheveux de saint Jean-Baptiste.

Des cheveux de la Magdeleine, avec lesquels elle essuya les pieds de Notre-Seigneur.

Une partie des os des enfants Anaie [*Ananias*], Azarie [*Azarias*] et Missael.

De la pierre qui couvrit le Saint-Sépulcre.

Du rameau d'olivier, que Notre-Seigneur porta, étant monté sur l'ânesse, faisant son entrée en Jérusalem.

---

1. La cathédrale de Tolède a les mêmes prétentions pour une chasuble conservée dans son trésor.

2. De la comparaison avec le texte de Florez il résulte, qu'il y a ici de nombreux passages supprimés.

De la pierre de Sinay ou du mont Sinay où Moïse jeûna.

Une petite partie de la verge de Moïse, avec laquelle il divisa les eaux de la mer Rouge, pour donner passage aux enfants d'Israël.

Un fragment du poisson rôti et du rayon de miel, que Notre-Seigneur goûta après sa résurrection, quand il apparut à ses apôtres.

L'habit que mettait le glorieux saint Tirse [*saint Thyrse, 27 septembre*].

Une main de saint Étienne, premier martyr.

L'une des sandales de saint Pierre.

Une partie de sa chaîne.

Des reliques des douze apôtres et de leurs os.

Des reliques et ossements des prophètes :

De celles de saint Laurent ;
De saint Sébastiens ;
De saint Cosme et saint Damiens ;
Du pape saint Étienne ;
De l'évêque saint Martin ;

De saint Féconde ; \
De saint Permiteur ; } [*S. Fagon et S. Primitif, martyrisés en Galice, 27 novembre*].

De saint Justes ; \
De saint Pasteur ; } [*S. Just et S. Pasteur, frères, 6 août*].

De saint Adrien ; \
De saint Netel ; } [*S. Adrien et Ste Nathalie sa femme, 4 mars et 1er décembre*].

De saint Mammelle ; [*S. Mammès, 17 août*].
De sainte Julie ;
De saint Verissime ; [*1er octobre*].
De saint Maxime ;
De saint Badule ; [*S. Badour, 19 août*].

De saint Pantaleon ; [*27 juillet*].
De saint Ciprien ;
De saint Cristophe ;
De saint Cucufatte ; [*S. Cucufat, 25 juillet*].
De saint Sulpices ;
De sainte Agatte ;

De saint Emeterie ; } [*S. Emétère, vulgairement S. Madier et S. Chelidoine, 3 mars*].
De saint Celdonie ;

De Ste Fructueuses ; } [*S. Fructueux, évêque, S. Augure et S. Euloge, diacres, martyrisés à Tarragone, 21 janvier*].
De saint Auguries ;
De saint Euloges ;

De saint Victor ;
De saint Justes ; } [*Ste Juste et Ste Rufine, vierges et martyres à Séville, 19 juillet*].
De sainte Ruffines ;

De sainte Servande[1] ; } [*S. Servant et S. Germain, martyrs à Ossone, 23 octobre*].
De sainte Germanie ;

De saint Surjette ; } [*S. Serge et S. Bacq, 7 octobre*].
De saint Ebachie ;

De saint Julien ;
De saint Félix ;
De saint Pierre ; } [*S. Pierre l'Exorcite, 2 juin*].
De saint Exorcitte ;
De saint Eugènes ;
De saint Vincent ; } [*S. Vincent, diacre, 9 juin*].
De saint Levitte ;

---

1. Florez indique Santa Servanda. C'est une erreur. Il n'y a pas dans les Bollandistes de sainte de ce nom, mais plusieurs saints. Il doit être ici question de saint Servand d'Ossone, d'autant qu'il figure ici à côté de son compagnon saint Germain. Tous deux furent martyrisés en Espagne sous Dioclétien.

De sainte Anne;

De saint Sulpices; ⎫ [S. *Félix, d'après Florez,*
De saint Fauste;   ⎬ *29 juillet, ou S. Simplice,*
De sainte Beatrice; ⎭ *S. Faustin et Ste Béatrix,*
                      leur sœur, 29 juillet.]

De sainte Petronille; [*31 mai*].
De sainte Eulalie;   ⎱ [*Ste Eulalie de Barcelone,*
De saint Berchimont; ⎰ *12 février*].
De saint Eleiliant ou Emélian; [*Ste Emilie, 2 juin*].
De saint Jeremie, martyr; [*7 juin*].
De saint Penpolle; [*Ste Pompose, 19 septembre*].
De saint Coleges; [*S. Collège, 18 mars*].
De saint Sportelly[1].

Comme aussi de plusieurs corps, ossements et reliques de saints prophètes, martyrs, confesseurs et vierges, qui sont renfermés et gardés; les noms desquels ne sont sus que de Dieu seul.

Hors de cette arche, il y a une croix de fin or travaillé et fait de la main des anges. Dans cette même église est la fameuse croix du roi Pélage, avec laquelle il combattit la superbe nation des Mores, du temps qu'ils régnaient sous leur tyrannie presque toute l'Espangne[2].

Il y a aussi une des chruches ou cruches, dans lesquelles Jésus-Christ convertit l'eau en vin aux noces de Cana.

Le corps de saint Euloges, martyr; [*11 mars*].

---

1. Florez indique Saint Exportalio, qui ne figure pas dans les Bollandistes.

2. La première, en filigrane d'or et pierreries, est attribuée à Alphonse le Chaste; la seconde en bois, qu'Alphonse III fit recouvrir d'or, provient de Cavadonga et s'appelle aussi la *Croix de la Victoire.*

Celui de sainte Lucrèce; [*23 novembre*].
Celui de sainte Eulalie; [*10 décembre*].
Saint Pélages, [*évêque d'Iria, 26 janvier*].
Saint Vincent, martyr et abbé;
Saint Julien; [*d'après Florez, S. Julien de Tolède, 6 et 8 mars*].
Saint Suzanne, évêque.

Quiconque visite ces précieuses reliques, le révérendissime évêque de la même église de Oviedes, par autorité apostolique qui lui est concédée, lui remet la troisième partie de la peine due à ses péchés; et qu'en outre il gagne mille et quatre ans et[1] quarantaine d'indulgences et participe aux sacrifices qui se font en cette église.

Le pape Eugène IV et les autres pontifes romains par leurs lettres apostoliques concèdent indulgence plénière et rémission de tout péché, même en l'article de la mort, étant en état préparé, à ceux qui ont véritablement repentance de leurs péchés et qui se sont dévotement confessés, à ceux qui ont un ferme propos de se confesser, aux temps marqués, dans l'endroit[2], visiteront cette église le jour de l'exaltation de la Sainte-Croix, au mois de septembre; et quand elle tombera le vendredi, il concède la même indulgence trente jours devant et autant après la fête; et chaque année, tel jour qu'elle se célèbre, on trouve indulgence plénière et rémission de tout péché, huit jours devant, huit jours après la fête, même en l'article de la mort et cela est à perpétuité. En foi de quoi, nous doyen de la dite

---

1. Et six quarantaines, d'après Florez.
2. Dans cette église cathédrale d'Oviedo.

église et chapitre de l'église d'Oviedes, avons ordonné la teneur des présentes lettres[1].

Dans l'église sont comme quatre chaires de vérité : l'une est sur la droite, à l'encontre d'un pilier, où au-dessus est St-Sauveur qu'ils appellent San Salvateur[2].

Il y en a une autre qui lui fait face à gauche, où au-dessus est élevé en pointe comme un clocher.

Les deux autres sont au bout du second chœur qui est celui des chanoines[3], l'une d'un côté, l'autre de l'autre, où dessus le bord d'une, où le prédicateur pose ses mains, est un oiseau doré ; à l'autre c'est de même.

Le maître autel de cette église est enrichi de personnages de 3 ou 4 pieds de hauteur, le tout, en tournant chaque côté de l'autel, représentant tous les articles de la passion[4].

En entrant dans l'église, à droite, est le trésor[5] où il faut monter 25 à 30 degrés. L'église est fort

---

1.
    Quand nous fûmes à saint salvateur,
     Avons vû les saintes Reliques ;
    Qui sont si précieuses et dignes,
      On les montre à tous les passants !
    Nous en portons les écrits
    Pour contenter les mécroyans.
              (15e coupl. de la IIe Chans.)

2. Cette statue du XIIe siècle subsiste encore à l'endroit indiqué, du côté de l'épître, elle est l'objet d'une constante vénération.

3. Ces deux autres chaires sont aux deux extrémités du trascoro.

4. Il veut parler du rétable doré placé au fond de la *Capilla Mayor*, sculpture médiocre qui représente la vie et la passion du Sauveur.

5. Le trésor ou *Camera Santa* occupe en effet le bras méridional du transept. Surélevé au-dessus du reste de l'église, c'est plutôt une chambre qu'une chapelle, et l'insouciance du chanoine, qui me montrait les reliques, n'était pas faite pour exciter au recueillement. Le bras nord du transept est occupé par la *Capilla del Rey Casto*, le panthéon des rois.

grande. C'est un chapitre, qui a pour seigneur un évêque, qui réside à l'évêché de cette ville.

Le bourreau de cette ville, comme toutes les autres de l'Espangne, a, pour se faire connaître entre les autres hommes, une petite échelle d'argent à son chapeau.

Cette ville n'est pas grande mais bien marchande et peuplée.

Après cela, nous fûmes coucher à l'hôpital, où j'ai trouvé un pèlerin de la Biscaye, avec qui j'ai troqué un livre espagnol pour un autre, moyennant trois pierres qu'il m'a données de retour, savoir : deux grosses de Croix, une d'agate bonne pour le mal de tête, la mettant dans un linge sur la tête. Plus, j'ai acheté à un autre pèlerin six ou sept douzaines d'autres pierres de Croix pour 5 ou 6 cuartes [*quartos*], dont l'un vaut 2 liards de France.

Le 17, j'ai acheté à un autre pèlerin. « Les vertus et propriétés des pierres de croix et de celles d'hirondelle. »

VERTUS ET PROPRIÉTÉS DE LA PIERRE DE LA CROIX[1], APPELÉE PIERRE DE SAINT-PIERRE OU SAINT-ÉTIENNE, où sont les articles suivants :

Premièrement sont propres contre les esprits malins qui entrent dans le corps, fulminés, la portant sur soi.

Elle est bonne pour ceux qui ont peur la nuit ; pour ceux qui ont la fièvre, la portant au col ; pour la dyssenterie du sang, en en prenant en poudre pendant neuf matinées avec du vin étant à jeun.

---

1. La note 3 de la page 95 trouve ici son application.

Elle est bonne pour retenir le sang qui prouve aux femmes qui ne peuvent uriner, la portant au col.

Elle est bonne pour le mal de cœur.

Elle est bonne pour les temps et voir. Appliquant cette pierre, elle sera abondante et délivre de tout mal temporel.

Elle est bonne pour ceux qui naviguent par mer ou par terre, récitant Ave Maria à l'honneur de Jésus-Christ.

Imprimé à Rome avec permission des supérieurs.

Cette pierre, telle petite qu'elle soit, il y a une croix noire dedans et le fond est blanc. Elle se tire de la montagne Saint-Pierre, près du mont Esturdes [*Asturies*], en Espangne.

RECETTE ET PROPRIÉTÉS DE LA PIERRE DE L'HIRONDELLE. — L'expérimenteur Albertus Magnus de evas (*sic*)...

On dit que dans la tête de l'hirondelle se trouvent deux petites pierres menues, l'une desquelles est blanche et l'autre rougeâtre. Les vertus desquelles s'ensuivent :

Premièrement la portant sur soi, surtout la blanche, on ne sera fatigué de la soif et la portant dans la bouche, elle la rendra toujours fraîche.

Pour le flux de sang, pendez-la au col, elle retiendra le sang.

Elle a la même vertu à aider à enfanter les femmes, comme la pierre d'Aigle.

Mettez cette pierre dans un verre d'eau pour la nuit et buvez-la le matin, elle amolit le ventre de ceux qui l'ont dur; elle apaise le mal de la goutte et la fièvre, si elle la tient.

Elle a aussi une vertu très efficace pour l'œil, quand l'on y a mal, la mettant dans le petit trou que l'œil fait près du nez, la laissant quelqu'espace. Si l'œil a eu quelque coup, faut la laisser une nuit entière, elle vous guérira bientôt.

Celui qui porte sur soi cette pierre, du moins la rougeâtre, sera préservé de différentes maladies.

Le tout est approuvé.

Nous fûmes le matin à l'évêché où nous avons eu *cadaoune* [*cada uno*, chacun] livre de pain pour *almorsar* [*almorzar*] ou déjeuner, ensuite fûmes à *Comeire* [*Comer*] ou dîner au couvent de Saint-François, puis *recoqueire* [*recoger*] ou coucher à l'hôpital.

Le 18, fûmes faire toucher nos chapelets aux saintes reliques: un entre autres, de cuivre, joliment fait, que j'avais acheté 13 cuartes, qui valent 6 sols et 6 deniers; avec un autre petit, de bois rouge, d'une beauté peu commune, que j'ai donné à la femme de Lescuru de Carlepont, à mon retour[1].

Après cela, fûmes dîner au couvent de Chocolante de Saint-François[2], puis sommes partis. L'évêque du lieu donne à chaque pèlerin 2 cuartes.

---

1. Bien que les registres de Carlepont ne fassent plus mention de Manier, il est donc certain qu'il y est revenu. Quant aux Lescuru, ils étaient nombreux et alliés aux Louvet, dont il a été question page 17, note 1. Un Lescuru remplissait les fonctions de greffier à la fin du xviie siècle. (Registres de cath. de Carlepont, 3 octobre 1697 et 11 juin 1705.)

2. Voir la note 2, page 73.

D'OVIEDO A MADRID[1].

DÉPART DE S. SALVATEUR. — Partant de cette ville, sommes allés à Olungnet [*Olloniego*]. A Olungnet, l'on y passe une barque[2], où nous avons rencontré, sur la montagne, deux pèlerins de nos voisins, natifs de Pont-l'Évêque, nommés ......[3] et Flamens, qui était tailleur, ce qui nous fit plaisir à l'un et à l'autre. Mais nous ne pouvions pas témoigner la joie que nous avions les uns les autres, attendu que l'un allait, l'autre revenait. Il n'y avait ni cabaret ni village. Fallut nous quitter de même. A leur rencontre j'ai perdu deux ou trois douzaines de mes pierres des Croix. Nous nous sommes quittés après bien une demi-heure de conversation. Nous fûmes à Robillia[*Rebolleda*]; à Mire[*Mieres del Camino*], où nous avons couché. Les environs de ces pays ne sont que montagnes et lieux impraticables pour les charrois. Il n'y peut aller que des voitures à dos, sur des petits sentiers qui sont sur le penchant des montagnes, tout pierreux et rochers dans les fonds,

---

1. Ce titre ne figure pas dans le manuscrit. D'Oviedo à Léon, suivez en sens inverse la route indiquée à la fin de la *Novvelle Gvide*, (appendice A). A partir de Léon, on peut consulter la carte de Du Val, déjà citée, page 50, note 2. Elle est faite précisément pour ceux qui joignaient au pèlerinage de Saint-Jacques, la visite de Madrid.
2. Le rio Nalon, que nos pèlerins ont déjà franchi à son embouchure, la ria de Pravia, entre Muros et Soto del Barco. (Voyez p. 101).
3. Dans le manuscrit le nom est resté en blanc.

où, entre deux de ces montagnes sont comme des précipices.

Le 19, à Ouches [*Ujo*], où nous avons monté une montagne furieuse environnée de bois; de là, à la Polle [*Pola*]; à Louadelaposle [*Pola de Lena*]; à Vesgalciet [*Vega del Ciego*]; à Ambromanee [*Campomanes*]; à la Freche [*Frecha*]; à la Veille [*Veguellina*]; à Larmie [*la Romia*]; à Paysages [*Pajares*], où nous avons couché à l'hôpital dans de bons lits. Il y a une montagne, où il fait froid toute l'année, appelée le mont Estudes[1].

Le 20, fûmes à Sainte-Marie des Harbes [*Santa Maria de Arbas*], qui fait le différent des Asturies d'avec la Castille; de là, à Mousedon [*Busdongo*]; à Misaloy [*Villanueva del Camino ?*]; à Miliamany [*Villamañin*]; à Milia Saint-Prix [*Villasimpliz*], où nous avons couché.

Le 21, à Bouyse [*Vega de Gordon*], où les villages sont, du moins les maisons couvertes de chaume, au lieu que dans les Asturies elles sont couvertes de pierres plates, blanches, d'autres couleur d'ardoise, larges de 2 ou 3 pieds en carré et épaisses d'un pouce.

De là, fûmes à Beverines [*Beberina de Gordon*]; à la Posle de Gourlonne [*La Pola de Gordon*]; à

---

1. Jamais nous n'eûmes si grand froid
Que quand nous fûmes au Mont-d'Étuves,
Étions transis jusques au cœur,
Ne voyant Soleil ni Lune
Le vent, la pluie nous importune,
Mon Dieu, le vrai Médiateur,
Nous a délivrés de la pluie
Jusques dans saint Salvateur.

(14ᵉ Coupl. de la IIᵉ Chanson; voir aussi le 13ᵉ de la Iʳᵉ et le 10ᵉ de la VIᵉ).

Perdille [*Peredilla*]; à Roble [*la Robla*], où étant arrivés sur les 4 heures du soir, sans savoir s'il y avait loin au premier village, avons entrepris d'y aller. Il y avait la ville de Léon à 5 lieues de là, où nous fûmes obligés d'aller de nuit pour coucher, n'ayant trouvé aucune maison. Étant d'abord enfilés sur une montagne, à l'entrée de la nuit, nous avons perdu le chemin bien vingt fois, sans voir clair à mettre le doigt dans les yeux des uns les autres. Étant parfois perdus, nous nous asseyions pour entendre où passer le reste de la nuit, si le froid l'eût permis; puis étant glacés, nous marchions ensuite, comme des perdus que nous étions, croyant toujours attraper quelque gîte. A la fin, à force de marcher vite, nous fûmes contraints de marcher à tâtons, où après être presque hors de nous-mêmes de la fatigue, du froid et du chaud que nous endurions l'un après l'autre, Dieu permit que nous nous sommes trouvés au pied des murs de la ville de Léon, à 8 heures du soir.

ARRIVÉE A LÉON. — Étant par la grâce de Dieu arrivés dans la ville, ne comptant coucher qu'à l'abri de quelque maison, encore trop heureux, ne rencontrant pas une personne. Après avoir marché beaucoup, nous fîmes rencontre d'un prêtre, qui était par bonheur un des administrateurs de l'hôpital Saint-Antoine[1], qui était justement celui que nous cherchions. Il nous a interrogés d'où nous venions. Après lui avoir dit, il nous conduit chez lui, qui était l'hôpital, dont je viens de parler, où

---

1. On a vu plus haut, page 65, que les pèlerins logeaient à Saint-Marc en allant, et au retour à Saint-Antoine.

il nous fit coucher sur un lit de planches, entortillés de couvertes pourries, où nous avons for' bien reposé.

Le 22, nous avons eu pour déjeuner, chacun une livre de pain. Nous avons passé là le jour avec deux pèlerins, que nous avions marché ensemble quelque temps: entre autres un de Tours, en Touraine, fouleur de son métier, qui ressemblait beaucoup à un nommé Moulin, de Noyon, qui avait été charretier chez monsieur de Noyon Rochebonne[1]. C'est pourquoi nous l'appelions Moulin. Et l'autre pèlerin était un prêtre espagnol, qui nous fit reproche d'avoir quitté notre camarade Delorme, qu'il avait rencontré et qui lui avait conté mille mentiries de nous, tout au contraire de ce qui s'était passé entre lui et nous, quand nous nous étions quittés. Après cela, fûmes coucher à l'hôpital.

Le 23, fûmes à l'évêché chercher la *limogene* [*limosna*], que l'évêque fait, c'est-à-dire l'aumône: chacun livre et demie de pain. Puis après, je fus chez un *sastre* ou tailleur, pour demander de l'ouvrage, pour voir seulement la méthode de leur ouvrage. Il nous accorde de l'ouvrage pour deux, mais nous ne savions pas travailler pour *mouqueire* [*muger*], femme. C'est la méthode de travailler pour les deux. Puis nous lui avons dit que nous allions revenir, que nous allions chercher de l'ouvrage pour notre troisième camarade, que nous avions dit être *sapateire* [*ʒapatero*] ou cordonnier. Nous sommes encore à retourner.

De là, sommes sortis de la ville pour aller al Pas

---

1. L'évêque de Noyon. (Voir la note 1 de la page 4).

de Ragonde [*Puente de Castro*]; à Alcouesque [*Alcabueja*]; à Limosse [*Marne*]; à l'Hôpital de la Pointe [*Puente de Villarente*], où nous eûmes du pain et devions coucher à l'hôpital. Mais nous fûmes obligés d'aller plus loin, à cause qu'un de nous nommé Hermand a brusqué la servante de l'hôpital. Elle lui a répondu vivement. Il l'a prise par le bras, l'a jetée en bas de l'escalier, où nous n'eûmes que le temps de nous sauver, à faute de ce nous aurions eu la bastonnade. Nous avons donc marché de nuit jusqu'à Manneille [*Mansilla de las Mulas*], petite ville, où nous avons couché à l'hôpital sur des lits de planches.

Le 24, au lieu de continuer notre route sur la gauche, par où nous étions venus[1], avons pris notre chemin sur la droite pour aller à Madrid. Avons d'abord passé à Sainte-Marthe [*Santas Martas*]; à Sainte-Cristines [*Santa Cristina de Madrigal*]; à Albire [*Albires*], où nous avons couché.

Le 25, à Mayorques [*Mayorga de Campos*], ville, où nous y avons admiré la sonnerie plutôt qu'ailleurs, quoiqu'elle soit de même par toute l'Espangne.

Description de la sonnerie et de la façon que se sonnent les cloches en Espangne. — Rarement dans chaque église se trouvent deux cloches. Elles sont toutes à découvert, entre deux murs. Elles sont pendues, comme supposez au haut d'une fenêtre. Au-dessus des clochers sont communément des

---

1. Voyez pages 63 et 64.

nids de cygnes[1]. La cloche pend la gueule en bas, comme les nôtres, mais le ciel est égal en lourdeur par la quantité de fer qu'il y a à ce sujet, de sorte qu'en tirant la cloche, elle est aussi longtemps en l'air qu'un *Gloria patri*. Et elle retombe, elle se relève, de sorte qu'elle ne frappe que très lentement et toujours tout de même. Voilà l'explication en deux mots. Cela vous désole et impatiente. Cela est tout au contraire dans les maîtresses villes : ils ont des pareilles sonneries, comme celles qui sont en France.

Après ces attentions faites, nous fûmes dîner au couvent de Saint-François. Après cela, sommes allés à Bescille [*Vecilla*], où nous avons couché.

Le 26, à Paroisse[2]. Toutes les campagnes de ces environs sont plates, unies, belles, fructueuses, odoriférantes pour toutes les bonnes herbes qui y viennent. Le pain y est excellent, bon, blanc, tirant sur le jaune comme du gâteau, un goût enchanté, léger. A 9 ou 10 lieues plus loin, s'en mange d'une autre façon, blanc comme du papier, crayeux en le mangeant, fort entassé.

AVENTURE ARRIVÉE. — Par tous les environs de ces pays, dans les villages, se fait des petits pains d'une livre qu'ils appellent *pains des trépassés*. Ils le portent le dimanche à l'église, le mettent par terre, devant eux, avec un pain de bougie qu'ils font brûler auprès, du moins les femmes. Elle sont ac-

---

[1]. Il n'est pas rare de voir en France, surtout en Périgord, des cloches placées dans une baie au haut d'un simple pignon. Quant aux nids, ils appartiennent évidemment à des cigognes.

[2]. Aucun nom analogue entre Vecilla et Medina de Rioseco.

croupies, parce que ce n'est pas la méthode d'avoir des bancs. Les hommes sont dans un pupître[1], haut, élevé au fond de l'église, avec le magister qui y chante.

Le prêtre faisant l'eau bénite, va bénir ces pains à chacune de ces femmes, puis elles les remportent chez elles, en font aumône aux pauvres. Les hommes sont à chanter tous ensemble, d'une façon à vous faire rire, qu'il semble, sans comparaison, que c'est le sabbat en l'air. Et quand l'on lève Dieu, ils battent leur estomac de leurs poings, tous ensemble, d'une manière qu'il semble que ce sont tous les tambours d'une armée qui roulent[2]. Bref, il s'agit de dire qu'un jour entre autres, étant dans un village ou *lougard* [*lugar*], à la messe de *Requiem* qui se disait pour lors, le prêtre, ayant fait l'offrande, monte en chaire et prêche d'une façon, qui a excité mes camarades et moi à rire d'une force extraordinaire, de sorte que je me suis aperçu de la colère de quelques habitants, qui se sont détachés plusieurs de l'église pour accourir après nous. N'eût été la fuite que nous avons prise subtilement, nous aurions payé la folle enchère, pour les grimaces et contorsions que le moine prédicateur faisait. Il aurait excité les plus sérieux à rire.

Après cela, fûmes à Reauxsecq [*Medina de Rio-*

---

1. Tribune. Cette observation aurait été mieux placée dans le pays basque.

2. Manier se rencontre ici avec Mme d'Aulnoy, d'une façon qui mérite d'être signalée. « Lorsqu'on leve Nôtre Seigneur, les femmes et les hommes se donnent chacun une vingtaine de coups de poing dans la poitrine; ce qui fait un tel bruit, que la première fois que je l'entendis, j'eus une grande frayeur, et je crûs que l'on se battoit. » (*Voyage d'Espagne*, t. II, p. 291. Voir également, au sujet des sermons, t. III, p. 348).

seco], ville, où nous avons couché. Cette ville est assez belle et marchande.

Le 27, fûmes à Vilneuve [*Villanubla*] à Balioly ou Valiadoly [*Valladolid*], une des belles villes de toute l'Espangne, belle, grande, riche, marchande et bien peuplée, où nous avons couché.

Description de Valiadoly. — Cette ville est située dans une belle plaine, peuplée d'un si grand nombre de couvents, que je crois qu'il y en a de toutes sortes d'ordres. Tous ces couvents sont dans une grande, spacieuse place, tout autour. Elle est de forme ovale[1].

Dans cette ville est une université.

Dans le milieu de cette grande place ovale, où sont tous ces couvents, ne s'y fait pas d'autre marché que pour les bestiaux, en temps de foire. Dans le milieu est une belle maison qui est un plaidoyer. Cette place est éloignée des endroits les plus peuplés de la ville, et pour y parvenir l'on passe par une porte aussi grande que celle par où l'on entre dans la ville, qui est une porte superbe, peinte à la mosaïque, où est représenté, en peinture, le roi Philippo quinto[2] à cheval, par un côté, et la reine sa femme de l'autre, aussi à cheval.

Cette place est si grande qu'il y tiendrait bien quatre-vingt mille hommes en bataille.

---

1. Le *Campo Grande*, où Alex. de Laborde comptait encore 13 églises et couvents. Cette place, appelée aussi *campo de Marte*, est aujourd'hui presque déserte, malgré le voisinage de la gare.

2. Ce nom reproduit en latin, tel qu'il figurait sur l'inscription, est une nouvelle preuve de l'exactitude de notre paysan. A ce titre ce détail mérite d'être signalé.

La Grande Place, où se fait le marché général de tout, est bien plus petite mais en carré, avec des halles tout autour ou des arcades, avec de belles chambres au-dessus de quatre à cinq étages, qui fait une belle symétrie[1].

Le 28, sommes allés à Point d'Or ou Pont d'Or [*Puente de Duero*]; à Valceseil [*Valdestillas*], où nous avons couché.

Le 29, à Ornille [*Hornillos*]; à Oelmedes [*Olmedo*], petite ville, où nous avons couché.

Le 30, à Coantoelmedes [*Fuente Olmedo*]; à Cointecotte [*Fuente de Coca*]; à Sainte-Usse [*Santiuste*]; à Barlesquesquoque; à Desnouagourna; à Cossart de Victor; à Coart[2], où nous avons couché.

Décembre, du premier, jour de la saint Éloy, sommes allés à Esterre [*Hetreros*], où nous avons couché.

Le 2, à Oardame [*Guadarrama ?*], où nous avons couché.

Le 3, à la Tour [*Torrelodones*], où nous avons couché.

Le 4, à la Roses [*Las Roças*]; à Mancalondes *Majadahonda*]; à Possiol [*Poçuelo de Alarcon*]; à Oumard [*Umera*]; à Madrid, ville capitale.

---

1. La Plaza Mayor, plus petite effectivement que le Campo Grande, est encore très vaste. A l'entour règnent des galeries soutenues par plus de 400 colonnes. Les maisons ont 3 rangs de balcons, où 20,000 personnes pouvaient tenir à l'aise et voir le célèbre auto-da-fé de 1559. (Alex. deLaborde, t. I, p. 351 et 352).

2. Ces noms sont trop défigurés pour pouvoir les identifier.

DE NOTRE ARRIVÉE A MADRID ET DESCRIPTION DE SES PARTICULARITÉS.

La ville, par où nous sommes entrés, est sur une hauteur, où pour y parvenir est une longue et belle chaussée, ayant le château ou palais du roi sur la gauche, en entrant. Cette chaussée est muraillée des deux côtés, haut de trois pieds passés, avec des grosses pommes de pierre plus hautes que le mur, de distance à autre. Étant parvenus à la porte[1] qui est belle, haute, nous fûmes coucher à l'hospice ou l'hôpital de Saint-Louis, hôpital des François[2] (chaque nation a son hôpital), où nous avons eu un peu de salade avec du pain, et mal couchés.

Le 5, fûmes à un couvent, près du palais, où nous avons eu chacun une *escoudel* [*escudilla*] ou écuelle de bouillon. Ensuite avons entré dans la cour du palais, gardé par les gardes valones (qui ont le même habillement que les gardes françoises à Paris), où nous avons considéré les particularités[3] :

Premièrement, le corps du palais est haut, élevé,

---

1. La porte de Ségovie. En regardant quelques estampes de l'époque, (Bibliothèque nationale, Vb. 147), on est frappé de l'exactitude de cette description. Nous aurons recours fréquemment à ce mode d'information et de contrôle.
2. L'hôpital des Français fut fondé en 1615 par Henri Sauréeas, à l'angle des rues de las Tres Cruces et de Jacometrenzo, au nord de la Puerta del Sol. (Plan de Madrid de 1761, n° 52.).
3. La description qu'on va lire est d'autant plus intéressante que ce palais fut brûlé complètement peu d'années après, dans la nuit de Noël 1734. Une estampe de Palotta, 1704, représentant la façade du palais du côté de la ville, éclaire ce qu'une pareille description

ayant deux ailes de bâtiments en devant qui forment une cour en carré, où dans le milieu de l'aile, vers la ville, est la porte pour y entrer. A l'autre aile est une porte, tout vis-à-vis de celle-ci, pour sortir hors du palais et hors de la ville. Chaque aile a 300 empas de long. Sur le bord des toits ou couvertures[1] des ailes de bâtiments par dedans la cour, sont une infinité de statues de rois, reines, princesses et autres. Au bout des deux ailes est encore une entrée.

Le corps de logis ferme le haut des deux ailes. Il y a cinq ou six étages, où à chacun sont vingt-six croisées, avec de beaux balcons en devant de barreaux de fer peints en vert, où aux bouts des barreaux et dans le milieu sont trois pommes dorées. A chacun des bouts du corps de logis, est un beau pavillon en carré. A chacune des faces, sont quatre croisées ornées de balcons devant, comme les autres. Le fond du corps de logis en briques rouges[2].

Le même jour, sur les deux ou trois heures après midi, le roi a sorti du château et de la ville pour aller à la chasse. Quelque quart d'heure avant, son aumônier fait distribuer à chaque Français 4

---

doit avoir de confus sous la plume d'un paysan et confirme son exactitude. Elle nous montre en outre le roi d'Espagne sortant de son palais, avec tout le cérémonial décrit par Manier quelques lignes plus loin.

1. Effectivement ce n'est pas un toit, mais une terrasse.

2. Le corps de logis, dont le milieu sans saillie, n'est indiqué que par un fronton fort laid, compte 27 fenêtres par étage, 3 dans la partie centrale et 12 de chaque côté. Au-dessus du rez-de-chaussée, il n'y a que deux rangées de hautes fenêtres, plus des lucarnes dans le toit peu élevé. Les pavillons ont trois fenêtres de façade et une quatrième dans la saillie sur le corps de logis. Des rectifications aussi insignifiantes font ressortir l'exactitude du narrateur.

coartes, qui valent 2 sols de France. Ensuite celui du prince des Asturies donne 2 coartes, et le prince sort dans son carrosse, avec six beaux mulets qui tirent avec des cordes au lieu de traits de cuir. Ce prince était très beau, tout jeune, avec une chevelure blonde, superbe, revêtu d'un habit gris blanc, avec un Saint-Esprit relevé en broderie d'argent. Depuis, ce prince est devenu duc de Parme, puis roi de Naples, sous le nom de Don Carlos.

Après lui, est sorti son frère appelé pour lors Don Carlos, ayant à son carrosse six mulets gris blancs, ayant ses valets de pieds derrière le carrosse, l'épée au côté, qui est la mode en Espangne pour les gens de livrée. Le prince était revêtu d'un pareil habit que le prince des Asturies, son frère[1]. Il avait le visage pâle; grand d'environ trois pieds demi; ayant aussi une pareille chevelure que son frère.

Après lui est sorti le comte Don Fernand[2], son frère, avec six mulets à son carrosse, ayant aussi à sa suite ses gardes du corps, comme ses frères,

---

1. L'auteur rectifie de lui-même l'erreur qu'il vient de commettre. Le prince des Asturies n'était pas Don Carlos, mais Don Ferdinand, fils de Philippe V et de Louise de Savoie, né à Madrid le 23 septembre 1713, prince des Asturies le 25 novembre 1724, et roi d'Espagne sous le nom de Ferdinand VI le 9 juillet 1746.

Don Carlos, fils d'Elisabeth Farnèse, né le 2 janvier 1716, successivement duc de Parme par la mort d'Antoine Farnèse (1731), et roi de Naples par droit de conquête (1735), garda ce royaume en vertu du traité de Vienne (18 novembre 1738), jusqu'au jour où, par la mort de son frère Ferdinand VI (1759), il devint roi d'Espagne sous le nom de Charles III.

2. Il y a là une erreur. Outre le prince des Asturies et Don Carlos, Philippe V n'avait pas alors d'autre fils que D. Philippe né en 1720. Il épousa Louise-Elisabeth de France et devint duc de Parme, quand son frère Don Carlos lui abandonna ce duché pour régner à Naples.

ayant un même habit et une même chevelure. Puis après, est passée l'infante avec une chevelure blonde et un habit brodé en argent, de velours vert, ayant aussi six mulets à son carrosse.

Puis après, le roi, avec six mulets[1] rougeâtres, revêtu d'une grande casaque grise blanche, ayant l'air un peu pensif; il a le nez long et bossu, long visage pâle; d'une bonne taille.

Après tout cela vu et examiné, fûmes à un hôpital général[2], pour toutes les nations, appelé l'hospice, où, en chemin faisant, avons rencontré l'ambassadeur d'Empire qui n'avait pas encore fait son entrée[3].

A chaque portière de son carrosse était un suisse de grande taille, revêtu d'habit rouge, court, avec crocs. Leur habit était fait sur le modèle de ceux des housards, avec des bonnets de grenadier et un sabre de housard, dont le fourreau était orné et garni de diamants superbes.

Étant arrivés à l'hospice, nous y avons soupé. La portion est de la soupe, du pain, des pois et un verre de vin, et bien couché. Cela dure trois jours.

Le 6, fûmes à confesse au collège impérial des

---

1. Mme d'Aulnoy mentionne également cet usage des traits de soie ou de corde, plus ou moins longs suivant l'importance du maître de l'équipage, et le privilège du roi d'Espagne d'atteler six mules à son carrosse. (Tome II, p. 228).

2. L'Hôpital-Général, rue d'Atocha, près de la porte de ce nom, fut fondé par le vénérable Obregon, en 1563 (d'après la légende du plan de 1761), et seulement en 1596, d'après Pons. C'est un carré de six cents pas, renfermant trois cours intérieures et point d'autre curiosité qu'une peinture d'Alonso del Arco. (Pons, *Viage de España*, t. V, page 35).

3. Philippe V venait d'être reconnu roi d'Espagne par l'empereur. Le traité ne fut signé à Vienne par Ripperda que le 30 avril 1725.

Jésuites, où, en sortant, le confesseur donne à chacun un billet en ces termes :

Alabada sea la virginal pureza de Maria, comulgó santissima en el colegio imperial de la compañia de Jesus de Madrid, anno de 1726[1].

Avec ce petit billet, fûmes au secrétariat du nonce du pape, pour avoir une patente de lui, qui nous fut accordée telle que le voici[2]:

Alexander Aldobrandinus, Dei et Apostolicæ sedis gratia, archiepiscopus Rhodiensis et sanctissimi domini nostri domini Benedicti divina providentia papæ decinnitertii, ejusdemque sedis, in Ilispaniarum regnis cum potestate legati de latere, nuncius, juriumque reverendæ cameræ apostolicæ colector generalis, dilecto nobis in Christo Guillelmo Magny Gallo, salutem in Domino.

Exposuïsti nobis, voti adimplendi causa, ad B. B. S. P. P. Petri et Pauli de Urbe limina et alia pia sanctorum loca visitanda peregrinari

---

1. J'ai reproduit littéralement ce billet qu'on peut traduire ainsi : En l'honneur de la virginale pureté de Marie, N... a communié dans le collège impérial de la compagnie de Jésus à Madrid, l'an 1726.

On remarquera que j'ai négligé le mot *santisima*. Ou bien c'est un adjectif qui qualifie tout naturellement Maria, mais l'interversion de la phrase est assez difficile à expliquer; ou bien c'est une abréviation de *santisimamente*, mais cet adverbe appliqué à *comulgó* n'est pas le terme usité.

Quant au mot *anno* avec deux n, il peut être aussi bien espagnol que latin. On trouve dans de vieux manuscrits le son du ñ représenté par deux n. Je dois ce renseignement à M. G. de Frézals.

2. On trouvera la traduction de cette pièce à l'appendice D. Je me permettrai seulement de signaler les restrictions apportées par l'autorité ecclésiastique elle-même à l'usage des pèlerinages, à leur durée et au mode de demander l'aumône.

velle et propterea nostras testimoniales litteras expetisti. Nos igitur, hoc animi tui propositum commendantes, has tibi litteras per menses IX tantum valituras damus, quarum facultate ad dicta B. B. S. P. P. Petri et Pauli de Urbe limina, pia loca peregrinari tibi liceat. Illud admonentes ut, priusquam iter arripias, de peccatis tuis confessus sacram sumas eucharistiam; benedictionem etiam, quæ religiosis precationibus ex ecclesiæ instituto peregrinis adhibetur, ab aliquo parocho oppidi petas et assumas; peregrinando, omnia fugias quæ devotionis studium impedire possunt, illa solum amplectaris quibus tua pietas excitetur ac potissimum orationibus sanctis, meditationibus, piisque coloquiis instes; ab omnique peccato et peccandi occasione abstinendo, religiose sanctorum ecclesias visites, ut peccatorum tuorum indulgentiam consequi merearis. Elemosinas autem, non nisi de parochorum licentia, nec per ecclesias vagando, sed præ illarum foribus, colligere tibi licebit[1].

Quibus omnibus et præsertim circa elemosinarum collectionem rite servatis, te universis Christi fidelibus commendatum esse cupimus. Illud vero postremo memineris, ut a sancta peregrinatione reversus, parochum tuum convenias, qui te sanctis orationibus benedicat et a Domino, quæ tibi salutaria futura sunt, precetur.

Datum Madrili, Toledanæ diocesis, die 6 mensis

---

[1]. C'est probablement pour ce motif que plusieurs pèlerins, notamment saint Gengoult dans l'église de Montreuil-sur-Mer, sont représentés un tronc à la main.

decembris, anno a nativitate Domini nostri Jesu Christi millesimo septingentesimo vigesimo sexto.

ALEXANDRE ALDOBRANDIN.

Avec le cachet.

Gratis ubique.

Avec cela, nous fûmes chez le vicaire général, qui nous donna au dos une permission pour huit jours dans la ville de *pedir la limosna*, le tout écrit en abrégé, en espagnol.

Après avoir obtenu cela, nous sommes retournés à l'hospice pour dîner. Nous avons eu de la morue et de la soupe aux lentilles, pain et vin.

Après dîner, fûmes au palais où nous avons vu sortir tous les princes, avec les mêmes habits que le jour précédent, à la réserve du comte Don Fernand qui était revêtu d'écarlate, avec un parement de soie blanche et bleue à fleurs, avec un St-Esprit brodé.

Ensuite, est passé l'infante[1] habillée à l'amazone d'un habit gris blanc, comme ses frères, avec un St-Esprit.

Ensuite est passé le roi.

Après cela, fûmes promener à la porte de la ville, par où nous étions entrés.

En voici la description : cette porte a deux entrées ; le tout est de briques ; elle est belle, haute, élevée ; elle est remplie d'un nombre infini de beaux et différents dessins, le tout en belles

---

[1]. Marie-Anne-Victoire, promise à Louis XV et renvoyée à cause de sa trop grande jeunesse, épousa en 1729 le roi de Portugal.

scultries. Elle est comblée d'une couronne royale avec ces mots: *Philippo quinto rei d'Espagna*[1].

Dans la ville sont cinq ou six belles fontaines ornées dessus, de chacune une déesse.

La ville est belle, grande et marchande.

Après cela, fûmes coucher ou *recoqueire* à l'hospice, après y avoir soupé.

Le lendemain 7, avons entré dans le palais par une porte[2], qui est hors de la ville, tout derrière le château. Ce château, (étant derrière), paraît être bâti sur une montagne; effectivement le corps de logis est élevé sur la côte d'une montagne. Cette porte est magnifique, ayant de front trois entrées : savoir, deux pour aller à la ville et une pour aller au château. Elle n'a pas de communication avec les deux autres, quoiqu'elle fasse la symétrie avec elles. Elle conduit au château par une terrasse adoucie en montant et aplanie proprement. C'est par cette porte que le roi sort pour aller à la chasse. Elle est descultrée, très belle, toute blanche, avec la couronne royale dessus. Au-dessus de celle du milieu, est la statue d'un moine qui lève son doigt vers le ciel.

A deux heures, le roi et les princes sortent. Ce jour-là l'infante avait un habit à l'amazone, couleur d'olive.

---

1. Il est de nouveau question de la porte de Ségovie. Voyez à ce sujet la note 1 de la page 122 et consultez notamment une vue cavalière de Pierre Aveline.

2. La porte del Parque. Les plans d'Aveline et de Grégorio Fosman ne laissent aucun doute sur cette identification et confirment l'exactitude de la description de Manier. Une autre estampe publiée chez Laliot en 1669, nous montre la façade du château qui regarde le Mansanarès. Entre les pavillons carrés qui la terminent, trois tours rondes donnent un caractère plus féodal à cette construction élevée au sommet de pentes abruptes.

Au bas de cette ville passe la rivière de Mançanarès.

Les portes de la ville se nomment: l'une Tolède, une de la Vegua, une de St-Joachim[1].

La ville est édifiée de belles fontaines nommées la fontaine de l'Ange-Gardien[2], avec six autres élevées en pointe à quatre cahos.

Il y a le palais Buon Retiro.

L'hôtel de la Monnaie.

Le palais du roi.

Le pont de Ségovie, par où nous sommes entrés.

Le palais du roi del Campt[3].

L'église de Notre-Dame de la Toca. Le couvent de Saint-François, celui de Saint-Isidore[4].

Saint-Jean de Latran, église, à l'hôpital des François.

Le collège impérial des Jésuites[5]. Le monastère de Saint-Michel. Le collège Saint-Augustin[6].

---

1. La porte de Tolède est au sud ; celle de la Vega à l'ouest près de la porte de Ségovie ; la porte de Saint-Joachim dans l'angle nord-ouest. Cette énumération fort incomplète supprime toutes celles de la partie est : Embaxadores, Valencia, Atocha, Alcala, Recoletos, Santa Barbara et los Pozos de la Nieve, situées entre la porte de Tolède et celle de St-Joachim.

2. Le plan de Madrid déjà cité n'indique pas de fontaine de l'Ange-Gardien. Serait-ce celle de l'Ave Maria, dans la rue du même nom qui conduit de la rue d'Alcala à la porte de Valence ?

3. La Casa del Campo et le Buen Retiro sont suffisamment connus.

4. Les églises Nuestra Señora de Atocha et San Isidore sont encore les plus importantes de Madrid. (Voyez Madame d'Aulnoy, t. II, p. 282 et 286). Quant au couvent de Saint-François, on fait honneur de sa fondation à saint François d'Assise, en 1217.

5. Le collège impérial des jésuites, au sud de la Plaza Mayor et à l'angle de la rue de Tolède, fut fondé en 1560 par les P. P. Antoine de Araus, prédicateur de Philippe II, et Pierre Favre, confesseur de sa femme, la reine Elisabeth.

6. Le couvent de Saint-Michel est situé près de la place du duc de l'Infantado; celui des recolets Augustins, rue Saint-Marc, près de la Florida.

Toutes ces églises sont superbes et tous les autres édifices de même. Après cela vu, fûmes souper et coucher à l'hospice.

Le 8, avons considéré le dessus de la porte du corps de logis de l'hospice. Tout est neuf. La statue du roi est au-dessus de la porte, l'épée à la main, le bâton royal de l'autre, avec une couronne d'or sur la tête. A ses pieds est un homme en blanc, tout comme lui blanc, qui dans ses mains tient un plat où dedans sont deux clefs d'or, qu'il présente au roi.

La place est belle, grande, faite en carré, les maisons à même étage, le tout de symétrie. A chaque rang sont cinq étages, à chacun desquels sont quarante-deux croisées et à chaque bout vingt, avec de beaux balcons de fer ; les maisons sont de briques, marbrées de bleu[1].

Le marché, pour les boulangers, se fait de cette façon. Ils vendent leur pain de dessus leur cheval. Ils se mettent tous en ligne, ils tirent leur pain des paniers dont les chevaux sont chargés et le vendent à tout venant. Il n'y a pas de maîtrises. Ce sont les boulangers de village qui viennent en grande partie pour le vendre de cette façon. Il y a des villages d'alentour qui ne sont que tous boulangers, comme Gonesse autour de Paris[2].

---

1. Il est ici question de la Plaza Mayor, construite sous Philippe III. Malgré l'incendie de 1790, A. de Laborde en donne une description identique, t. IV, p. 78, confirmée par de nombreuses estampes du xviiie siècle. La plus curieuse représente une course de taureaux sous Philippe V. Cette place servit à cet usage jusqu'au mariage de la reine Isabelle II.

2. Actuellement encore la majeure partie du pain consommé à Madrid vient du village de Vallecas.

Dans le moment que nous étions à considérer cette place, il est venu à passer une procession, que je veux expliquer ici l'ordre qu'elle tenait.

Dans cette procession se portait une vierge. Il y avait, tant chanoines que moines de différents ordres, bien deux cents. Il y avait dix-huit croix d'argent et quatre d'or. Il y avait quarante-quatre chandeliers d'argent. Tous ceux qui portaient chape étaient en grand nombre. Ils avaient tous chacun un reliquaire à la main. Il y avait dix ou douze étendards. Après cela, est passée la vierge avec une couronne d'argent doré sur la tête. Elle était couchée de son long. A chacun de ses côtés, était une longue couronne, le long de son corps, avec des rayons et brillants, le tout en argent doré.

Après cela vu, nous fûmes au palais, où nous avons reçu les coartes du roi, des princes, et quatre de la reine.

Don Carlos était revêtu ce jour d'un habit gris de cendre, de soie à carreaux, avec un parement de drap d'argent.

L'infante avait un habit gris avec des brodures en argent, coiffée à l'avantage.

Ensuite le roi avait un habit gris de souris, avec des parements à fleurs rouges, bleues et blanches. Ensuite est passée la reine, dans une chaise à porteurs toute brodée en argent, avec des franges de même. La reine était enceinte[1] pour lors.

Cette femme est grande, mince, grêlée, laide et affreuse; visage plat, pâle.

---

1. L'auteur est bien renseigné, car le 25 juillet suivant, la reine mit au monde un fils Louis-Antoine-Jacques, qui devint à dix ans cardinal archevêque de Tolède et abandonna plus tard cette dignité

De là, fûmes à l'hôpital des Portugais, dit Saint-Antoine, où il y a cinq lits extraordinairement bons. Nous y avons eu pour souper deux œufs et un petit pain blanc ; ensuite, bien couchés.

Le 9, au matin, avons eu pour déjeuner un petit pain blanc. De là, je fus acheter ou *comprar* des chansons en langue espagnole.

Les rues de cette ville sont belles, mais très sales et mal entretenues. En certaines rues, l'on y marche dans la fange jusqu'à mi-jambe. Il y a des écluses.

Pendant le séjour que nous y avons fait, est mort un grand d'Espagne.

Les maréchaux de cette ville battent leur fer, au frais, dans les rues.

L'air de cette ville y est si fort qu'un chien mort d'un mois ne sentirait pas[1].

Après cela, fûmes porter une lettre à un nommé[2]..., frère de la femme d'un nommé Minet demeurant à Passel près du Mond-Renault, qui est devenu panetier du roi d'Espagne. Il demeure vis-à-vis la Croix-Verte. Il a donné à un de nous deux ou trois réal de platte, qui valent vingt-quatre sols de France.

Il nous fut raconté dans cette ville, qu'environ quinze jours après le retour de France de l'infante à Madrid, était arrivée l'histoire suivante. Il suffit de dire que l'infante d'Espagne ayant été renvoyée de

---

1. « D'après Mme d'Aulnoy, t. III, p. 235, quand il meurt un cheval ou quelqu'autre animal, on le laisse dans la rue où il est, fut-ce devant la porte du Palais, et le lendemain il est en poudre. L'on est persuadé que si l'on ne jettoit pas ainsi ces ordures dans les ruës, la peste ne serait pas long-temps sans être à Madrid, et elle n'y est jamais. »

2. Le nom est resté en blanc dans le manuscrit.

France en Espangne, comme chacun sait, à cause de sa trop grande jeunesse, intérieurement cela ne fit pas plaisir au roi son père, mais toutefois il est françois. Cela fit un grand déplaisir à la reine et aux grands d'Espangne, comme vous verrez par la suite. La rage si grande de la reine contre la France fit que très souvent, la nuit, l'on trouvait des François égorgés dans Madrid, en revanche de la prétendue insulte qu'ils [*les Espagnols*] avaient reçue, si bien que de temps à autre s'accroissait de plus en plus la haine secrète contre les François, si bien que vous auriez parlé à un marchand françois, il vous aurait parlé espagnol pour ne se pas donner à connaître. De façon que les grands d'Espagne ne savaient comment insinuer à Sa Majesté de faire chasser tous les François de l'Espangne. Personne d'eux n'osait en porter la parole. Ils ont trouvé le secret de le faire annoncer par la reine qui n'était pas déjà leur amie. Cela se trouva fort bien. La reine prend jour et va conter cela à Sa Majesté qui feignit d'accepter sa demande, quoiqu'en lui-même irrité: la reine très satisfaite, aussi bien que les grands, attendant toujours l'exécution de cela. Le roi pour cet effet fit écrire à tous les colonels des régiments d'envoyer tous les soldats et officiers françois à Madrid, sans grand délai avec armes et bagages. Ce qui fut fait en peu de temps. Joint à cela, le roi avait fait emballer l'or et l'argent du royaume, qu'il devait faire conduire hors d'Espangne. Le jour pris, le roi (présents la reine et les grands), monte dans son carrosse et fait partir les François, qui étaient en grand nombre, devant et derrière, en disant adieu à la reine. A quoi elle lui demande où il allait. Il lui dit qu'il allait accomplir sa demande.

« Qu'entendez-vous, sire, dit-elle, ma demande ? »

« Oui, lui dit-il, vous m'avez demandé de chasser les François du royaume, je les chasse et les renvoie en France et je m'en vais avec eux. Il est juste que je suis François, que j'en sorte aussi. »

A ce mot la reine reconnut sa faute et demanda pardon de sa demande, et depuis ce temps-là on a renvoyé les soldats et officiers rejoindre chacun leur régiment. A présent, si elle n'aime pas les François, ni les grands : ils se contentent de le penser mais non pas d'en parler.

Au bas de la porte blanche qui va au château, sont de grandes avenues avec de belles fontaines de distance à autre.

Dans l'église impériale des Jésuites, qui est un collège, il y a au maître-autel cent quatre chandeliers d'argent qui sont tout le long de l'autel à trois rangées : savoir dans la première, il y en a trente-six et vingt-quatre dans chacune des deux autres. Le reste est dans les environs.

Entre deux chandeliers, sont des bouquets d'argent très larges, dans des pots de même matière, au nombre de cent quatre ou cent six.

Dans cette église, est un autre autel où dessus est un christ qui est contre une très belle glace de Venise, au lieu d'être un tableau. Au bas du christ, est la sainte Vierge avec une épée claire dans son sein. Dans cette église sont plusieurs autres beaux autels.

La ville est couverte de tuiles et bâtie tout de briques rouges.

RETOUR EN FRANCE[1].

Départ de Madrid. — Le 9, à neuf heures du matin, sommes partis de cette ville pour aller à Conillet [*Canillejas*]; à Lamede [*Alameda*]; à Lacque [*Rejas*]; à Torcon [*Torrejon de Ardos*]; à Arcalas [*Alcala de Henares*], petite ville, où nous avons couché.

Le 10, en partant de là, avons admiré les campagnes des environs. Nous l'avons trouvée très peu garnie de châteaux. Il y a seulement aux environs de Madrid quelques maisons royales, comme la Grange, l'Escurial.

L'Escurial est une maison royale et un couvent, situé à 8 lieues de Madrid, fondé par Philippe II, roi d'Espagne, en mémoire de la bataille qu'il gagna contre les François à Saint-Quentin. Les clefs qui ouvrent les portes, étant toutes ensemble, pèsent dix mille. Cette maison est dans la province de la Nouvelle-Castille, faite sous l'invocation de saint Laurent, comme cette bataille fut gagnée par ses généraux, à pareil jour. Les religieux qui y demeurent se nomment hiéronymites. Les rois d'Espagne y ont choisi leur sépulture, comme les

---

1. Ce titre ne figure pas dans le manuscrit. Sur cette partie de la route, *Les Chansons des pèlerins de S. Jacques* ne fournissent pas plus de renseignements que *la Nouvelle Guide*. Vers Pampelune seulement, nous retrouverons un des chemins indiqués dans le *Codex* (Appendice A).

rois de France ont choisi la leur à Saint-Denis, en France.

Après cela[1], sommes allés à Lavacart, petite ville[2], où nous avons dîné au couvent de Saint-Francise (*sic*); puis sommes allés à Tarassine [*Taracena*]; à Valacart [*Valdegrudas*?]; à Estagnas[3], où nous avons couché.

Le 11, à Torrique [*Torija*]; à Tricoy [*Trijueque*], où nous avons couché.

Le 12, à Biliadecanecocque [*Valdearenas*]; à Valermoces [*Valhermoso de las Monjas*], où nous avons couché.

Le 13, à Vilneuve [*Villanueva de Argecilla*]; à Cadraque [*Jadraque*], où nous couchâmes.

Le 14, à la Tendre [*Zendejas de la Torre*]; à Saint-Amédé [*Zendejas Eumedio*]; à Ismonne [*Huermeces*]; à la Rive de Studes [*la Riva de Santiuste*]; à Bailly le Cour [*Valdelcubo*?], où nous avons couché sous un rocher, qu'un paysan en avait fait une écurie.

Le 15, étant pris de la pluie, fûmes à Alpalsecque [*Alpanseque*]; à Baronne [*Barahona*]; à Bilsaye [*Villasayas*], où nous avons *recoqueire*.

Le 16, à Courtelas [*Cobertelada*]; à Almansanne [*Almaʒan*], petite ville, où nous avons couché.

---

1. Cette formule de transition maladroite, fort employée par Manier, n'indique nullement qu'il ait été à l'Escurial, situé dans une direction opposée.

2. Entre Alcala de Henares et Taracena, on trouve Alobera et Guadalajara. Alobera ressemble plus à Lavacart, mais la qualification de *petite ville* me fait préférer Guadalajara, dont la prononciation est bien faite pour dérouter une oreille inexpérimentée.

3. Aucun nom analogue, même sur la carte de Carlos Ibañez, la meilleure de toutes les cartes d'Espagne, malheureusement inachevée et dont l'auteur vient de mourir.

Le 17, à Bianne (*Viana*); à Armarœil [*Almarail*]; à Maconne [*Zamajoñ*]; à Tapiul (*Tapiela*); à Armesnard [*Almenard*]; à la Goce de Campe [*Hinojosa del Campo*]; à Sors [*Soria*]; à Alguerdat [*Agreda*], petite ville, où nous avons couché.

DESCRIPTION DE L'ÉGLISE DE CETTE VILLE. — Le lendemain 18, avant de partir, fûmes dans la maîtresse église pour en remarquer les particularités. Premièrement est au maître-autel une devanture superbe tout en or et argent massifs ; dessus étaient six beaux chandeliers d'argent, dix-huit pots de fleurs de même matière, avec six beaux bouquets de même ; avec cela, il y a trente-six autres chandeliers non d'argent, avec autant de pots de fleurs de même. Au-dessus de l'autel est une plaque d'argent massif.

Sur la droite, en haut de l'église, est un Saint-François, avec un christ devant lui, dont les cinq plaies de Notre-Seigneur sont jointes aux cinq mêmes endroits à Saint-François, marquées par des petits cordons rouges.

Au sortir de l'église, entre la grille et la porte, est une vierge enfermée dans le mur, non visible, qui fait beaucoup de miracles.

Après cela, fûmes au couvent de Saint-François *pider la limogne*, où, pour raison connue à moi, j'ai là laissé mes camarades et suis parti seul de cette ville pour aller à Saint-Tronique[1], petite ville, où, par toutes ces campagnes, ce ne sont qu'oliviers tout couverts d'olives, qui sont sur l'arbre toutes

---

1. Entre Agreda et Tudela, il n'y a pas d'autre ville que Tarazona et la distance est telle qu'on ne peut y ajouter un détour pour gagner quelque autre ville. Il faut donc identifier Saint-Tronique et Tarazona.

bleues, en si grande quantité qu'ils semblent des glanes d'oignons.

J'ai couché dans cette ville.

Le 19, je suis allé à Trouselle [*Tudela*], petite ville; à Alguerdat [*Arguedas*], où j'ai couché.

AVENTURE QUI M'EST ARRIVÉE. — Avant que d'être arrivé à l'endroit du village d'Alguerdas, en pleine campagne, très unie, odoriférante à l'excès, pour les bonnes herbes, principalement le *romul* [*romero*], que nous appelons romarin, qui était en si grande quantité, qui formait comme un petit bois tailli de la hauteur de 3 à 4 pieds, qui dure bien l'espace de dix lieues. Étant seul de compagnie, enfilé dans ce petit bois agréable de romarin, je fis rencontre de quatre garçons espagnols blatriers[1], qui venaient de la ville d'Alguerda [*Agreda*], avec chacun un mulet, mener du blé. Lorsqu'ils m'eurent joint, ils m'ont demandé en leur langue:

« *Seignor pelegrino, eyoste esto francise ?* »   « Monsieur le pèlerin, êtes-vous françois? »

— « *Non, Seignor.* »   « Non, Monsieur. »

— « *Douquel tiere eyoste ?* »   « De quel pays êtes-vous ? »

— « *Seignor, eyo sou savoyart.* »   « Monsieur, je suis savoyard[2]. » (parce qu'ils aiment cette nation.)

— « *Se sont boyna cristiane.* »   « Ce sont de bons chrétiens. »

Cependant ils se disaient les uns aux autres, c'est un François.

---

1. L'abbé Corblet, dans son *Glossaire picard* ne donne que la forme *blatier*, qui est française.

2. Ce dialogue fidèlement reproduit permet d'apprécier la naïveté

Ils me demandent :

« — *Eyosté tingo el caracq in calsonne ?* Avez-vous de quoi en culotte ?

En même temps, l'un d'eux le couteau à la main s'en vient en furie contre moi, pour me terrasser et me faire *rasibus cujus* et ensuite me pendre à un arbre tout près qu'il m'avait montré. Il m'aurait égorgé, n'eût été la pitié qu'un d'eux eut de moi, qui m'a fait exiler d'eux.

Le 20, partant d'Alguerda (*Arguedas*), je suis allé à Maltiere (*Valtierra*); à Marcille (*Marcilla*); à Tafaille (*Tafalla*), petite ville, où j'ai couché.

Le 21, à Marsoye (*Barasoain*); à Mindesville (*Mendivil*), où tous les environs sont tous pays plats, enfoncés, pleins d'eau. De là, à Nonnin (*Noain*); à Panplune, ville capitale de la Navarre,

---

d'un subterfuge qui semble emprunté aux *Chansons de S. Jacques*, 15ᵉ couplet de la 1ʳᵉ :

    Quand nous fûmes dans la Galice,
        A Rivedieu,
  On vouloit nous mettre aux Gallères,
      Jeunes et vieux ;
  Mais nous nous sommes défendus
    De notre langue,
  Avions dit qu'étions Espagnols,
  Et nous sommes de France :

La suite du récit va nous montrer qu'en Navarre les habitants sont moins crédules et plus féroces. Ils semblent justifier encore le sévère portrait que le *Codex* trace de leurs ancêtres : « Race barbare, aussi différente des autres peuples par les usages que par le caractère, noire de teint, rude d'aspect, mauvaise, perverse, perfide, déloyale et corrompue, débauchée, ivrogne, capable de toutes les violences, féroce et sauvage, improbe et réprouvée, impie et dure, farouche et querelleuse, rebelle à tout bien, façonnée à tous les vices et à tous les crimes, semblable aux Gètes et aux Sarrasins, et en toutes choses perfide ennemie de notre peuple de France. Pour la moindre pièce de monnaie, le Navarrais comme le Basque, tue, quand il peut, un Français. » La suite, page 18, ne pourrait être citée qu'en latin.

où je suis arrivé fort tard et suis allé coucher à l'hôpital.

Arrivée a Panplune et de sa description. — Le lendemain 22, au matin, dans l'hôpital, j'ai vu un bel autel. Dedans il y a de fort bons lits. Les pèlerins vont dîner dans l'église cathédrale[1], qui est rentée pour cela, (à onze heures), pour douze pèlerins ; et quand il en manque, on prend quelque pauvre abbé de la ville à leur place, qui sont en grand nombre dans cette ville, aussi bien qu'en toute autre ville du royaume.

Ils ont la méthode dans ce pays, que, quand il y a quelque orphelin, ils ont des endroits pour les élever jusqu'à 6 ou 7 ans, et après les mettent aux études, à des gens payés pour cela. Il n'en coûte rien aux orphelins pour l'éducation, et les couvents des villes sont obligés de nourrir ces enfants-là alternativement. On les met tous aux études. Voilà d'où vient que ce royaume produit tant de pauvres prêtres et abbés.

Les environs de cette ville, comme partout ailleurs du royaume, ne sont guère accompagnés de maisons de campagne, ni châteaux autrement bâtis que comme des maisons bourgeoises ; et pour faire connaître que c'est un château, ou maison de campagne à quelque gentilhomme, elles sont ordinai-

---

[1]. Il ne faut pas croire que le superbe cloître accolé au flanc sud de la cathédrale et le réfectoire, qu'on voit encore à côté de la chapelle Santa Cruz, servaient aux pèlerins. Ils étaient réservés aux chanoines soumis depuis 1086 à la règle de saint Augustin. Seulement, en vertu d'une fondation fort ancienne, ces chanoines étaient tenus d'héberger les pèlerins et possédaient à cet effet une maison voisine de la cathédrale. Cette fondation a subsisté jusqu'à la révolution de 1868. (Je tiens ces renseignements du chanoine Joachim Elio).

rement bâties au bas de quelque larri ou lieu élevé, où, dessus la hauteur ou larri, est bâtie une petite tour blanche, qui signifie la maison d'un seigneur. C'est de là d'où sort le mot qui se dit communément en France, quand l'on voit quelqu'un pensif, on lui dit: « Tu bâtis des châteaux en Espagne[1] ». L'on a raison de le dire, car il n'y en a pas d'autres que ceux-là.

Il n'y a guère de ces maisons ou espèces de châteaux, qu'il n'y ait quelque belle chapelle dedans.

La monnaie de cette ville capitale de l'ancien royaume de Navarre se nomme marabilisse [*maravedis*], (ce royaume fut uni à la France en 1620)[2], qui sont à quatre côtés tout petits et il en faut quatre pour un sol de France[3]. Il y en a de plus grands à

---

1. Les Espagnols emploient aussi cette locution: *Castillos en el aire*. On lui donne parfois une autre origine. A la fin du XIe siècle, Henri de Bourgogne, ayant porté secours à Alphonse, roi de Castille, reçut la main de sa fille, pour prix de ses exploits. Son exemple excita l'ambition de la noblesse française et il n'y eut pas de gentilhomme qui ne se flattât de trouver aussi quelque riche établissement et ne bâtît en esprit *des Châteaux en Espagne*.

2. A Pampelune, cette réflexion est un non-sens. Louis XIII, en 1620, a fait des états de son père une province française. Mais, à part quelques cantons au nord des Pyrénées qui forment la Basse-Navarre, Henri IV n'était roi de Navarre que de nom. Son arrière-grand-père, Jean d'Albret, avait déjà perdu ce royaume et la dernière tentative contre Pampelune, en 1521, n'eut d'autre résultat que la blessure d'Ignace de Loyola et la fondation de l'ordre des jésuites.

3. J'ai expliqué plus haut (note 4 de la page 48), que quatre maravedis valent un quarto ou un demi-sol de France. C'est aussi ce qui résulte de ce texte cité par M. Lavergne, dans *les Chemins de Saint-Jacques*, p. 74: « Corouats de Navarre valent les quatre un liard. Les deux corouats valent un maravedis. » Cela est vrai du maravedis de Castille, monnaie de compte ; mais en Navarre, il n'en existait pas moins des pièces de quatre maravedis qui valaient même un peu plus d'un sou, puisqu'on comptait soixante maravedis à la livre. (Communication de M. Émile Taillebois.)

six côtés avec un F par un côté et une marelle[1] de l'autre.

Pour revenir à l'église cathédrale où l'on dîne dedans, nous y avons eu de la soupe, de la morue, un petit pain blanc et deux verres de vin, pendant trois jours.

Cette ville est à peu près comme Noyon[2], située en plat pays, bien peuplée, ornée d'une belle place. Les cabaretiers de cette ville ont pour enseigne à leur porte : un drapeau au bout d'un bâton.

Cette ville est bâtie dans les intervalles des monts Pirennée, qui s'étendent le long du Languedoc.

Le même jour, sommes partis de cette ville[3] pour aller à Biliave [*Villaba*], où dans les champs j'y ai vu des jardiniers fouir de cette façon : ils ont un louchet large de deux ou trois pieds, tout d'une pièce, avec trois ou quatre manches et à chacun manche est un homme, qui fouissent tous ensemble et tous à la fois, afin d'emporter un plus gros lopin de terre.

Nous avons couché à Biliave, à l'hôpital, dans de fort bons lits, où avant, pour souper, avons eu chacun une livre de beau pain blanc, du bouillon et deux verres de vin. L'hôpital a 8 fort bons lits.

Le 23, sommes allés à Miliere [*Miravalles*], où tout le long du chemin ne sont que rochers affreux, où dedans les intervalles sont une quantité de buis, comme des petits arbres. De là, sommes allés à Arnonde [*Larrasoaña*], où j'ai couché.

---

1. On donne ce nom aux *chaînes* de Navarre, parce que leur disposition sur l'écu rappelle la figure que tracent les enfants, pour jouer à la marelle.

2. Pampelune diffère autant de Noyon par le nombre de ses habitants que par sa situation élevée au-dessus d'une vaste plaine.

3. Nos voyageurs vont suivre l'ancienne route de Pampelune au Port de Cize décrite dans le *Codex* et pour laquelle il ne compte que deux faibles étapes. Elle seraient fortes, même à cheval.

Le 24, à Suive [*Zubiri*]; à Ronchevalle [*Ronces-valles*], qui est un couvent[1] situé dans les bois, où toute la terre était couverte de neige pour lors. Ce couvent est renté pour y recevoir les pèlerins pendant trois jours; où étant arrivés, on nous fit accueil d'un bon feu qui nous fit bien de l'honneur; ensuite souper et bien coucher. Il y avait pour lors une belle fille qui servait les pèlerins, ayant ses cheveux en natte, qui nous a donné à souper de la soupe,

---

1. Cet hospice situé sur la route, qui conduisait les pèlerins de France à Saint-Jacques et ceux d'Espagne à Rome et à Jérusalem, comptait, d'après Henri IV, parmi les quatre grands hospices du monde. M. Hilario Sarasa (*Reseña histórica de la Real Casa de Nuestra Señora de Roncesvalles*. Pamplona, 1878), évalue à 20,000 ou 30,000 le nombre de rations qui y étaient annuellement distribuées et qui consistaient en une livre de pain, une demi-pinte de vin et une portion de viande et de bouillon, remplacée les jours maigres par du poisson. Les œufs et la viande de mouton sont réservés aux malades qui trouvaient là tous les remèdes, dont ils pouvaient avoir besoin. Venaient-ils à succomber, on ne se contentait pas de leur assurer une sépulture convenable, des messes étaient dites pour le repos de leurs âmes. Les pèlerins n'étaient pas seuls à profiter de cette hospitalité généreuse. Rien qu'en l'année 1630, elle s'étendit à mille soldats espagnols. Aussi l'auteur, auquel j'emprunte ces détails, évalue la dépense annuelle à 700 ducats, la consommation en vin à 2000 mesures, celle du blé à 1500 et celle de l'orge à 1000.

La tradition populaire fait remonter cette fondation à Charlemagne. Établie d'abord à Ibañeta, mais saccagée par les Maures en 921, cette maison hospitalière fut alors transférée à Roncevaux, où une statue de la Vierge miraculeusement découverte attirait de nombreux fidèles. Le nouveau couvent élevé sous le vocable de Notre-Dame de Roncevaux continua d'être habité par des religieux à la fois hospitaliers et militaires. Soumis vers la fin du XIe siècle à la règle de saint Augustin, ils conservèrent cependant le caractère guerrier de leur fondation. Les princes et les papes les avaient comblés à l'envi de richesses et de privilèges, mais après que l'intervention abusive de l'autorité royale eut commencé leur décadence, la révolution a achevé leur ruine.

A peine s'il y reste encore quelques pauvres prêtres et leur état misérable complète l'impression de tristesse qui s'élève des ruines de l'hospice, de la solitude du cloître, de l'abandon de l'église, aussi bien que du vulgaire charnier établi à la place où furent ensevelis, dit-on, les légendaires compagnons de Roland.

une pagnotte¹ de pain bis, de la viande² et deux ou trois verres de vin ou une *coartille*.

Le lendemain 25, jour de Noël, avons été à la messe, puis dîner, chauffer, souper et coucher.

Le 26, je fus à la messe, puis dîner, souper et coucher.

Le 27, après la messe, sommes partis pour aller à Arnayy [*Arneguy*]; à Bancarlosse [*Valcarlos*]³, situé dans les montagnes; de là, a Deslarné [*Olhonée*], premier village de France, où nous avons couché.

Le 28, à Saint-Jean-Pied-de-Port, première ville et clef de France, qui n'est qu'un trou et bien peu de chose, si ce n'est qu'elle est forte à cause des montagnes. De là, à Issart [*Irissari*]⁴, où j'ai joint un vieux pèlerin dont nous avons couché ensemble dans une bonne maison à l'écart, dont la maîtresse, toute biscayenne qu'elle était, écorchait un peu le français. Elle nous fit bien chauffer et nous fit une bonne soupe, nous donna de la viande et du cidre à force, excellent, le tout pour rien. Il ne vaut que deux sols le pot.

---

1. Ce mot vient de l'italien *pagnotta*, qui a donné en français *pagnote*, avec un sens figuré. L'abbé Corblet, dans son *Glossaire picard*, n'indique que la forme plus éloignée *pagnon*.

2. D'après ce qu'on vient de voir, note 1 de la page 144, il est assez singulier qu'on ait servi de la viande, la veille de Noël, un des rares jours de l'année, où le maigre soit observé en Espagne.

3. Il y a là une singulière confusion : toutes les routes passent par Valcarlos, avant d'atteindre Arneguy. Aurait-il voulu dire : Sommes allés à Arneguy en passant à Valcarlos?

4. Sur la route de Saint-Jean-Pied-de-Port à Bayonne. Il est fâcheux que Manier n'indique pas d'autres localités, car cette route est peu connue. Les pèlerins se rendaient à Dax, par Ostabat, Uhart, Saint-Palais, Garris, Sordes, Peyrehorade et Caignotte, ou plus anciennement par Sordes et Bouillon, voies romaines le long desquelles on trouve encore de nombreux restes d'abbayes et d'hospices.

Le 29, au matin, nous étant acheminés, avons considéré les campagnes de ces environs, qui sont toutes contraires à bien d'autres, car il n'y a pas de village autrement bâti. L'église est dans un endroit accompagnée de quelques maisons, et tout le reste du village, aussi bien que d'autres de la Biscaye, les maisons sont éparses çà et là, à 20 empas ou 40, les unes des autres. Ce qui fait un effet charmant dans la campagne, de voir ces maisons partout comme des papillons ; mais toutes maisons belles et riches, couvertes de tuiles ; pays abondant en cidre plus estimé que celui de Normandie. Les pommes sont ramassées dans les vergers par tas hauts de 40 à 50 pieds de haut ; la plupart des pommes douces. Le pays est fort fertile, aussi les habitants de cette province ont le droit que le roi ne leur demande pas de milice ni bien d'autre impôt. Mais au contraire, en revanche, ils ont tous le cœur ordinairement si généreux qu'ils se piquent par eux-mêmes, de lever dans leur province de 13 à 1400 hommes de milice pour le service du roi, qui ne sortent jamais du pays ; mais en cas que le roi en ait besoin dans ces environs, ce sont les premières troupes postées pour la défense du pays. Ils les habillent, nourrissent et entretiennent à leurs dépens.

Les habitants du pays se servent ordinairement de sabots ouvragés, qu'ils portent avec tout le dessus du cou de pied découvert, faits très délicatement, avec une courroie attachée proprement des deux bouts, qui donne sur leur cou de pied afin de ne pas les blesser. Nous avons couché à une maison à l'écart.

Le 30, au matin, dans quelques maisons, je me

suis amusé à recueillir quelques mots de cette langue biscayenne, qui est aussi difficile que l'allemand[1].

. . . .

Après avoir marché beaucoup, avons été obligés de coucher dans une maison à l'écart.

Le 31, sommes allés à Bayonne, ville capitale de la Basque ou Biscaye.

Arrivée a Bayonne. — J'ai couché au faubourg du Saint-Esprit chez madame Belcourt et ai quitté mon vieux camarade.

Janvier 1727. — Du premier, j'ai trouvé chez madame Belcour, notre hôtesse, un petit pèlerin de Saint-Jacques, flamand de nation, avec un autre aveugle, qui savait jouer du violon, natif de Dammartin, frère de l'hôte de *l'Étoile*, qui avait été abandonné dans le cabaret par le Flamand, son conducteur. La pitié nous excita à la pitié, ce qui a fait que nous l'avons pris à notre garde pour le conduire et rendre chez lui.

Du temps que nous étions en cette ville, en allant, est arrivée une drôle d'aventure dont voici le contenu :

Madame la marquise de Poyanne[2], ayant été volée de son cuisinier de la somme de dix mille

---

[1]. Cet essai de manuel de la conversation est fort court et renferme trop d'expressions obscènes pour mériter d'être reproduit.

2. Fille de Pierre, marquis de Gassion, président au parlement de Pau et petite nièce du maréchal, le héros de Rocroi, elle épousa, en mai 1717, le marquis de Poyanne. Elle habitait le château de Dax, dont son mari était gouverneur. Des poésies de l'époque ont conservé le souvenir de l'ennui qu'elle éprouvait dans cette citadelle et des chansons béarnaises qu'elle faisait chanter aux bergers de la montagne, qui passaient sous les murs du château. (Je dois ce renseignement à l'obligeance de M. Eugène Dufourcet.)

louis, a fait ses diligences pour le faire prendre. Ce qu'elle n'a pu faire si promptement qu'elle l'aurait souhaité. Cette marquise était pour lors résidente à Daxe. Ce valet de chambre ayant le butin, s'en vint à Bayonne pour passer en Espagne, comme c'est la dernière ville de France. Il fut arrêté et mené devant monsieur Le Blanc[1] (haut de six pieds), gouverneur de la citadelle, âgé pour lors de 101 ans. Le croyant déserteur, ayant trouvé que non, il fut conduit chez monsieur Adancourt[2], gouverneur de la ville, où il fut interrogé comme il faut, le sujet pourquoi il voulait avoir un passeport pour passer en Espagne. A ces interrogations il pâlit et changea de couleur. Il le fit prendre par ses gardes et le fit fouiller. On lui trouva dans le dedans de sa chemise, cousus en quatre différents endroits dix mille louis et dans une bourse, sur son cheval, cinq cents écus, en argent. Il fut mis en prison, et, sur sa déclaration, envoya son valet de chambre en poste à Daxe pour s'informer de ses vie et mœurs. Il trouva que c'était le cuisinier de madame la marquise de Poyanne. On en a fait le procès qui n'aura pas été avantageux pour lui.

Particularités de cette ville. — Il y a un superbe pont de bois bâti sur la mer qui sépare la ville d'avec le faubourg. Ce pont est peint en rouge, fait à peu près dans le goût de celui de Rouen. Il s'ouvre dans

---

1. M. Léon Hiriart, conservateur du musée et des archives municipales de la ville de Bayonne, n'a pas trouvé ce nom parmi ceux des commandants de la citadelle.
2. Dominique Dadoncour, brigadier et lieutenant de Roi en la ville de Bayonne, citadelle et château, de 1721 au 14 septembre 1740, jour de son décès. (Communication de M. Léon Hiriart).

le milieu pour donner passage aux vaisseaux. Il y a dessus des parapets, où sont de distance à autre des sentinelles. Sur ce pont, étant à le considérer, nous y avons rejoint mes camarades du pays, dont il y avait trois semaines[1] que nous nous étions quittés, qui me firent froide mine. Ils furent coucher à l'hôpital et nous chez la Belcour.

Le 2, au matin, ils me sont venus joindre et sommes mis bons amis.

Cette ville est fort peuplée, rues étroites, bien marchande, d'un grand commerce. Le roi des Juifs y fait ordinairement sa résidence.

Cette ville est dans un fond et le faubourg du Saint-Esprit, qui est presque aussi grand que la ville, est élevé sur une côte. La ville, par rapport aux rues, étroite et fort obscure. La rivière de l'Adour tombe en cette mer Océeanne.

Chez cette hôtesse, était une petite fille qu'un soldat avait là laissée. Elle était âgée de 5 à 6 ans, belle comme le jour et bien avisée, qui me fit un compliment hardi pour une enfant de son âge. Elle se nommait Marguerite. Après avoir drogué dans la ville avec l'aveugle qui avait son violon et avoir bien eu 50 sols, nous sommes venus passer par la rue des Juifs, qui sont en grand nombre en cette ville et ont pour les reconnaître des autres des chapeaux[2].

Départ de Bayonne. — Nous sommes partis quatre ensemble savoir: Hermand, Vaudry ou la

---

1. Depuis le 18 décembre. Voyez p. 138.
2. On sait que la coiffure nationale est le béret.

Couture, l'aveugle et moi, pour aller coucher dans une ferme, à cinq lieues de là.

Le 3, à Daxe, ville, à l'hôpital où nous avons eu pour souper du pain quesse[1] et un verre de vin.

Le 4, à Ponton, l'entrée des Petites-Landes[2], chemin plus agréable à cause que l'on trouve bien plus de villes et villages que par les Grandes. De là, à Tartasse [*Tartas*], ville, où nous avons couché.

Le 5, nous avons roulé dans la ville, même dans un couvent de religieuses qui ont fait jouer notre aveugle et ont dansé, toutes les religieuses en rond. Nous fûmes coucher encore à l'hôpital.

Le 6, avons diverti des garçons, comme étant le jour des Rois.

Le 7, au matin, sommes partis de cette ville pour aller à Meillan [*Meilhan*]; à Campangne [*Campagne*]; à Mon de Marcean[3], ville, où nous avons couché.

Le 8, à Rocqfort, où nous avons couché. Là, j'ai quitté l'aveugle et l'ai mis es-mains d'un de nous, nommé Vaudry, qui voulait retourner au pays en droite ligne; et nous ont quittés et nous sommes restés à deux, savoir: Hermand et moi qui ont pris l'avance. Je l'ai mené environ 20 lieues et j'ai eu bruit avec l'autre. Je suis parti seul, où j'ai couché dans une maison à l'écart.

---

1. *Quesse*, en picard, signifie chaud. L'abbé Corblet, *Glossaire picard*, ne donne que la forme *keux*, « chaux », dérivée du latin, *calx*.

2. La route que nos pèlerins vont suivre de Dax à Bordeaux, figure sur une carte des Lannes, du Béarn et de l'Armagnac, de Guillaume Delisle, premier géographe de l'Académie des Sciences (1712). Elle est devenue la route nationale n° 10. (Communication de M. Dufourcet.)

3. De Mont-de-Marsan à Bazas, on peut consulter également le chapitre III, des *Chemins de Saint-Jacques*, de M. Adrien Lavergne.

Le 9, j'ai couché encore à une autre maison à l'écart.

Le 10, ayant rejoint Hermand, fûmes à Basacq [*Bazas*], ville, où nous avons couché.

Le 11, à Longon [*Langon*], ville, où nous avons couché à l'hôpital, où nous y avons trouvé le petit Flamand (qui avait quitté l'aveugle à Bayonne), qui m'a vendu deux ceintures l'une rouge, et l'autre bleue, (ou rubans), marquées dessus et écrites de la passion de Notre-Seigneur, en langue espagnole, qui ont touché au Saint-Christ de Burgue, en Espangne, qui sont bonnes pour aider à accoucher les femmes enceintes, et pour les porter sur soi pour être préservé de tout malheur et accident.

Le 12, nous sommes partis de là, à trois, Herman, le Flamand et moi, pour aller à Prignan [*Preignac*]; à Balsaque [*Barsac*]; à Potense [*Podensac*]; à Bourdeaux, ville, où nous avons couché.

Le 13, sommes allés à la maison de ville pour avoir des passeports, à cause que l'on arrêtait en bien des endroits. Nous n'avons pas pu obtenir rien.

Le 14, au matin, nous y avons retourné et n'avons encore rien pu obtenir; mais cependant on les a pris et on nous a dit de revenir le lendemain.

Le 15, nous fûmes au greffe où le greffier nous les a délivrés. Voilà ce qu'il porte :

Les maire, sous-maire et jurats, gouverneur de la ville et cité de Bourdeaux, comte d'Ornon, baron de Veirynes, prévôt et seigneur d'Eysines[1] *et de la petite prévôté et banlieue d'entre deux*

---

[1]. Par suite de l'acquisition de ces diverses seigneuries, les armes de la ville de Bordeaux sont timbrées d'une couronne de comte au lieu d'une couronne murale.

mers, juge criminel et de police, certifions à tous qu'il appartiendra, que le nommé Guillaume Magny, natif de Carlepont en Picardies, tailleur de son métier, venant de Saint-Jacques et désirant aller à Toulouse[1], *lequel nous a requis notre passeport sur ce nécessaire. C'est pourquoi, n'y ayant, grâce à Dieu, dans la présente ville aucune sorte de maladies contagieuses ni soupçon, nous prions tout gouverneur, lieutenant du roi, maire, sous-maire, jurat, échevin, consul, capitoul et tous autres seigneurs juges qu'il appartiendra, de laisser sûrement et librement passer le dit Guillaume Magny, sans lui faire ni souffrir lui être donné aucun trouble ni empêchement, offrant en pareil cas d'en faire le semblable.*

Donné à Bourdeaux, en jurade, sous le seing du clerc et secrétaire ordinaire de la ville. Scel et armes d'icelle, le 16 janvier 1727.

Signé: Dubocq.

Délivré gratis, avec le cachet et armes de la ville, qui sont deux tours, comme l'entrée d'un château, où autour de ce cachet est écrit: *Sigillum urbis*......

Après cela, fûmes coucher à l'hôpital aux Jésuites.

Le 16, fûmes dîner aux Chartreux qui sont à une porte de la ville, puis sommes venus à l'hôpital coucher.

Le 17, nous nous sommes embarqués, non pas pour suivre la Garonne, mais pour la traverser seulement. Elle a bien un bon quart de lieue ou

---

1. On sait par les certificats du curé (p. 3) et du nonce (p. 126), que Manier allait en pèlerinage à Rome.

plus de trajet. Nous sommes débarqués à Pleuron [*Peyron*] ; de là, au Charbon blanc [*Le Carbon-Blanc*]; à Saint-André, bourg, où l'on passe la Dordongne¹ qui est extrêmement large; de là, à Saint-Gervais, bourg, où nous avons couché.

Le 18, à Sesgouria²; à Bourg, petite ville; à Blaye, ville, où nous avons couché.

Le 19, à Pont, ville, où nous avons couché à l'hôpital, où dedans était une concubine, que l'un de nous s'était emmouraché.

Le fondateur de cet hôpital se nomme Guerleaux³.

Le 20, nous y avons séjourné.

Le 21, avons couché à Lajarte [*Lajard*].

Le 22, à Xainte en Xaintonge, où nous fûmes coucher chez Houpin, chantre de notre pays et résidant là, qui nous reçut avec une froideur à l'excès, à cause que notre premier camarade avait dit, en passant, à sa femme mille mentiries de sa famille.

Le 23, avons séjourné chez lui, pour nous expliquer des faits avancés par Delorme, dont j'ai raccommodé tout cela, et ai fait connaître le contraire de tout ce qu'il avait avancé.

Le 24, après déjeuner, avons pris congé de lui et sommes partis d'avec lui, mais nous avons couché dans la ville.

---

1. Saint-André n'est pas sur le bord de la Dordogne, mais tout près.
2. Aucun nom analogue. Serait-ce Gauriac, situé non pas entre Saint-Gervais et Bourg, mais entre Bourg et Blaye ?
3. Il a déjà été question de cet hôpital, (page 29 et note 1 de la page 30). Il n'y a aucune difficulté à supposer que l'administrateur fût de la famille du fondateur.

RAPORT D'UNE PARTIE DE LA LANGUE ESPAGNOLLE[1].

Du bled.	Trigois.
Dejeuné.	Almorsart.
Diné.	A comeire.
Goutté.	A merenda.
A souppé.	A senart.
Des bas.	Messiass.
Jarretière.	Ligass.
Lundy.	Louny.
Mardy.	Mard.
Mercredy.	Mircolet.
Jeudy.	Coesvest.
Vendredy.	Biernet.
Samedy.	Saouaou.
Dimanche.	Omingue.
Chapaux.	Sombrere.
Chemise.	Camisa.
Bouton.	Botonn.
Culotte.	Calsonne.
Rouge.	Tinte[2].
Encre.	Tinta.
Soulier.	Sapatte.
Cordonnier.	Sapateire.
Tailleur.	Sasstre.

1. Sous ce titre, Manier nous donne, à la suite de son *Voyage d'Espagne*, une sorte de petit vocabulaire à l'usage des voyageurs de sa condition. En le reproduisant textuellement, j'ai voulu donner une idée exacte de son instruction. On en pourra déduire quels étaient ses besoins, ses préoccupations et ses goûts. Peut-être se trouvera-t-il quelque lecteur curieux de voir comment un Picard, sans préjugé orthographique, essayait de figurer la prononciation de l'espagnol et devançait, à sa manière, la réforme exécutée par l'Académie, en 1777.

2. L'auteur est trompé par l'expression *vino tinto*, vin rouge.

Du fille [*fil*].	Hilas.
Noire.	Naigre.
Je vous salue.	Salougue.
Main droitte.	Manne dratche.
Main gauche.	Manne stierde.
Au melieux.	Medio.
Main.	Manne.
Chemain.	Camine.
Un pais.	Tiere.
Une eglise.	Egliesa.
Monsieur.	Seignor.
Curé.	Cour.
Un grand seigneur ou monsieur.	Cavalieross.
Du pain.	Panne.
Du vin.	Vino.
Argent	Dineire.
Le tempt.	Tiempo.
Alons.	Bamouse.
Vite.	Presto.
Je ne seay pas.	Eyo no lo save.
Dieu.	Deoss.
Saint Pierre.	San Pedro.
Saint Paul.	San Pauuelo.
Jaque ..	Tiago[1].
Jean.	Dyouanne.
Antoine.	Antouna.
La lumièrre.	La louse.
De l'huile.	Holio.
Dominique	Omigo[1].

---

1. L'auteur connaît surtout Santiago et Santo Domingo ; il veut supprimer le mot *saint*, mais dans le premier cas il laisse un T de trop et dans le second il supprime le D.

Un cocq.	On gal.
Une poul.	Galino.
Un œuf.	On goéve.
Pelerin.	Pelegrino.
Mangé.	Magnart.
Le roy.	Elle ray.
Soldat.	Soldatte.
Prince.	Principesse.
Asturie.	Astouriass.
Hospitalle.	Hospedal.
Panplune.	Panpelonna.
Madrid.	Madril.
Sigovie.	Segovia.
Un heur.	On hort.
Ecrire.	Scribante.
Selle [sel].	Salse.
Pour appelé les poul.	Pidess.
Dieu vous benisse.	Dios te remedio.
Un ongnon.	Savouille.
Du lart.	Tossine.
Un chat.	Gattoss.
Un chien.	Perro.
. . . .	. . . .[1]
Quel heur et il.	Quei ora ess.
Touchy.	Tocart.
Un batton.	On palle.
Du feu.	El fogue.
Bonjour.	Bonoss diess.
Bonsoire.	Bonn start.
Courage.	Alaigrio.

---

1. J'ai remplacé par des points quelques jurons fort grossiers.

Ou alé vous.	Onde ba osté.
D'ou vené vous.	Donde bienn osté.
Un vilage.	Lougard.
Une ville.	Sioudatte.
Du boy.	De leigne.
Une pomme.	Mansanne.
Un lit.	Cammre.
Levé.	Levantart.
Couché.	Recoqueire[1].
Racomodé.	Componnard.
Travailly.	Travaeart.
Achettee.	Comprart.
Bon marché	Mass baratte.
La tette.	La caveche.
En avé vous assé.	Eyo tingue bastante.
En voila ascé.	Basstante.
Je vous remercie.	Bon provéche[2].
Tien. ⎫	Tom.
Tené ⎬ [tenir].	Tom osté.
Choffé vous.	Calientar osté.
Il fait froy.	Fague friou.
Je vous salue.	Stou salougue.
Homme	Ombre.
Femme.	Smouqueire.
Fille.	Smoutiatiou.
Garcon.	Smoutiate.
Fils.	Filiol.
Amis.	Amigo.
Alé, ou marchy vitte.	Andard presto.
Souppe.	Menesstre.

---

1. Voyez la note 1 de la page 62.
2. Pour *Buen provecho*, « grand bien vous fasse », locution qu'on ajoute d'ordinaire à *gracias*, « merci », quand on vous offre quelque chose à manger.

Bouillon.	Calde.
Personne.	Ningoune.
Chataine.	Castagne.
Une noix.	Notche[1].
De l'eaux.	Agoa.
De l'eaux de vie.	Agordientess.
Parlé.	Ablard.
. . . .	. . . .
Voleur.	Ladronne.
L'autre.	La aultre.
Celuy cy.	Staquy.
Pigeon.	Pombre.
. . . .	. . . .
Dansé.	Baylard.
Maison.	Casse.
Paille.	Paque.
Jour.	Diesse.
Nuit.	Notche.
Joué.	Ed jougart.
Violon.	Violine.
Demandé.	Pidere.
L'aumonne.	La limozenne.
Il n'i a personne.	Eyo non tingue ningoune.
Romarin.	Romule.
Couvent.	Cobento.
Recollé [*récollet*].	Chocholante[2].
Une belle personne.	On goape ningoune.
Une belle fille.	On goape smoutiatiou.
Un beau garcon.	On goape smoutiate.

---

1. Il y a là une confusion : noix se dit *nuez* et notche pour *noche* se trouve quelques lignes plus bas, en face du mot nuit.

2. J'ai indiqué (page 73, note 1), l'origine de cette singulière expression et l'ordre auquel elle s'applique.

Une belle femme.	On goape smouqueire.
Un bel homme.	On goape ombre.
Un capitaine.	Capitanne.
Un chateaux.	Castelle.
Une eppee.	Spada.
Payé moy aujourdhuy.	Pague eyo oy.
Aujourdhuy.	Oy.
Demain.	A la magnanne.
Moy.	Eyo.
Petitte.	Etchique.
Fermé.	Serras.
Chanté.	Coantart.
Baucoupt.	Moutche.
Aveugle.	Siègue.
Frere.	Charmanne.
Ouy.	Sy.
Non.	Non.
Pere.	Padre.
Mere	Madre.
Billet.	Bolotine.
Une lettre.	Carte.
Cela et vray.	Al verda.
Baiser.	Abracart.
Une ecuel.	Oune scoudel.
Une cuillere.	Cosstiart.
Un bourdon.	Boirdonn.
Une coqui!.	Conntche.
Un collet.	Selavine.
Une foy.	Ouna voilta.
Un juste o corps.	On vestige ou vestido.
Regarde ou regardé.	Mire ossté.
A chacun un ou une.	Cada ouna.
Chaut.	Caliente.

Navet.	Nave.
Pas davantage.	Non mass.
Etranger.	Frustiere.
Un pont.	Pointe.
Apres.	Despoisse.
Je n'en ay pas.	Eyo non tingue.
Un mari cocu.	On cornoudo marido.
Un peigne d'ivoire.	Eburneo peine.
Une warloppe de menuisier.	Cepillo.
Usurper.	Usurpar.
Urler.	Haulart.
Uriner.	Orinar.
Voyager.	Andar.
Nous.	Noss.
Volontier.	De boena gana.
Voleur	Volador[1].
Volage.	Ligeros.
La voix.	Voz, Boz[2].
Voiture.	Acareo, acarretto.
Mauvais voisin.	Mal veisino.
Unique.	Ouniquo, solo.
L'un apres l'autre.	Ouno tras otro.
Vivandier	Vivanderos.
Vitre.	Vidreras.
. . . .	. . . .
Un.	Ouna.
Deux.	Dosse.
Trois.	Traise.

---

1. Le mot propre est *ladron*. *Volador* a le sens de voltiger ou de courir très vite.

2. Cette double forme indique que Manier savait que le B, en espagnol, a la prononciation du V.

Quatre.	Coatre.
Sinque.	El chinque.
Six.	Seyce.
Sept.	Siette.
Huit.	Otche.
Neuf.	Noeve.
Dix.	Detche.
Onze.	Ondehé.
Douze.	Dotche.
Traise.	Traidche.
Quatorze.	Coatordche.
Quinze.	Quinndche.
Saise.	Siese.
Dis sept.	Detosiett.
Dis huit.	Disotche.
Dix heuf.	Desnoeve.
Vingt.	Binta[1].
Un homme à 2 visage.	Hombre de dos caras.
Vis a vis.	De frente enfrente, frontero.
Violon [*rebec*].	Rabel.
Violette jaune.	Violettas amarillas.
Girofflé.	Halhely.
Vrilliette [*tarière*].	Talladrio.

FIN DU VOYAGE D'ESPAGNE.

---

1. Nouvel exemple de la confusion du B et du V.

APPENDICES

APPENDICE A.

ITINÉRAIRES DE FRANCE A SAINT-JACQUES EN GALICE

Pour suppléer à l'absence de tout récit de pèlerinage ou même de voyage à Saint-Jacques, capable d'éclairer et de contrôler le récit de Manier, nous donnons ici trois itinéraires.

Le premier, tracé d'après le *Codex*, fera connaître la route suivie par les pèlerins du XII° siècle.

Le second est extrait de la *Nouvelle Gvide des Chemins*. Paris, par Nicolas Bonfons ruë Neuue nostre Dame, à l'enseigne S. Nicolas, 1583. Bien que ce livre s'adresse à tous les voyageurs, certaine réflexion placée à la fin du *Chemin de S. Jacques* suffit à démontrer, qu'en traçant cet itinéraire l'auteur songeait aux pèlerins.

Le troisième se trouve à la fin d'un petit livre également fort rare, *les Chansons des Pèlerins de S. Jacques*, cité par Manier, (page 166).

En comparant ces itinéraires, on verra à quel point, du XII° au XVIII° siècle, les pèlerins sont restés fidèles à la même route, l'antique voie romaine restaurée pour eux et portant encore, sur les cartes d'Espagne, le nom de *camino real frances*. L'étude de ces itinéraires nous montre également que celui de notre paysan est de beaucoup le plus détaillé et même le plus exact.

Pour faciliter ces comparaisons, les noms des localités, qui ne rentrent pas dans l'itinéraire de Manier, sont écrits sur la carte, en italiques.

I.

ITINÉRAIRE DU CODEX[1].

Au milieu du XIIᵉ siècle, un prêtre français originaire du Poitou, Aimery Picaud, faisait le pèlerinage de Compostelle, en compagnie d'une riche dame flamande, Gerbega, qui payait la dépense. Victor le Clerc prétend que c'était sa femme et traduit ainsi le mot *socia*. Je ne vois pas cependant de terme plus juste pour désigner une compagne de voyage.

Aimery Picaud, ayant composé un ouvrage en l'honneur de S. Jacques, l'attribua au pape Calixte II, pour lui donner plus de crédit. Ce manuscrit est encore conservé aujourd'hui dans les archives de la cathédrale. Dès 1173, un moine de Ripoll (Catalogne), A. Dumont, le signalait à l'abbé de son monastère et regrettait de ne pouvoir, faute de temps et d'argent, copier que trois livres sur cinq. Il négligeait précisément le livre le plus intéressant pour nous, sorte de guide à l'usage des pèlerins français, publié pour la première fois en entier par le P. Fita: *Le Codex de Saint-Jacques de Compostelle. Livre IV.* Paris, chez Maisonneuve, 1882.

Dans le premier chapitre de ce LIVRE IV, l'auteur indique quatre chemins conduisant de France à Saint-Jacques :

1° Par Saint-Gilles (Gard), Montpellier, Toulouse et le port d'Aspe.

---

[1]. Voyez à ce sujet, l'article de Victor le Clerc, *Histoire littéraire de la France*, T. XXI et celui de M. Delisle, dans le *Cabinet historique* de 1878.

2º Par Notre-Dame du Puy, Sainte-Foy de Conques (Aveyron) et Saint-Pierre de Moissac.

3º Par Sainte-Marie-Madeleine de Veselay, Saint-Léonard en Limousin et la ville de Périgueux.

4º Par Saint-Martin de Tours, Saint-Hilaire de Poitiers, Saint-Jean d'Angely, Saint-Eutrope de Saintes et la ville de Bordeaux.

Les trois derniers chemins se réunissent à Ostabat (Basses-Pyrénées), passent par le port de Cize, retrouvent le premier chemin à Puente la Reina (Navarre) et n'en forment plus qu'un seul jusqu'à Saint-Jacques.

Le quatrième chemin, celui des pèlerins de Paris, est le seul qui nous intéresse, parce qu'il a été suivi presque complètement par notre Picard. Pour faciliter la comparaison, nous allons réunir, suivant l'ordre de l'itinéraire, des renseignements que l'écrivain du XIIe siècle avait divisés par matières, indiquant dans le chapitre II les étapes, dans le chapitre III les localités intermédiaires, dans le chapitre VI les rivières à traverser et dans le chapitre VII le nom des provinces et le caractère des habitants.

Jusqu'à la frontière espagnole, il faut se contenter des renseignements généraux réunis dans le chapitre VII. L'auteur est un Français, qui, écrivant pour ses compatriotes, juge inutile de décrire en détail la première partie de la route. Mais connaissant bien le pays et ses habitants, il en parle longuement au gré de sa fantaisie et de ses préférences personnelles. Pour les Poitevins, ses compatriotes, il épuise toutes les formules élogieuses. A Bordeaux, s'il prise fort la qualité du vin, il trouve le langage encore plus rude que celui de la Saintonge. Après trois jours de marche pénible à travers les Landes, la Gascogne lui apparaît comme une sorte de terre promise, mais aux éloges qu'il accorde aux habitants, se mêlent quelques critiques encore vraies de nos jours. Vis-à-vis des Basques, sa malveillance éclate; à l'égard des Navarrais, elle devient de la haine, et j'imagine qu'il poursuit en eux les meurtriers de son illustre compatriote, Roland, comte de Poitiers. S'il continue à se montrer sévère pour les Espagnols, il devient aussi bref qu'il avait été prolixe jusque-là, et dans ce long chapitre VII, l'Espagne tient une bien faible place.

Par contre, les étapes sont indiquées soigneusement à partir de la frontière. Il n'y en a que treize jusqu'à Saint-Jacques.

1. DE SAINT-MICHEL A VISCARRET. — *Saint-Michel est sur le versant gascon au pied du port de Cize*[1]. Cassini indique ce petit village, à une faible distance au sud-est de Saint-Jean-Pied-de-Port et donne à ce canton le nom de pays de Cize. Mais aucune carte de France ou d'Espagne n'indique le port de Cize, que le P. Fita propose d'identifier avec Ibañeta ou Altabiscar. Le premier, étant un col, est plus vraisemblable que le second qui est un pic. De plus le petit hospice, qui a précédé à Ibañeta le grand hospice de Roncevaux, indique qu'il y avait là, un passage très fréquenté. Ce sommet franchi, on arrive à l'hospice de Roland (voyez note 1, page 144), au village de Roncevaux et à Viscarret.

---

1. Dans ce résumé du *Codex*, les passages traduits textuellement sont en italiques.

II. De Viscarret a Pampelune, par Larrasoaña. Le *Codex*, qui indiquera plus loin des étapes à faire à cheval, juge ces deux étapes faibles. Il me semble cependant presque impossible de les faire à pied, en deux jours. Nos pèlerins picards mirent bien plus de temps.

III. De Pampelune a Estella, par Puente la Reina. *Là se réunissent deux rivières: l'une, aux eaux excellentes, prend sa source au port de Cize, passe à Pampelune et est communément appelée Runa, l'autre s'appelle Arga*[1].

Entre Puente la Reina et Estella, on traverse à Lorca, près de Lácar, le rio Salado, aux eaux mortelles. « Là, *il faut prendre garde à son cheval. Comme nous arrivions sur les bords de ce fleuve, nous trouvâmes deux Navarrais assis, qui aiguisaient leurs couteaux, en gens habitués à écorcher les chevaux des voyageurs, lorsque ces animaux viennent à mourir après avoir bu de ces eaux. A notre question, ces menteurs répondent en affirmant que cette eau est bonne à boire. A peine en avions-nous donné à nos chevaux, que deux d'entre eux moururent et furent aussitôt écorchés.* »

A Estella, on trouve des ressources en tous genres : de bon pain, du vin excellent, de la viande et du poisson en abondance. Là coule l'Ega, dont les eaux agréables et saines sont parfaites. L'Ega se jette dans l'Ebre à San Adrian.

IV. D'Estella a Najera. Il faut faire cette étape à

---

1. Il y a une double erreur. L'Arga prend sa source près du port de Cize, passe à Pampelune et reçoit à Puente la Reina une rivière, le rio Robo, dont la source est au sud de Pampelune.

cheval. A Los Arcos on traverse une rivière, dont les eaux sont malsaines ; il en est de même d'une seconde, un peu avant d'arriver au prochain hospice ; puis d'une troisième à Torres, et enfin d'une quatrième à Nuestra Señora de Cuevas, près de Viana[1]. Toutes les rivières, que l'on rencontre d'Estella à Logroño, sont également funestes aux hommes et aux chevaux.

A Logroño passe un grand fleuve, l'Èbre, dont les eaux sont saines et poissonneuses. *« Mais si vous mangez de certains poissons tels qu'aloses, anguilles ou tanches, vous ne tarderez pas à mourir, ou assurément à être malade. Pour en manger, sans être incommodé, il faut une santé exceptionnelle ou avoir longtemps habité le pays. Dans toute l'Espagne et en Galice, tout poisson et toute viande de vache et de porc rendent l'étranger malade. »*

Après Logroño, on trouve successivement Villarroya et la ville de Najera.

V. DE NAJERA A BURGOS. Cette étape, comme la précédente, doit être faite à cheval, par Santo Domingo de la Cazada, Redicilla del Camino, Belorado, Villafranca de Montes de Oca et Atapuerca.

Après la forêt d'Oca, on entre en Espagne, c'est-à-dire dans les plaines de Castille. *Rempli de richesses d'or et d'argent, ce pays produit en abondance du fourrage et des chevaux très*

---

1. De ces quatre rivières que l'auteur ne nomme pas, la dernière, d'après une note du P. Fita, est le Linarés. Je pense que les trois précédentes forment le rio Odron, qui se jette dans l'Èbre un peu au-dessous de Mendavia.

vigoureux, beaucoup de pain et de vin, de la viande, du poisson, du lait et du miel. Mais le bois manque et les habitants sont pleins de méchanceté et de vices. »

VI. De Burgos a Fromista, par Tardajos, Hornillos del Camino, Castrogeriz et Itero, où l'on franchit la Pisuerga, affluent du Duero.

VII. De Fromista a Sahagun, par Carrion, où l'on franchit le rio Carrion, affluent de la Pisuerga. On trouve à Carrion du pain, du vin, de la viande et des ressources de tous genres. A Sahagun on franchit la Cea, affluent de l'Esla. *Là, selon la tradition, ceux qui venaient de combattre pour la gloire de Dieu, plantèrent dans un pré leur lances illustrées par la victoire et les virent se couvrir de feuillage.*

VIII. De Sahagun a Léon, ville royale et sacerdotale. On franchit à Mansilla de las Mulas, l'Esla, affluent du Duero; plus loin la Porma sur un grand pont[1]; puis à Puente de Castro, le Torio qui longe la ville de Léon, à l'est.

IX. De Léon a Ravanal. Au sortir de Léon, à l'ouest, on traverse la Bernesga, puis le rio Orbigo à Puente de Orbigo et l'on passe par la ville d'Astorga.

X. De Ravanal a Villafranca del Vierzo, par le port d'Irago. « *Là on entre en Galice, contrée boisée, avec des fleuves, des prés, des vergers excellents, de bons fruits et de claires fontaines,*

---

1. A Puénte de Villarente, village qui tire son nom de ce pont important. Mais la rivière n'est pas la Porma. Prenant sa source dans les Asturies, la Porma s'est jetée à Ambasaguas dans le rio Curueño qui passe à Puente de Villarente.

peu de villes et de villages, de maigres moissons, à peine de froment et de vin, beaucoup de méteil et de bière, une grande abondance de bétail, de chevaux, de lait, de miel et de poissons de mer, grands et petits. On y trouve en abondance de l'or et de l'argent, de la paille, des pelleteries et autres produits des forêts et même des trésors sarrasinois[1]. *Les Galiciens s'entendent mieux avec nous que les autres peuples de l'Espagne dont les mœurs sont si sauvages, mais ils sont colères et très difficultueux.* On passe à Molina Seca, on franchit le Sil à Pontferrada et le rio Cúa à Cacabelos.

XI. DE VILLAFRANCA A TRIACASTELA. Après avoir franchi à Villafranca le rio Burba, on rencontre villa Sarracin, villa de Urz[2], le rio de Valcárce[3], le port de Febrero ou Cebrero, l'hospice bâti au sommet de ce col et enfin Liñares.

XII. DE TRIACASTELA A PALAS DE REY. Triacastela est situé au pied de cette montagne, où les pèlerins reçoivent chacun une pierre, qu'ils emportent ensuite jusqu'à Castañola, pour en faire de la chaux destinée aux travaux de l'église de Saint-Jacques. On rencontre successivement Saint-Michel, Barba-

---

1. *Gazis Sarracenicis.* J'imagine qu'il est ici question des richesses enlevées aux Sarrasins et dont, après chaque victoire, S. Jacques prenait sa part de chevalier.

2. Ces trois noms sont ainsi identifiés par le P. Fita.

3. Le rio Valcárce, me semble clairement désigné par ces mots: *Carcera quæ decurrit in Valle-Carceris.* Mais la carte de Valverde porte *R. Burbia* et ne fait mention ni de villa Sarracin, ni de villa de Urz. Toutefois Lavigne indique à l'entrée de la vallée de Valcárce deux châteaux, le Castro Sarracin et le Castro da Veiga.

dellus, Puertomarin, où l'on franchit le Miño[1], et Sala Reginœ[2].

XIII. DE PALAS DE REY A SAINT-JACQUES. Cette étape est faible. *A deux milles de Saint-Jacques, on rencontre dans un lieu boisé un fleuve appelé Lavamentula[3], parce que les pèlerins français, qui se rendent à Saint-Jacques, ont coutume non seulement de s'y laver la figure, mais, après avoir retiré leurs vêtements, de s'y purifier le corps tout entier, par dévotion envers l'apôtre.*

On passe par Leboreyro, Boente, Castañola, Villanueva et Ferreiro. Deux rivières, aux eaux également saines, coulent, l'une, la Sar, entre la Montjoie et Saint-Jacques, l'autre, la Sarela, du côté opposé[4].

A la fin du chapitre III, l'auteur prend soin de nous dire qu'*il a indiqué ces étapes et ces villes pour permettre aux pèlerins de Saint-Jacques d'établir, en connaissance de cause, le budget de leur voyage.*

On pouvait donc, même au XIIe siècle, être bon pèlerin, tout en voyageant à cheval et avec d'autres ressources que l'aumône.

---

1. Voir au sujet de ce pont la note 1 de la page 70.
2. Le P. Fita a négligé d'identifier Barbadellus et Sala Reginœ et je n'ai trouvé sur la carte aucun nom convenable.
3. Le P. Fita n'a pas identifié cette rivière. Serait-ce le rio Ulla? Il y a une certaine similitude de nom et ce fleuve passe à Padron, ce qui devait le recommander à la dévotion des pèlerins. Seulement de Palas de Rey à Leboreyro, on traverse, non pas le rio Ulla, mais son affluent le rio Pambre, à Puente de Pambre et près de là, Aguas Santas semble rappeler ces bains de dévotion et de propreté.
4. La carte indique exactement le contraire. La Sarela coule à l'est de Compostelle et la Sar à l'ouest.

II.

ITINÉRAIRE DE LA NOUVELLE GUIDE

Plus complet et plus détaillé que le précédent, cet itinéraire indique les étapes depuis Paris, la halte pour le repas et les distances. La lieue varie malheureusement, suivant le pays qu'on traverse et j'ai renoncé à réduire ces distances en mesure métrique. Le plus simple est encore de les calculer directement sur la carte.

Suivant la *Novvelle Gvide*, on va de Paris à Bordeaux en huit jours par Orléans, Blois, Amboise, Châtellerault, Poitiers, Saintes et Blaye. Pour le détail du chemin entre ces villes, il faut se reporter à chacune de ces routes. Je les ai réunies ici.

De Bordeaux à Burgos, la route par Roncevaux est abandonnée pour celle par Bayonne, que Manier suivra en allant. Mais de Burgos à Compostelle, le chemin est le même que celui du *Codex*, avec le même nombre d'étapes, huit.

Cet itinéraire peut donc servir à compléter le précédent et à indiquer les modifications survenues depuis le xiie siècle. En le reproduisant fidèlement, nous continuerons à donner entre crochets le nom rectifié d'après Cassini et Lopez, autant que cela nous sera possible et nous paraîtra utile.

Itinéraire de la Novvelle Gvide.

Le bourg la Roine .... ii l.
Le pont Antony .... i l.
Longjumeau .... ii l.

Montlehery v. (ville).................... ii l. R. (repeue)
Chastres (Arpajon), sous Montlehery, v....... i l.
Torfou, au haut du Tartre.................... i l. d.
    La forest de Torfou pour le jourd'huy destruicte.
Estrechy le larron........................ i l. d.
    L'hermitage, ancienne briganderie.
Estampes, v. ch. (chasteau)................. ii l. g (giste)

Villesauvage m. (maison).................... i l.
    La Beausse commence.
Monterville à main dextre (Monnerville est sur
  la route)................................ ii l.
Engerville la gaste (Angerville).............. ii l.
Cham à lorry (Champilory) .... iij l. d.
Toury (Thoury) v. ch. .... i l. d. R.
Chasteau gaillard........................ ii l.
Artenay b. (bourg) .... ii l.
La croix briquet .... i l.
Langenerie............................... i l.
Sercotes (Cercottes)....................... i l.
    Pavé jusques à la ville.
La croix de la montjoye.................... i l. d.
Nostre Dame des aydes.................... d. l.
Orléans v. e. un. (ville, évesché, université)... ii l. g.

Sainct Mesmin, abb. (abbaye)............... ii l.
    Plaine.
Clery v. Pèlerinage (Notre Dame de Cléry)... ii l.
    A main dextre de la rivière de Loire est la ville de
Meun, où l'on peiche des pluyes de Loire, qui est poisson
rare, et fort excellent.
    Fond pertuis[1], à costé destre, au bout de la plaine et
y a bon vin................................ i l.
    Passe un ruisseau.
Les trois cheminées....................... ii l.
    A main dextre de la rivière voy Baugency.

---

1. Fonpertuis, commune de Lailly, route d'Orléans à Tours, rive gauche.

Sainct Laurens des eaux...................... ij l.
Nouan b. .... ij l.
Mande [*Muides*] b. .... i l.
Sainct Dier [*Saint-Dié*] b. .... i l.
    A main gauche, l'on voit le chasteau de Chambourg édifié par le feu roy François.
Montlivaut b. .... i l.
Nosieux b. .... i l.
Blois v. ch. conté. Sur la rivière de Loire....... i l.
Chousy, à costé dextre .... iij l. R.
    Passe le pont de la rivière de Gisse [*Cisse*], qui tombe en loire, ayant passé le pont.
Escures b. .... ij l.
Vesve [*Veuve*] b. .... i l.
Le mare.. l l.
Le haut chantier .... i l. g.
    Commencement de la Touraine.

La Pillaudière .... i l.
Amboise v. ch. .... i l.
    Passe le Loire sur les ponts d'Amboise, pour le meilleur, et qui veut on va passer au port de Montlouy, [*Bac de Montlouis, rive gauche*] ou au pont de Clisse [*Bac de Cisse, rive droite*] pour aller d'Amboise à Tours, de l'autre costé de la rivière.
Bleray sur le Cher [*Bléré*],.................. ij l.
Le Fau sur Indre [*Le Fau ou Reignac*],........ iij l.
Mantelan....................................... iij l.
Semes [*Sepmes*] à costé dextre............... q [*quart*] R.
La Selle .... ij l.
Le port de pille sur Creuse.................... q
Les hommes sainct Martin [*Les Ormes*] .... i l.
Dangers, sur Vienne [*Dangé*] .... i l.
Ingrande, sur Vienne v. ch. .... i l.
Chasteleraut sur Vienne, v. du. [*duché*]........ i l.
    Passe la garenne du Roy, et haut bois. [*La forêt de Châtellerault*],
La Tricherie................................... iij l.

APPENDICE A

Iaulnays[1]..................................... i l.
Chassenoeil [*Chasseneuil*].................. i l.
Le Pont des anses[2]........................... i l.
Poictiers v. e. un. parl....................... i l.
Coulombiers................................... iij l.
Luzignan v. Sur la rivière Sèvre[3]........... ii l.
    Y a grandes foires.
Cheusix [*Chenay*] b.......................... iiij l.
Cherry [*Chey*] b.............................. i l.
La Barre...................................... i l. g.

Sainct leger de mesle [*Saint-Leger-lès-Melle*]... i l.
    Laisse Mesle bonne ville, à main dextre, un quart de lieue au delà.
Brion, b. [*Briou*]............................ ii l. R.
La ville dieu d'aulnois....................... ii l.
Aulnois b..................................... i l.
Paillets [*Paille*]............................ i l.
Bricleu [*Bercloux*].......................... ii l. p]*poste*].
    Laisse Busambourg [*Brizembourg*], bonne ville, à main gauche.
Escoyaux [*Escoyeux*]......................... i l.
Veneran....................................... i l.
Saintes, v. e................................. i l. R.[4]
    Ville capitale de Xaintonge.
L'hospital neuf............................... q.
La maladerie[5]............................... d. q.
Ponts... q.
Recose [*manque sur la carte de Cassini*]..... i l.
Sainct Gervais [*Saint-Genis*]................ i l.

---

1. Manque sur la carte de Cassini qui indique la poste à Clain.
2. Situé, d'après Cassini, sur le bord du Clain, à quelque distance de la route.
3. Lusignan est près de la Vonne, affluent du Clain.
4. Si tous les gîtes ne sont pas exactement indiqués et si l'on trouve, ici notamment, deux villes où l'on doit successivement faire la halte du repas, c'est que cet itinéraire est dressé d'après d'autres routes particulières.
5. D'après Cassini, l'Hôpital-Neuf et la Maladrerie sont après Pons.

Pressac [*Plassac*] b........................... i l. R.
La Tenaille b. abb.......................... i l.
Sainct Duisan (*Saint-Disant-du-Bois*).......... i l.
Mirambeau................................. d. l.
Petit beauuois[1].............................. i l.
Plaine seve................................ ii l. g.

Sainct Aulbin b............................ ii l.
 Le bois Franc en la comté de Blaye.
Le pays de fenestres [*Pas des Fenetres*]......... i l.
Estauliers................................. i l.
Gigot [*à mi-route d'Estauliers à Blaye*]......... ii l. R.
 La Garde, ou Darde de Roland, duquel lieu l'on dit que Roland jetta une lance jusques dans la mer de Blaye.
Blaye v. ch................................ i l.
 Frontière, port de mer.
 Comté souz l'Evesché de bordeaux;
 Passe un brachs de mer venant de la Rochelle.
 A Blaye on monte sur l'Anguille qui est un certain barc petit et grand, lequel d'une marée conduict selon le vent jusques à Bordeaux, où il y a sept lieues de pays.
 Monte sur ledit brachs de mer et sur l'Anguille susdicte, par les lieux qui s'ensuyvent.
Roche d'estaux [*Roc de Tau*].................. i l.
 Laisse la ville du bourg à main gauche[2].
 Le bec d'Ambois [*Bec d'Ambés*], passage dangereux, qui est d'un pont et d'une Isle entre deux mers, que verres à main gauche.
Montferrant [*Monferrand*].................... ii l.
 Sur la coste de la mer à main gauche.
 Macaut[3], à main dextre.

---

1. Faut-il lire « Petit Beauvois ». Ce nom ne figure pas sur la carte de Cassini et à la distance indiquée on trouve Petit-Niort.

2. On ne passe pas à Bourg situé sur la rive droite de la Dordogne, on ne fait que l'apercevoir de loin.

3. Venant de Blaye on aperçoit Macau à droite, avant Monferrand à gauche.

Le pays de Médoc, dont on voit places et chasteaux à main dextre.

Blanc et fort[1], à main dextre, chasteau fort ancien.

Lermont[2], port de mer, à main gauche.

Bordeaux v. arch. .... i l. R.
    Port de mer.
Le petit Bordeaux.......................... ii l.
L'hospital [*L'Hopitalot, prieuré peu avant Béliet*] iiij l. R.
La tricherie [*Poste à 2 kilom. au delà de Belin*] . ii l.
Le mutat [*Le Muret*] .... ii l.
Pontel [*Lapostey*]........................... ii l. g.

Herbe famée (sic) [*La Boulière*].............. ii l.
L'hospital sainct Antoine [*Chapelle St Antoine*]. ii l.
La ferme [*La Harie*]......................... ii l. R.
L'esperon [*Lespéron*] .... ii l.
Castel [*Castets*]............................ ii l.
Matticque [*Magesc*].......................... ii l. g.

Sainct Vincent [*de Tirosse*].................. iij l.
Hondres [*Ondres*]............................ iij l.
Bayonne v. ch. .... ii l. R.
    Bons tranche-plumes.
Sainct Jean de Lux........................... v. l. g.

Saincte Marie de Hurin [*Sainte Marie d'Yrun*].. ii l.
    Fin du royaume de France à une rivière deçà Huria [*Yrun*], près de Fontarabie.
Arnani [*Ernani*] .... iij l.
Villeneuve [*Villabona*] .... i l. R.
Toulouzette [*Tolosa*] .... ii l.
Villefranque [*Villafranca*].................. iij l. g.

Segare [*Segura*]............................. iiij l.

---

1. Blanquefort est assez éloigné du bord de la Garonne.
2. Lormont (canton du Carbon-Blanc) est près de la Garonne, sans être sur le bord du fleuve.

Mont sainct Adrien, bien haut.................. ii l. R.
    Passe par le trou sainct Adrian.
Chaldondon [*Zalduendo*]..................... ii l.
Salvatierra v. ch. .... iij l. g.

Victoire [*Vitoria*]........................... iij l.
Peuple [*La Puebla*] .... iij l. R.
Nutande [*Miranda de Ebro*] .... iij l.
Peucorbe [*Pancorbo*] .... iij l. g.

Verbiesque [*Bribiesca*] .... iiij l.
Castille [*Castil de Peones*] v. ch............ ii l.
    Meilleur langage d'Espaigne.
Monasterio [*Monasterio de Rodilla*] .... i l. R.
Burges [*Burgos*] v. ch. .... v l.
Tardaignes [*Tardajos*]....................... ii l. g.

Horuilles [*Hornillos del Camino*] .... ii l.
Fontaines [*Hontanas*]....................... ii l.
Quatre souris, ou Castre sortiz [*Castrogeriz*] .... ii l. R.
Ponte roso[1]................................ iiij l.
Boseville [*Boadilla del Camino*] .... ii l. g.

Formande [*Fromista*]....................... i l.
La Ravanarie v.[2] .... i l.
Paublation, ou Population [*Poblacion de Campo*] ii l.
Carion v. [*Carrion*] .... ii l. R.
Capadille [*Cueza*[3]] v. .... iiij l.
Sainct sagon [*Sahagun*]..................... iiij l. g.

---

1. La carte de Du Val, *le Chemin de S. Jacques*, porte « Puente de Mula » et les cartes actuelles « Itero del Castillo ».

2. Point de nom analogue, sauf Revenga situé entre Poblacion et Carrion. Même difficulté dans l'itinéraire des *Chansons*. Si l'on identifie la Ravanarie avec Revenga, il y aurait une erreur évitée par Manier, (page 62).

3. Ce nom de lieu est la seule addition à l'itinéraire de Manier.

APPENDICE A

Brisanne [*Bercianos*] .... ii l.
Burgo .... i l.
Peligoux [*Reliegos*]............................... i l. R.
La Moucelle [*Mansilla de las Mulas*]............. ii l.
Lyon d'Espaigne, ou Leon, v. ch................. iij l. g.

Sainct Michel [*San Miguel del Camino*] .... iij l.
Fontaignes [*Robledo de Valdoncina*].............. ii l. R.
Le pont de Laigue[1] [*Puente de Orbigo*].......... ii l.
Estorgues [*Astorga*]............................... i l.
L'hospital saincte Catherine [*Santa Catalina*]... iij l. g.

Ranoeil [*Ravanal*]................................. ii l.
Villeneneune [*Villanueva*]......................... iiij l. R.
Molins [*Molina Seca*].............................. ii l.
Caux [*Otero*] .... i l.
Pont ferrat [*Ponferrada*].......................... i l. g.
   Fin d'Espaigne, entrée du pays de Galice, bons vins.

Pavies [*Pieros*]................................... iiij l.
Villefranque [*Villafranca del Vierzo*]............ ii l. R.
Finiterre[2], que lon dist estre en la fin de l'Europe. ii l.
L'hospital de la comtesse [*Entre Linares et Pa-
   dornelo*]..................................... ii l. g.

Tricastel[3] [*Triacastela*] .... iij l.
Ville Misere...................................... iiij l.
Pont marin [*Puertomarin*]......................... iiij l.
Sainct Jame le viel .... iij l. g.

Sainct Julian [*del Camino*]...................... i l.

---

  1. Le seigneur de Caumont écrit « Pont de l'Aygua », d'où en français « pont de l'Aigue ».
  2. Piedrafita, limite du Léon.
  3. Les noms qui suivent, sont tellement défigurés, qu'on ne saurait les identifier sans le secours de l'*Itinéraire* du seigneur de Caumont, p. 147. Le voici :
  De Triquestele à Sarrie........................ iiij lieues.

Chauleurier..................................... iij l. R.
Arse touse, dicte Villeneuve.................. iij l.
Ville bruslée.................................... ii l.
Ville rouge..................................... iij l. g.

La saincte Montjoye, qui est haute montaigne en rocher [*Monte de San Marcos*].
Compostelle, v. ch............................. i l. R.

A SAINT SALVATEUR EN ESPAIGNE

Voyage singulier, duquel l'on dict, qui a esté à sainct Jaques, et n'a esté à sainct Salvateur, a visité le serviteur, et a laissé le seigneur[1].

Lyon, ou Laon, en Espaigne, au chemin de Sainct Jaques cy dessus.
La pola de Gordonne........................... vj l.
Boicia [*La Voyza de Gordon*].................. i l. R.
Le mont saincte Marie (*Santa Maria de Arvas*). iiij l. g.

Cette montagne est en partie de roche-creuse par

De Sarrie à Porto Marin....................... iiij lieues.
De Porto Marin à Palays de Roy............... vj lieues.
De Palays de Roy à Melid..................... iij lieues.
De Melid à Doas Casas......................... vj lieues.
De Duas Cazas à Saint-Jaques.................. iij lieues.

En tenant compte des distances indiquées par le seigneur de Caumont et par la *Novvelle Gvide*:

Ville misère devient Sarrie [*Sarria*].

Chauleurier doit être Palays de Roy [*Palas de Rey*], car la distance depuis Puertomarin est à peu près la même : 8 lieues d'après le seigneur de Caumont, 7 d'après la *Novvelle Gvide*.

Trois lieues plus loin, Arse touse ou Villeneuve devient Melid [*Mellid*].

Ville rouge, à cinq lieues, doit être Doas Casas [*Las dos Casas*].

Reste dans l'intervalle Ville brûlée, dont le seigneur de Caumont ne parle pas, et qui ne peut être qu'Arzúa.

1. Il est bien évident que l'auteur de cet itinéraire ne s'adresse qu'à des pèlerins.

dedans, et y va l'on plus de deux lieuës en long et leans on trouve force fleuves qui traversent.

La paille (*Pajares*) .... i l.
Le pont de les sieres (*Puentes*) .... ij l.
Oviedo...................................... vj l.

En cette ville est l'Église de sainct Salvateur, où y a de la Couronne d'Espines, du Laict nostre Dame, de la peau sainct Barthelemy, et plusieurs autres saincts Reliquaires.

III.

CHEMIN DE PARIS A SAINT JACQUES LE GRAND.

Cet itinéraire placé à la fin des *Chansons des Pèlerins de S. Jacques* n'offre pas de différences notables avec le précédent, il est même moins exact et moins complet. Alexis Socard ne l'a pas réimprimé à la suite des *Chansons*, mais comme Manier le connaissait, je suis heureux de le reproduire ici, d'après un exemplaire que je dois à la générosité de mon regretté confrère, Henri Bordier. L'autorisation d'imprimer, à Troyes ce 7 août 1718, signée de l'avocat Grosley, le père de l'académicien, porte : *vû l'ancienneté de la composition*. Ce n'est là en effet qu'une simple réimpression, d'après un texte du milieu du XVIIe siècle. Je crois pouvoir le démontrer à la fin de l'appendice B (p. 196) et je ne doute pas que la composition de ces Chansons ne soit beaucoup plus ancienne.

Chemin de Paris à Saint Jacques le Grand.

De Paris au Bourg-la-Reine	une lieue.
Longjumeau	3 l.
Monthlery	2 l.
Casté	2 l.
Mortevelle [*Monnerville*]	2 l.
Amerville le gâté [*Angerville*]	3 l.
Tournai [*Thoury*]	3 l.
Arenzy [*Artenay*]	2 l.
Languette [*Langennerie*]	4 l.
Sarcotte [*Cercottes*]	2 l.
Orléans	3 l.

APPENDICE A

Notre-Dame de Cleri	4 lieues.
Saint Laurent-des-Faux [St Laurent des Eaux]	6 l.
Blois	8 l.
Clermont [Chaumont]	8 l.
Monfbleri [Montlouis]	5 l.
Tours-aux-Châteaux [Tours]	1 l.
Montezo [Montbazon]	6 l.
Ste Catherine de Fierebois	7 l.
Algrade [Ingrande]	2 l.
Châtellerault	2 l.
La Trênerie [La Tricherie]	8 l.
Poitiers	3 l.
Lusignan	4 l.
Le Cheval [Chenay]	4 l.
Melle	4 l.
La Ville Dieu	3 l.
Escournua [Escoyeux]	3 l.
S. Eutroupe de Vanines [Saintes]	5 l.
Plassat [Plassac]	4 l.
Mytuban [Mirambeau]	2 l.
Toclier [Etauliers]	5 l.
Blaye	1 l.

De Blaye on passe la Garonne 7 lieues pour aller à Bordeaux.

De Bordeaux au petit Bordeaux[1]	2 lieues.
L'Hôpital [L'Hospitalot peu avant Beliet.]	3 l.
La Tricherie [C^{ne} de Mons]	2 l.
Le Meret [Le Muret]	2 l.
Le Ponter [Lapostey]	2 l.
L'Herbe fanée [La Boulière]	2 l.
L'Hôpital de S. Antoine [Chapelle S. Antoine]	3 l.

Notez qu'à l'Éperon, qui veut tirer à Navarre, faut prendre à main gauche, et passer la Biscaye[2].

---

1. M. Lavergne, dans *les Chemins de Saint-Jacques en Gascogne*, a reproduit en partie cet itinéraire et l'a fort bien rectifié, mais il a tort de confondre Petit-Bordeaux et Gradignan. Manier les distingue et la carte de Cassini également.

2. La route indiquée par le *Codex* est abandonnée, mais on en retrouve ici le souvenir.

De l'Eperon à Orly [*Orliac, métairie près Castets*[1]] 2 lieues.
Matique [*Magesc*].............................. 2 l.
Saint Vincent [*de Tirosse*]....................... 1 l.
Hongres [*Ondres*].............................. 3 l.
Bayonne....................................... 3 l.
Saint Jean de Luz.............................. 3 l.
Sainte-Marie de Huran [*Yrun*].................. 2 l.
   Ici est la fin du Royaume de France.
De sainte Marie de Huran à Handem [*Andoain*].. 1 lieue.
Villeneuve [*Villabona*.......................... 2 l.
Toulouzette [*Tolosa*]............................ 2 l.
Villefranque [*Villafranca*]...................... 3 l.
Fegnat [*Segura*]................................ 4 l.
Le Mont saint Adrien........................... 2 l.
De sidodum à Salvaterie [*Zalduendo à Salva-
   tierra*]..................................... 2 l.
Victoire [*Vitoria*].............................. 3 l.
Peuple [*La Puebla*]............................ 3 l.
Marailde [*Miranda*]............................ 3 l.
Leucorde [*Pancorbo*]........................... 3 l.
Saint Dominique [*San Domingo*] .... 3 l.
Castille [*Castil de Peones*]..................... 2 l.
Monasterie [*Monasterio de Rodilla*]............. 2 l.
Purges [*Burgos*] .... 5 l.
Tartadur [*Tardajos*][2] .... 2 l.
Sarville [*Hornillos del Camino*]................. 8 l.
Fontaine [*Hontanas*] .... 2 l.
Quatre-Souris [*Castrogeriz*].................... 2 l.
Panterose .... 2 l.
Mamnade [*Fromista*].......................... 2 l.
La Ravoquerie [*Revenga*] .... 3 l.
Population [*Poblacion de Campo*] .... 4 l.

---

1. Voyez les *Chemins de Saint-Jacques en Gascogne*, p. 45.

2. Manier (p. 61) commet également l'erreur de placer Tardajos avant Hornillos, tandis que sur ce point l'itinéraire de 1583 est exact. Se serait-il servi du *Chemin de Paris à Saint Jacques le Grand*, au moins pour rafraîchir sa mémoire ?

3. Voyez la note 1, page 181.

Curion (*Carrion*) .... 2 lieues.
Curandille (*Cueza*).......................... 2 l.
Saint Lupens (*Sahagun*)..................... 9 l.
Brisanqe (*Bercianos*)........................ 3 l.
Burgos (*El Burgo*) .... 2 l.
Pericqc (*Reliegos*)........................... 5 l.
La Moc (*Mansilla de las Mulas*)............. 2 l.
Léon .... 4 l.
De Léon à saint Michel...................... 2 l.
Fontaines (*Robledo de Valdoncina*)........... 2 l.
Le Pont de Laines[1] .... 2 l.
Essorgues (*Astorga*)......................... 2 l.
L'Hôpital de Ste Catherine................... 5 l.
Du Reveil (*Ravanal*) .... 3 l.
Villeneuve (*Villanueva*) .... 3 l.
Pont-Salvat (*Ponferrada*) .... 3 l.
Villefranque (*Villafranca*) .... 3 l.
Fumeterre (*Piedrafita*) .... 2 l.
L'Hôpital de la Comtesse..................... 2 l.
Triscatte[2] (*Triacastela*) .... 3 l.
Villeneuve (*Sarria*) .... 4 l.
Pont sainte-Marie (*Puerto Marin*)............ 4 l.
Saint Lomme le Vieil......................... 2 l.
Saint Julien (*San Julian del Camino*)........ 1 l.
Gablevier.................................... 2 l.
Alserance, dit la Villeneuve.................. 2 l.
Ville brûlée .... 3 l.
Ville-rouge.................................. 3 l.
Sainte Mont-joie (*Monte de San Marcos*)..... 5 l.

De Paris à S. Jacques...................... 340 l[3].

---

1. Voyez note 1, page 182.
2. Pour cette fin de l'itinéraire, voyez la note 3, page 182.
3. Ce chiffre est loin de correspondre au total des distances indiquées entre les localités.

APPENDICE B.

DES RELIQUES

A VÉNÉRER PAR LES PÈLERINS DE S. JACQUES.

Le *Codex* indique aux pèlerins les saints dont ils doivent vénérer les reliques, en se rendant à Compostelle. Ce chapitre, le VIII° du livre IV, en forme le tiers. Nous reproduirons seulement ce qui est relatif au chemin de Paris à Saint-Jacques. On pourra juger ainsi de la vénération dont jouissaient les reliques des saints au XII° siècle, et en se reportant au récit de Manier ou aux brèves indications fournies par les *Chansons des Pèlerins de S. Jacques*, on verra combien ce sentiment pieux avait perdu de sa force, au XVIII° siècle et même au XVII°.

Les pèlerins, qui suivent la route de Tours[1], doivent visiter, à Orléans, dans l'église Sainte-Croix, le bois de la Vraie-Croix et le calice de saint Euverte, évêque et confesseur. Un jour que saint Euverte célébrait la messe, au-dessus de l'autel la main de Dieu apparut dans les airs, comme une main humaine visible des assistants; et tout ce que le prêtre faisait à l'autel, la main le répétait. Quand le prêtre traçait au-dessus du pain et du calice le signe de la croix, la main faisait de même; lorsqu'il élevait le pain et le calice, la main de Dieu élevait également le pain et le calice. Le sacrifice terminé, la très sainte main

---

1. *Le Codex de Saint-Jacques de Compostelle*, p. 32 et s.

du Sauveur disparut. D'où nous devons comprendre que quiconque chante la messe, c'est Jésus-Christ lui-même qui la chante..... L'usage est de tenir ce calice à la disposition des fidèles, indigènes ou étrangers, qui vont le demander à l'église Sainte-Croix. Il faut visiter aussi dans cette ville le corps de saint Euverte, évêque et confesseur, et dans l'église Saint-Sanson, un couteau qui a véritablement servi à la Cène du Sauveur.

De même, en suivant cette route, il faut visiter, sur le bord de la Loire, le précieux corps de saint Martin, évêque et confesseur. Il eut la gloire de ressusciter trois morts et, selon la tradition, il rendit la santé aux lépreux, aux énergumènes, aux forcenés, aux lunatiques, aux démoniaques et aux autres malades. Le tombeau qui renferme ses précieux restes est situé à côté de la ville de Tours. Tout resplendissant d'or, d'argent et de pierres précieuses, il est encore illustré par de fréquents miracles. Là, comme à Saint-Jacques, on a élevé au-dessus du tombeau de saint Martin et en son honneur une grande et remarquable basilique. Les malades y retrouvent la santé, les démoniaques sont délivrés, les aveugles voient, les boiteux se redressent, toute maladie est guérie, et tous ceux qui prient, comme il convient, reçoivent un complet soulagement. Aussi de justes éloges répandent partout à l'honneur du Christ, la glorieuse réputation de ce saint. Sa fête se célèbre le 3 des ides de novembre.

De là il faut aller visiter, dans la ville de Poitiers, le précieux corps de saint Hilaire, évêque et confesseur. C'est lui qui, entre autres miracles, tout rempli de la force de Dieu, sut, en triomphant de l'hérésie arienne, conserver l'unité de la foi. Incapable de résister aux arguments de ce saint docteur, l'hérétique Arius sort du concile et dans les latrines, où ses entrailles se déchirent, il trouve de son propre fait une mort honteuse[1]. De plus dans le concile, quand saint Hilaire veut s'asseoir, la terre se soulève pour

---

1. Les historiens, qui rapportent cette triste fin d'Arius, placent au contraire ce fait au moment où, parvenu à capter la confiance de l'empereur, l'orgueilleux hérésiarque se voyait tout puissant à Constantinople.

lui offrir un siège. Les serrures des portes sont brisées par la seule force de sa voix. Exilé pour la foi catholique durant quatre années dans une île voisine de la Phrygie, où les serpents abondaient, il a le pouvoir de les mettre en fuite. Dans la ville de Poitiers, il rend à une mère en larmes un fils frappé d'une double mort. Aussi le tombeau, qui renferme les ossements de ce grand saint, est-il orné à profusion, d'or, d'argent et de pierres précieuses, et sa grande et magnifique basilique est-elle vénérée pour ses nombreux miracles. Sa fête se célèbre aux ides de janvier.

Il faut visiter également le chef de saint Jean-Baptiste, rapporté par des mains pieuses, des rivages de la Palestine en un lieu appelé *Angely*, en Poitou. Là s'élève sous son vocable une grande et remarquable basilique ; pour honorer son précieux chef cent moines célèbrent l'office jour et nuit, et d'innombrables miracles le glorifient. Durant sa translation, ce chef fit éclater et sur mer et sur terre d'innombrables prodiges. Sur mer, il échappa à de nombreuses tempêtes ; sur terre, suivant le récit de sa translation, il rendit la vie à plusieurs morts. Aussi croit-on avec raison que c'est bien là le chef du vénérable Précurseur. Son invention eut lieu le 6 des calendes de mars, sous le règne de l'empereur Marcien, lorsque le Précurseur lui-même révéla, pour la première fois, à deux moines le lieu où sa tête était cachée.

Sur le chemin de Saint-Jacques, les pèlerins doivent visiter dans la ville de Saintes le corps de saint Eutrope, évêque et martyr. Le récit de son martyre, écrit en grec par saint Denis, évêque de Paris et son compagnon, fut adressé en Grèce, à des parents déjà chrétiens, par l'entremise du pape saint Clément. C'est précisément ce récit que j'ai retrouvé autrefois à Constantinople, dans une école grecque, parmi plusieurs autres récits de martyres et que j'ai traduit de mon mieux du grec en latin, pour la gloire de Notre-Seigneur Jésus-Christ et de l'illustre martyr Eutrope[1]......

---

1. Ce long récit précédé d'une lettre de saint Denis au pape saint Clément n'a servi à l'auteur qu'à le faire convaincre de faux par M. Léopold Delisle. (Voyez *le Cabinet historique* de 1878).

Ensuite, à Blaye, sur le bord de la mer, il faut demander le secours de saint Romain. Dans sa basilique repose le corps de saint Roland, martyr. Issu de race noble, comte du roi Charlemagne, il était de ces douze paladins résolus à chasser les infidèles. Emporté par l'ardeur de sa foi, il entra en Espagne. Sa force était telle qu'à Roncevaux, dit-on, ayant frappé trois fois un rocher avec sa framée, il le fendit du haut en bas ; et qu'en sonnant de l'oliphant, le souffle de ses lèvres le fit également éclater par le milieu. L'oliphant d'ivoire ainsi fendu est conservé à Bordeaux dans l'église Saint-Séverin [1], et sur le rocher de Roncevaux s'élève une église. Vainqueur en maintes guerres des peuples et des rois, épuisé par la faim, par le froid et par des chaleurs excessives, accablé de cruels soufflets et de coups nombreux reçus par amour pour le divin Maître, percé de flèches et de coups de lance, Roland mourut, dit-on, de soif dans cette vallée de Roncevaux, digne martyr du Christ. Ses restes sacrés furent pieusement ensevelis, comme il convenait, par ses compagnons dans la basilique Saint-Romain de Blaye.

Plus loin, à Bordeaux, il faut visiter le corps de saint Séverin, évêque et confesseur.

De même dans les Landes de Bordeaux, dans un bourg appelé Belin, on doit visiter les corps des saints martyrs Olivier Galdelbod, roi de Frise, Otger, roi de Dacie, Arastagne, roi de Bretagne, Garin, duc de Lorraine et de plusieurs autres paladins de Charlemagne qui, après avoir vaincu les armées des païens, furent massacrés en Espagne pour la foi de Jésus-Christ. Leurs compagnons rapportèrent jusqu'à Belin leurs précieux corps et les y ensevelirent avec le plus grand soin. Ces martyrs reposent tous réunis en un seul tombeau [2], d'où s'exhale la plus suave odeur et où les malades viennent recouvrer la santé.

---

1. Voyez le récit de Manier, page 30.
2. Manier, passant par Belin (p. 39), n'en parle pas, et d'après M. Sarasa, les compagnons de Roland tués à Roncevaux auraient été ensevelis sur place, à l'endroit marqué aujourd'hui par la chapelle *Santi Spiritus* qui a longtemps servi de cimetière aux habitants. (*Reseña histórica de la Real Casa de Roncesvalles*, p. 122).

Plus loin, en Espagne, il faut visiter le corps de saint Dominique, confesseur, qui construisit le chemin de Najera à Redicilla del Camino. Il repose à Santo Domingo de la Calzada[1].

De même, il faut visiter les corps des saints martyrs Fagond et Primitif, auxquels Charlemagne fit élever une basilique. Près de leur Ville (Sahagun), sont les prés ombreux où les lances des combattants fixées en terre se couvrirent, dit-on, de feuillage. La fête de ces martyrs se célèbre le 5 des calendes de décembre.

De là, il faut aller visiter dans la ville de Léon, le corps de saint Isidore, évêque et confesseur ou docteur. Il donna aux clercs ecclésiastiques la règle la plus pieuse, répandit sa doctrine dans toute l'Espagne et par des lois fécondes contribua à l'honneur de l'église tout entière.

Enfin il faut vénérer surtout et avec le plus grand zèle le très précieux corps de l'apôtre saint Jacques, dans la ville de Compostelle.

On voit quelle faible part est faite aux reliques conservées en Espagne.

Manier, voyageant à une époque moins religieuse, les oublie presque toutes, aussi bien dans son pays qu'à l'étranger. Toutefois ses renseignements sont encore préférables à ceux qu'on peut tirer des *Chansons*, malgré le caractère essentiellement dévot de ce petit livre populaire.

Le Mémoire des reliques conservées à Compostelle, tel qu'il figure à la fin des *Chansons* et que Socard n'a pas reproduit, achèvera la comparaison tout à l'avantage de notre pèlerin. Pour ce motif nous le reproduisons textuellement à la page suivante.

---

[1]. Tandis que les *Chansons* ne font pas la moindre mention de ce grand bienfaiteur des pèlerins, Manier du moins décrit sa statue (p. 53).

MÉMOIRE DES SAINTES RELIQUES QUI SONT EN L'ÉGLISE DE COMPOSTELLE[1]

Premièrement, sur le grand Autel est le Corps du grand Apôtre saint Jacques le grand, tout entier, signalé patron d'Espagne, premier fondateur de la Chrétienté du Royaume avec deux de ses Disciples ; l'un s'appelle saint Athanase, et l'autre saint Théodore.

Item. Sont dans le trésor du Sanctuaire de cette Église, les Reliques suivantes, qui se montrent aux pèlerins en diverses heures le matin, ensuite de la grand'Messe, et après Vêpres.

Premièrement la tête de saint Jacques Alphée, dit le Mineur, surnommé le Juste ; qui ressembloit fort à notre Seigneur et qui fut le premier Évêque de Jérusalem.

Item. Une dent de cette sainte Tête, laquelle fut dérobée, et par permission divine retourna d'elle même à ce saint Reliquaire.

Item. Beaucoup d'autres Reliques de S. Jacques le Mineur, qui sont enchassées ensemble, avec son Chef en argent doré, richement orné, et garni de pierres précieuses.

Item. Une Croix d'or et une grande pièce de la vraie Croix, sur laquelle notre Seigneur fut crucifié.

Item. En un crystal est une Épine de la Couronne de Notre Seigneur.

Item. En une Image de Notre-Dame, il y a une goutte de son Lait.

Item. Beaucoup d'Os de saint Janvier et de ses Compagnons, Martyrs.

Item. Une Relique de saint Mathieu.

Item. Une Relique de saint Vincent-Ferrier.

En un petit Reliquaire il y a une Relique de saint Brice, Archevêque.

Plusieurs Reliques de sainte Cécile et ses Compagnes, Martyres, qui furent brûlées vives à Grenade pour la Foi.

---

1. Toutes les indications et rectifications nécessaires ont été données, pages 89 et s.

Un os de S. Clément, Pape, et un grand Os de S. Eustache, Prélat de cette Église.

Un grand Os de Torquates, Disciple de Jacques, Évêque de Cadix.

Une Relique de saint Maurice, Évêque.

Une Relique de sainte Agnès, Vierge.

Six têtes du nombre des onze mille Vierges, Compagnes de sainte Ursule, lesquelles furent martyrisées à Cologne, Ville d'Allemagne.

La Tête de sainte Pauline, Vierge et Martyre.

La Tête de S. Victor, Martyr.

La moitié du Bras de sainte Marguerite.

Beaucoup de Reliques des Vêtements de Notre-Dame, avec beaucoup d'autres de plusieurs Sts Apôtres, Martyrs, Confesseurs et Vierges.

La moitié d'un Bras de Saint Christophe, Martyr.

Une Tête des deux cens Martyrs qui furent martyrisés en la Cité de S. Pierre des Ardens.

Le Corps de sainte Suzanne, Vierge.

Le Corps de saint Sylvestre, Martyr.

Le Corps de S. Cuence.

Le Corps de saint Fructueux, Archevêque.

Mémoire des Reliques qui furent apportées par le Roi Dom Alphonse III, qui ont été placées aux Autels suivants.

Premièrement, en l'Autel de S. Salvateur, qui est la Chapelle des Rois de France, il y a du Sépulchre [sic] de notre Seigneur et de ses Vêtements quand on l'alloit crucifier.

La Tunique.

De la Terre où posèrent ses pieds.

De la Sainte Croix.

Du Pain qui resta à la Cène.

Du lait de sa Sainte Mère.

De saint Vincent, Diacre.

De saint Christophe.

De saint Martin, Évêque.

De saint Léocade.

De saint Julien.

De sainte Basilisse.

Des Cendres et du Sang de sainte Eulalie de Madrid.

*Dans l'Autel de Saint Pierre,
qui est à main droite.*
De saint Pierre et saint Paul.
Du Sépulchre de notre Seigneur.
De saint André, Apôtre.
De saint Fructueux, Évêque.
De sainte Luce.
De sainte Ruffine.

Dans l'Autel de S. Jean l'Évangéliste, à main gauche.
De la Robe de S. Jean l'Évangéliste.
De saint Barthélemi, Apôtre.
De saint Laurent, Diacre.
De saint Bandeule.
De sainte Leucolie.
De S. Jean-Baptiste.
De S. Julien.
De S. Laurent.

Il est à remarquer que ce mémoire ne fait aucune mention des reliques conservées dans les chapelles de création plus récente, notamment dans celle *del Pilar* fondée à la fin du XVIIe siècle, ou dans celle *de Pedro Carillo*, (1664). Le petit livre, dont nous avons sous les yeux une réimpression de 1718, était donc antérieur à la seconde moitié du XVIIe siècle.

D'un autre côté, d'après D. J. Zepedano, les reliques disséminées dans l'église n'ont été réunies dans la chapelle du Trésor qu'en août 1641. Le mémoire des reliques, qu'on vient de lire, a dû être rédigé après cette date. Ce serait donc sur un ouvrage datant du milieu du XVIIe siècle, qu'aurait été faite la réimpression de 1718.

APPENDICE C.

DESCRIPTION DE L'ÉGLISE
S. JACQUES DE COMPOSTELLE

D'APRÈS LE CODEX

La plupart des récits de voyage, français ou espagnols, fournissent peu de renseignements sur cet édifice considérable à tant de titres. D'après Monconys, *Voyages* T. III, p. 16: « Il n'y a dans la ville « de Saint-Jacques rien de remarquable que le nom « de ce saint qu'on dit y être enterré ; mais jamais « personne n'y a rien vu autre qu'un petit buste de « bois fort mal fait de ce saint. »
Ni l'auteur du *Voyage* de 1669, ni madame d'Aulnoy ne vont à Saint-Jacques. Le P. Labat parle de l'Apôtre sans visiter son tombeau. A. de Laborde se borne à reproduire le médiocre récit d'un aide de camp du maréchal Ney. Parmi les contemporains, le baron Davillier, un des Français qui connaissaient le mieux l'Espagne, néglige de conduire ses lecteurs à Compostelle.
Chez les écrivains espagnols, la même négligence plus inexplicable encore, persiste jusqu'à ces dernières années. Il semble que l'éloignement et la difficulté des communications, qui avaient jadis protégé le tombeau de l'Apôtre, effrayent les voya-

geurs et les écrivains. Ni l'abbé Pons, ni Villanueva dans ses 22 volumes consacrés aux églises de l'Espagne, n'accordent une page à la cathédrale de Compostelle.

Aussi nous a-t-il paru intéressant de placer à la fin d'un voyage, dont Saint-Jacques était le but, une description de cette basilique tirée du *Codex*. Cette monographie, déjà fort précieuse par sa date, donne une idée très nette de l'édifice à l'époque de sa construction; pour faire connaître son état actuel, il suffira d'y ajouter quelques notes empruntées à l'ouvrage souvent cité de l'archidiacre Don J. Zepedano.

Des dimensions de l'Église. — Intérieurement, la basilique de Saint-Jacques a en longueur 53 fois la taille d'un homme, de la porte occidentale à l'autel du saint Sauveur; en largeur 39 fois, de la porte de France à la porte méridionale, et en hauteur 14 fois[1]. Nul ne peut savoir quelles sont extérieurement sa longueur et sa hauteur. Cette église possède neuf nefs basses, six galeries hautes, une chapelle principale dans laquelle est situé l'autel du saint Sauveur, un déambulatoire, un corps et deux bras de transept, enfin huit petites chapelles renfermant chacune un autel. Des neuf nefs, six sont petites et trois grandes. La première grande nef va du portail occidental aux piliers du milieu, c'est-à-dire aux quatre piliers [*du carré du transept*] qui dominent tout l'œuvre. Il y a une petite nef à droite et une autre à gauche. Les deux autres grandes nefs forment les bras [*du transept*]: la première de la porte de France aux quatre piliers de la croisée de l'église, la seconde de ces mêmes piliers à la porte méridionale. Ces deux nefs ont également deux petites nefs latérales.

Les trois grandes nefs s'élèvent jusqu'au faîte de l'édi-

1. D'après Don J. Zepedano, la longueur de l'édifice, du portail occidental à la Porte-Sainte située à l'extrémité orientale, serait de 91m34, et la largeur, de la porte de France à l'extrémité opposée, de 64m72.

fice et les six petites, seulement jusqu'aux moyens cintres [*medias cindrias*]. Toutes les nefs principales ont de large onze fois et demie la taille d'un homme[1], évaluée à 8 palmes. La grande nef compte 29 piliers: 14 à droite, autant à gauche, plus un pilier qui, placé à l'intérieur entre les deux baies, du côté du levant, sépare les deux tympans [*ciborios*]. Dans les bras de la croix, c'est-à-dire de la porte de France à la porte méridionale, il y a 26 piliers, douze à droite, autant à gauche, plus deux piliers à l'intérieur devant les portes pour séparer les baies et les tympans[2]. Dans le chevet de l'église on compte 8 colonnes isolées autour de l'autel de saint Jacques.

Les six petites nefs, qui forment les galeries hautes de l'église, ont la même longueur et la même largeur que les petites nefs basses correspondantes. Elles s'appuient d'un côté sur les murs de l'édifice, de l'autre sur les piliers, qui du bas des grandes nefs s'élèvent jusqu'au faîte. Deux de ces piliers forment ce que les maîtres tailleurs de pierre appellent moyens cintres [*mediæ cindriæ*][3]. Autant on compte de colonnes dans la partie basse, autant il y en a dans la partie haute; de même autant d'arcs dans le bas, autant dans le haut. Mais dans les galeries, il y a toujours dans chaque travée deux colonnes jumelles appelées par les maîtres tailleurs de pierre, colonnes de cintre [*columnæ cindriæ*][4]. On ne trouve dans cette église ni lézarde ni désordre d'aucun genre. Elle est au contraire d'une remar-

1. D'après Villa-Amil, *Descripcion Histórico-Artistico-Arqueologica de la Catedral de Santiago*, pag. 15, ce serait une erreur manifeste et cette largeur serait celle des trois nefs réunies et non pas de la grande nef seule.

2. Ces trois colonnes placées, l'une au bas de la grande nef et les deux autres aux extrémités du transept, supportent un triforium qui règne tout autour de l'église, sauf dans le chevet, ainsi qu'on le verra plus loin, au sujet des fenêtres.

3. Le texte du P. Fita porte *cindræ*; nous avons préféré celui de Don J. Zepedano qui donne partout *cindriæ*.

4. Les expressions: *mediæ cindriæ*, *columnæ cindriæ*, ne se trouvent pas dans Du Cange. D'après M. Palustre, à la compétence duquel j'avais eu recours, *cindriæ* serait un mot catalan désignant l'échafaudage ou arc de cercle, sur lequel on construisait les voûtes,

quable exécution, grande, spacieuse, éclairée, répondant à son objet par sa grandeur, bien proportionnée en longueur, largeur et hauteur, aussi admirable qu'indescriptible, et possédant enfin un double étage, comme un palais royal. Quiconque se promène à travers les galeries hautes, y fût-il monté avec tristesse, devient heureux et gai en voyant la parfaite beauté de cette église.

Des fenêtres. — Il y a dans cette basilique soixante-trois fenêtres garnies de vitres : trois au-dessus de chacun des autels placés dans le chevet, cinq au faîte de l'église autour de l'autel de saint Jacques, qu'elles mettent en pleine lumière, et quarante-trois dans les galeries hautes[1].

Des portes. — Il y a dans cette église trois portails principaux et sept petites portes : un portail à l'ouest (et c'est le principal), un au sud et un autre au nord. Dans chaque portail principal il y a deux entrées et dans chaque entrée deux portes. Les sept portes secondaires portent les noms :

---

et c'est dans ce sens qu'il l'a rencontré, une seule fois, dans un document de 1462 relatif à la construction de la dernière travée de la cathédrale de Rodez. Outre le peu de vraisemblance de trouver un mot catalan sous la plume du poitevin Picaud, le contexte, de l'avis même de M. Palustre, indique manifestement un sens différent.

La première fois que ce terme *mediæ cindriæ* est employé dans notre texte, c'est par opposition aux grands cintres qui couvrent la grande nef. La seconde fois *mediæ cindriæ* désigne la claire-voie du triforium sur laquelle reposent les galeries hautes, appuyées de l'autre côté sur les murs même de l'édifice. Dans le troisième passage relatif à la claire-voie du triforium, *columnæ cindriæ* désignent ces colonnes jumelles qui, par une disposition analogue à celle de Saint-Sernin de Toulouse, supportent le grand cintre de la claire-voie en le divisant en deux arcs plus petits.

Partout ici *mediæ cindriæ* désigne ces arcs qui forment la claire-voie du triforium et la qualification de *mediæ* leur convient parfaitement, puisqu'ils sont placés entre les arcs supérieurs qui couvrent la grande nef et les arcs inférieurs qui la mettent en communication avec les bas-côtés.

1. Les grandes nefs ne recevaient donc qu'un jour indirect par les fenêtres des galeries hautes, sauf dans le chœur, où de grandes fenêtres avaient pu être ouvertes, grâce à l'absence de triforium.

la première de Notre-Dame, la seconde de la Voie-Sacrée, la troisième de Saint-Pélage, la quatrième de la Chanoinesse, la cinquième et la sixième de la Petraria[1], la septième de l'école des Grammairiens. Cette dernière donne également accès au palais archiépiscopal.

DE LA FONTAINE SAINT-JACQUES. — Quand nous autres, de la *nation de France*, nous voulons entrer dans la basilique, nous passons par le côté nord. Devant ce portail, sur le bord du chemin, est situé l'hospice des pauvres pèlerins de Saint-Jacques. Là se trouve au bout du chemin un certain *paradis*, où l'on descend par neuf degrés[2]. Au bas des degrés il y a une admirable fontaine, telle qu'on n'en trouverait pas de pareille dans le monde entier. Elle a pour piédestal trois marches de pierre qui supportent une très belle conque de pierre, ronde et creuse, sorte d'écuelle ou de bassin, assez vaste pour qu'à mon avis quinze personnes puissent s'y baigner à l'aise. Au milieu est placée une colonne d'airain, large à la base, taillée à sept pans et d'une hauteur bien proportionnée. Au sommet se dressent quatre lions, dont les gueules versent l'eau nécessaire aux pèlerins de Saint-Jacques et aux habitants. Ces jets d'eau jaillissent de la gueule des lions, tombent dans la vasque inférieure et par une ouverture pratiquée dans ce bassin vont se perdre dans le sol[3]. Si donc nul ne voit d'où l'eau vient, nul ne peut voir où elle va. De plus cette eau est douce, digestive, saine, claire, excellente, chaude en hiver, fraîche en été. Autour de la colonne, dont je viens de parler, l'inscription suivante est disposée de cette façon, sur deux lignes, aux pieds des lions:

Moi, Bernard, trésorier de Saint-Jacques, ai amené ici cette eau et ai élevé ce monument, pour le salut de mon âme et de celles de mes parents.

L'an MCLX le 3 des ides d'avril. [*11 avril 1122, de l'ère vulgaire*].

---

1. Ne connaissant pas l'origine de cette dénomination, je préfère laisser ici le mot latin qui signifie carrière, chaussée empierrée ou mangonneau.

2. Voyez, au sujet de cette petite place, la description de Manier (p. 80 et 81) et les notes 3 et 1 des mêmes pages.

3. Cette fontaine, démolie au xv⁰ siècle, a été transportée sur la place de la Plateria.

Du paradis de S. Jacques de Compostelle. — Après la fontaine, voici le paradis, à l'instar de celui de Dieu. Il est pavé en pierre et l'on y vend entre autres souvenirs de Saint-Jacques, des coquilles de poisson, aussi bien que des bous[1] de vin, des espadrilles, des sacs de peau, des bourses, des courroies, des ceintures, toutes sortes d'herbes médicinales, des onguents de tous genres et bien d'autres choses. Les changeurs, hôteliers et autres marchands, se tiennent sur la route de France. Quant à ce paradis, il a en tous sens la longueur d'un jet de pierre.

Du portail septentrional[2]. — Au delà de ce paradis, se trouve le portail nord de la basilique, appelé portail de France. Sa double baie est ornée de belles sculptures. Chaque entrée compte extérieurement six colonnes, les unes de marbre, les autres de pierre, trois à droite, trois à gauche, soit six colonnes pour une entrée et six pour l'autre, en tout douze colonnes. Au-dessus de la colonne placée à l'extérieur, entre les deux portes, sur le mur, Notre-Seigneur est assis sur un trône de majesté, la main droite bénissant, la gauche tenant un livre. Rangés en cercle autour du trône, les quatre évangélistes semble le soutenir. Les sculptures du côté droit représentent le paradis, où le Seigneur reproche à Adam et à Ève leur péché; celles de gauche le paradis, d'où Dieu chasse les coupables.

A l'entour de nombreuses figures de saints, d'animaux, d'hommes, d'anges, de femmes, de fleurs et d'autres créatures, dont on ne peut, à cause de leur grand nombre, décrire la nature et l'espèce. Cependant au-dessus de la porte, qui est à gauche en entrant dans l'église, c'est-à-dire sur le tympan de cette porte, est représentée l'Annonciation de la bienheureuse Vierge Marie. L'ange Gabriel est là, qui lui parle. Également à gauche, au-dessus des portes, sur les côtés de la baie, sont figurés les mois, les années et

---

1. Ce vieux mot français, qui signifie une grande bouteille, me semble la traduction la plus littérale de *butti*.

2. Cette description est d'autant plus intéressante que ce portail a été détruit. (Voir la note 3 de la page 80).

d'autres beaux ouvrages de sculpture. Deux grands lions d'aspect farouche, saillissent hors du mur, et le regard fixé l'un à droite, l'autre à gauche, semblent garder les portes. Enfin sur le seuil, quatre apôtres sont debout, un livre dans la main gauche et la main droite levée pour bénir les fidèles qui entrent dans la basilique. Dans la baie de gauche, Pierre est à droite et Paul à gauche; dans la baie de droite, l'apôtre Jean est à droite et saint Jacques à gauche. Au-dessus des têtes des apôtres saillissent autant de têtes de bœufs.

Du portail méridional[1]. — Le portail méridional de la basilique de l'Apôtre a, comme nous l'avons dit, deux baies et quatre vantaux. Dans la baie de droite, à l'extérieur, au-dessus des vantaux, c'est-à-dire au premier corps, la Passion de Notre-Seigneur est représentée en d'admirables sculptures. Ici Notre-Seigneur est attaché à la colonne par les Juifs; là il est flagellé; là Pilate siège à son tribunal, comme pour le juger. Au-dessus, à un autre corps, sont représentés Notre-Dame, la mère de Notre-Seigneur, avec son fils, à Bethléem; les trois Rois qui viennent les visiter et offrir à l'enfant, leur triple présent; puis l'étoile; enfin l'ange qui les avertit de ne pas retourner auprès d'Hérode. Sur le seuil de cette porte, dont ils semblent les gardiens, sont placés deux apôtres, l'un à droite, l'autre à gauche.

Il en est de même pour la baie de gauche, c'est-à-dire que sur le seuil il y a également deux autres apôtres. Là, au premier corps, c'est-à-dire au-dessus des vantaux, est sculptée la Tentation de Notre-Seigneur. Les anges de ténèbres, semblables à des spectres, le transportent sur le faîte du Temple; les uns lui offrent des pierres et lui demandent de les changer en pains; d'autres, lui montrant les royaumes de ce monde, feignent de devoir les lui donner, si tombant à leurs pieds il les adore, ce qu'il refuse. Mais derrière le Seigneur et au-dessous de lui, apparaissent des

---

1. D'après Don J. Zepedano, le portail sud, appelé aujourd'hui Puerta de la Plateria, fut commencé dès 1078 et l'on utilisa pour sa décoration des fragments de sculpture encore plus anciens.

anges vêtus de blanc, ce sont les bons, qui, leur encensoir à la main, s'empressent à le servir. Dans ce portail il y a quatre lions, un à droite de l'une des baies, un à gauche de l'autre, et entre ces deux baies, au-dessus du trumeau, deux autres lions, également farouches, adossés l'un à l'autre. Dans ce portail on compte onze colonnes: cinq à droite de la baie de droite, autant à gauche de la baie de gauche ; la onzième, entre les deux baies, sépare les tympans. Parmi ces colonnes, les unes sont en marbre, les autres en pierre, ornées d'admirables sujets: fleurs, hommes, oiseaux et animaux. Le marbre de ces colonnes est blanc. Il ne faut pas oublier de mentionner, à côté de la tentation du Seigneur, certaine femme debout, tenant dans ses mains la tête repoussante de son séducteur. Le mari, qui a coupé cette tête, force sa femme à l'embrasser deux fois par jour. Grand et admirable châtiment de la femme adultère, qu'il convient de raconter à tous!

Dans le corps supérieur de l'édifice, au-dessus des quatre vantaux, contre les galeries de la basilique, resplendit une magnifique décoration en marbre blanc. Notre-Seigneur est là debout, à gauche saint Pierre les clefs à la main, à droite saint Jacques entre deux cyprès et près de lui saint Jean son frère, enfin à droite et à gauche les autres apôtres. Au-dessus et au-dessous, à droite comme à gauche, le mur est couvert d'excellentes sculptures représentant des fleurs, de saints personnages, des animaux, des oiseaux, des poissons et bien d'autres objets qui ne peuvent trouver place dans notre récit. Enfin au-dessus des tympans, quatre anges la trompette à la main, annoncent le jour du Jugement.

DU PORTAIL OCCIDENTAL. — Le portail occidental, avec sa double baie, l'emporte encore sur les autres par la beauté, la grandeur et l'exécution. Plus grand et plus beau que les autres, il témoigne encore d'un travail plus admirable. Un perron extérieur élevé[1] et des colonnes de diffé-

---

1. Pour aller de la Plaza Mayor à la basilique, il y avait donc un escalier avant celui dont l'archidiacre Don J. Zepedano fixe la

rents marbres, diverses de formes et de travail, concourent à sa décoration. Les sculptures représentent plusieurs sujets, des hommes, des femmes, des animaux, des oiseaux, des saints, des anges, des fleurs et des ornements de tous genres. L'œuvre est telle qu'elle ne saurait tenir place dans notre récit. Mentionnons cependant au sommet une admirable sculpture représentant la Transfiguration de Notre-Seigneur, telle qu'elle eut lieu sur le mont Thabor. Notre-Seigneur est là dans une blanche nuée, le visage brillant comme le soleil, les vêtements resplendissants comme la neige; au-dessus son Père lui parle; à ses côtés, tels qu'ils apparurent avec lui, Moïse et Élie lui annoncent la mission mortelle qu'il devait accomplir à Jérusalem. Là enfin est saint Jacques avec Pierre et Jean, auxquels, avant tous les autres, Notre-Seigneur révéla sa transfiguration.

Des tours de la basilique. — Les tours sont au nombre de neuf: savoir deux sur le portail méridional[1], deux sur le portail occidental[2], deux [*super singulas vites*][3], et

---

construction à 1606. Comme le portail tombait en ruine, on dut le démolir en 1738, pour le remplacer par la façade actuelle terminée en 1747, dans le style churrigueresque. Elle est connue actuellement sous le nom d'Obradoiro, à cause de l'atelier de tailleurs de pierre si longtemps installé dans le voisinage.

1. C'est là que se trouve actuellement la *torre del Reloj* élevée en 1463.

2. De ces anciennes tours le premier corps subsiste seul et forme la base des deux tours actuelles. L'une, celle des cloches, a été successivement surélevée de 1484 à 1675; l'autre, située du côté du palais archiépiscopal et connue sous le nom de la *Carraca*, est plus récente.

3. Le P. Fita n'explique pas ce passage obscur, je le regrette d'autant plus que son texte ne concorde pas avec celui donné en appendice par Don J. Zepedano (p. 337). Aux cinq tours indiquées ici, Zepedano en ajoute deux autres sur le portail nord. Restent donc quatre tours suivant le P. Fita, deux seulement suivant Zepedano, dont il faut déterminer la place d'après les termes: *duæ super singulas vites*.

Laissons de côté pour un instant le sens du mot *vites*. Il est certain que *duæ per singulas* signifie *deux tours sur chaque point* plutôt que *deux tours placées chacune sur un point différent*. Par

une plus grande sur le milieu de la croisée de la basilique[1]. Ces ouvrages et d'autres extrêmement beaux donnent à la magnifique basilique de Saint-Jacques un glorieux éclat. Tout est construit en pierres vives, brunes et aussi dures que le marbre. A l'intérieur, elle est peinte de diverses couleurs et à l'extérieur, parfaitement recouverte de tuiles et de plomb. Mais de tout ce que nous venons de dire, une partie est complètement terminée, une autre est encore à achever.

DES AUTELS DE LA BASILIQUE. — Les autels de cette basilique sont placés dans cet ordre: premièrement à côté de la porte de France, dans le côté gauche, l'autel Saint-Nicolas, puis l'autel Sainte-Croix; puis, dans le chevet, l'autel de sainte Fida, vierge; puis l'autel de l'apôtre saint Jean l'évangéliste, frère de saint Jacques; puis l'autel Saint-Sauveur, placé dans la chapelle principale; puis l'autel de l'apôtre saint Pierre; puis l'autel de saint André; puis l'autel de l'évêque saint Martin; puis l'autel Saint-

---

contre, en dehors des portails, il est difficile de trouver un point sur lequel on puisse élever deux tours à la fois. Si le texte du P. Fita semble plus correct, celui de Zepedano est d'une interprétation plus facile, et lui-même a pris soin de nous la fournir (page 99, note 2).

Il repousse l'explication d'un auteur moderne qu'il ne nomme pas et suivant lequel *vites* signifierait *escaliers*, et traduit *vites* par *cepas*. Le mot espagnol *cepa* a l'avantage d'être la traduction littérale du latin *vitis* et de joindre au sens propre de *vigne*, celui, au figuré, de *pilier*. Enfin il précise leur emplacement: l'un sur le mur du monastère des Antealtares près de la tour actuelle del Reloj, l'autre sur l'angle extérieur de la Corticela.

Devant cette différence de textes et d'explications fournis par des écrivains vivant sur les lieux et pouvant étudier à la fois et le monument et le texte original du *Codex*, un étranger doit se borner à indiquer le problème et les objections que présente sa solution. La question ainsi posée, je regrette que le P. Fita ne m'ait pas répondu.

1. Cette tour démolie en 1384 fut alors remplacée par une coupole octogonale terminée seulement en 1445. De grandes fenêtres ouvertes en 1602, dans le style de cette époque, ont défiguré cette construction.

Jean-Baptiste[1]. Entre l'autel Saint-Jacques et l'autel Saint-Sauveur, se trouve l'autel de sainte Marie-Madeleine, où l'on chante les messes du matin à l'usage des pèlerins. Dans les galeries hautes de l'église, il y a habituellement trois autels dont le principal est sous le vocable de l'archange saint Michel ; il y en a un autre à droite sous celui de saint Benoît et un autre à gauche sous le double vocable de l'apôtre saint Paul et de l'évêque saint Nicolas. Il sert habituellement de chapelle à l'archevêque.

Du corps et de l'autel de saint Jacques. — Après avoir jusqu'ici énuméré les beautés de l'église, il nous faut traiter maintenant du vénérable autel de l'Apôtre. Dans cette vénérable basilique, le corps vénéré de saint Jacques repose, dit-on, comme un hommage suprême, sous le maître autel élevé en son honneur. Son cercueil en marbre est placé dans un sépulcre voûté, d'un admirable travail et d'une grandeur convenable. Que son corps soit là, à jamais immuable, c'est ce qui ressort du témoignage de saint Théodomir, évêque de cette ville, qui après l'avoir découvert, ne put arriver à le déplacer[2]. Qu'ils rougissent de honte ces rivaux d'outre-monts, qui prétendent posséder quelque chose de saint Jacques,

---

1. Au sujet des chapelles décrites par Manier, j'ai suffisamment indiqué, dans les notes des pages 81 et suivantes, ce que ces divers autels sont devenus. Quelques-uns ont changé de nom, celui de saint André a été transféré ailleurs et ceux de saint Martin et de saint Jean-Baptiste ont été supprimés en 1696, pour construire une sacristie transformée ensuite en chapelle, sous le vocable de Notre Dame del Pilar.

2. Cette tradition s'est conservée sans preuve positive. Cependant en 1589, une flotte anglaise commandée par Drake, dévastant les côtes de Galice, le chapitre effrayé tint conseil et décida de mettre les trésors et surtout les reliques à l'abri des hérétiques. L'évêque D. Juan de San Clemente fit ouvrir la crypte, mais des phénomènes merveilleux le décidèrent à suspendre les travaux, en disant que l'Apôtre saurait bien se défendre lui-même. Moins rassuré pourtant qu'il ne voulait le paraître, l'évêque vint lui-même la nuit, avec quelques personnes sûres, achever les fouilles et cacher les reliques dans un tombeau fait à la hâte, de ses propres mains.

Le P. Fita nous donne ce détail, sans nous apprendre d'où il l'a

ou quelques-unes de ses reliques! Le corps de l'Apôtre est là, tout entier[1]. Miraculeusement mis en lumière par des charbons paradisiaques, honoré de divines odeurs aussi permanentes que suaves, tout paré de l'éclat de célestes flambeaux, il voit les anges empressés et assidus à lui rendre hommage. Sur son sépulcre est un petit autel, que, d'après la tradition, ses disciples ont élevé, et que, par amour pour l'Apôtre et pour ses disciples, nul depuis n'a voulu détruire. Au-dessus est placé un autre grand et admirable autel, de cinq palmes de haut, de douze de long et de sept de large, suivant les mesures que j'ai prises de ma propre main. Le petit autel est donc enfermé sous le grand, de trois côtés, à droite, à gauche et par derrière ; mais par-devant, il est à découvert, puisqu'il suffit, pour l'apercevoir, d'enlever le panneau d'argent qui forme le devant du grand autel.

Si quelqu'un, par dévotion envers saint Jacques, voulait envoyer quelque housse ou draperie pour couvrir l'autel de l'Apôtre, il devrait lui donner neuf palmes de large et vingt et une de long. Mais si par amour de Dieu et de l'Apôtre, il envoyait un parement[2] (*pallium*), pour recouvrir le devant de l'autel, qu'il ait soin de lui donner sept palmes de large sur treize de long.

---

tiré et ajoute même que cette démarche de l'évêque resta complètement inconnue. On continua à croire que le tombeau de saint Jacques n'avait pas été violé. Des travaux exécutés dans le chœur en 1793 n'amenèrent aucune découverte et c'est seulement en 1879, qu'on trouva, un peu en arrière de l'autel de saint Jacques, des ossements reconnus par l'autorité ecclésiastique pour ceux de saint Jacques et de ses deux compagnons Athanase et Théodore. (Voyez, pour plus de détails, les *Recuerdos de un viaje á Santiago*, chapitre XVIII, confirmés par une lettre du pape Léon III publiée dans les *Analecta juris pontificii*, janvier 1885).

1. Les bollandistes indiquent cependant : dans l'église abbatiale de Saint-Loup, diocèse de Troyes, un os du bras de saint Jacques rapporté de Constantinople ; à Arras, un fragment de son crâne ; d'autres reliques du même saint, à Amiens, aux Grands-Jacobins de Paris et surtout à Saint-Sernin de Toulouse.

2. Voyez à ce sujet Viollet-le-Duc, *Dict. d'Architecture*, T. II, p. 31, et *Dict. du Mobilier*, T. I. p. 198.

Du devant d'autel en argent. — Ce devant d'autel est un magnifique travail en or et en argent. Cette sculpture représente au centre Notre-Seigneur sur son trône et à l'entour les vingt-quatre vieillards, tels que saint Jean, frère de saint Jacques, les vit dans son Apocalypse, c'est-à-dire douze à droite et autant à gauche, tenant dans leurs mains des harpes d'or et des fioles de même métal remplies de parfums. Notre-Seigneur est assis au milieu, comme sur un trône de majesté, le livre de vie dans la main gauche et la main droite bénissant. Les quatre évangélistes sont rangés autour de son trône, comme pour le soutenir. Les douze apôtres sont placés à droite et à gauche, trois au premier rang de droite et trois au-dessus, de même à gauche, trois au premier rang et trois au-dessus. Enfin des fleurs magnifiques sont disposées à l'entour et de très belles colonnes séparent les apôtres. Ce devant d'autel, d'un travail accompli et parfait, porte ces vers comme inscription :

Ce devant d'autel a été fait par Didace, second évêque de Saint-Jacques, la cinquième année de son pontificat. Il a coûté au trésor de Saint-Jacques, quatre-vingts marcs d'argent, moins cinq.

Et plus bas cette inscription :

Sous le règne d'Alphonse, du vivant de son gendre le duc Raymond, sous l'épiscopat de l'évêque susdit, ce travail a été terminé.

Du cyborium de l'autel de l'Apôtre. — Le cyborium qui recouvre ce vénérable autel, est un admirable travail de peinture et de sculpture en bois, formant une ornementation variée, tant à l'intérieur qu'à l'extérieur. De forme carrée et reposant sur quatre colonnes, il a une élévation et une grandeur convenables.

A l'intérieur, le premier corps est orné de huit figures de femmes représentant les vertus recommandées par saint Paul. Elles sont placées, deux par deux, dans chaque angle. Au-dessus de leurs têtes, des anges debout élèvent les mains pour soutenir un trône placé au sommet du cyborium.

Au milieu de ce trône est placé l'Agneau de Dieu tenant la croix avec son pied. Il y a autant d'anges que de vertus.

A l'extérieur, quatre anges placés à la base du cyborium sonnent de la trompette pour annoncer le jour du jugement. Il y en a deux par-devant et deux par derrière. Au même corps, figurent quatre prophètes: Moïse et Abraham sur le côté gauche, Isaac et Jacob sur le côté droit, tenant chacun à la main le rouleau de leurs prophéties [sic]. Au corps supérieur, les douze apôtres sont assis autour du baldaquin. Sur le premièr côté, c'est-à-dire sur le devant, saint Jacques est assis au milieu, un livre dans la main gauche et la droite bénissant. Sur le même rang un apôtre est à sa droite, un autre à sa gauche. Il y a de même trois autres apôtres sur le côté droit, trois sur le côté gauche et trois sur la face postérieure. Plus haut, quatre anges assis sur le dais semblent garder l'autel; et aux quatre angles du cyborium, à la naissance du dais, les quatre évangélistes sont représentés en sculpture, avec leurs traits distinctifs.

L'intérieur est peint, mais l'extérieur est à la fois sculpté et peint. Le sommet extérieur est formé par trois arcs dont les sculptures représentent la trinité divine. Sur le premier arc, vers l'occident, se dresse la personne du Père; sur le second, vers le sud-est, la personne du Fils; sur le troisième, vers le nord, la personne du Saint-Esprit. Enfin au sommet une pomme d'argent, éblouissante de lumière, supporte une croix précieuse.

Des trois lampes. — Devant l'autel de saint Jacques, sont suspendues trois grandes lampes d'argent, en l'honneur du Christ et de l'Apôtre. Celle du milieu est très considérable et d'une forme telle que son grand bassin, d'un admirable travail, comprend sept réceptacles, où sept lumières figurent les sept dons du Saint-Esprit. On n'y emploie que de l'huile de beaume, de myrrhe, de ben[1], ou d'olive. Au milieu il y a un réceptacle plus grand que les

---

1. Huile tirée de la noix de Ben, arbrisseau qui pousse en Arabie.

autres. Sur chacun de ceux qui l'entourent sont sculptés deux apôtres. Selon la tradition, Alphonse[1], roi d'Aragon, fit ce présent à saint Jacques : que son âme repose en paix éternellement.

Du rang de l'église S. Jacques et de ses chanoines. — Il est de tradition que nul ne puisse célébrer la messe sur l'autel de saint Jacques à moins d'être évêque, archevêque, pape ou cardinal de cette église. Aussi y a-t-il toujours dans cette basilique sept de ces cardinaux, qui célèbrent la messe sur cet autel. Leur établissement et leurs privilèges reconnus par beaucoup de pontifes, ont été en outre confirmés par notre saint père le pape Calixte[2]. Nul ne doit ôter à cette basilique un privilège, qu'une tradition constante lui a maintenu, par dévotion envers l'Apôtre.

Des maitres-tailleurs de pierre de cette église et du commencement et de la fin de l'œuvre. — Les premiers maîtres-tailleurs de pierre, qui construisirent la basilique de Saint-Jacques, s'appelaient D. Bernard le Vieux, (un maître admirable) et Rotbert, avec l'aide d'environ cinquante tailleurs de pierre qui travaillaient assidûment sous la direction de très fidèles personnes, le vicaire et doyen des chanoines D. Segredo et l'abbé D. Gudesindo, sous le règne d'Alphonse, roi d'Espagne et sous l'épiscopat de Didace Iᵉʳ, courageux chevalier, d'une naissance illustre.

L'église fut commencée l'an 1116. Depuis l'année où l'entreprise fut commencée, il s'écoula 59 ans jusqu'à la mort d'Alphonse, puissant et illustre roi d'Aragon, 62 ans jusqu'au meurtre d'Henri, roi d'Angleterre, 63 ans jusqu'à

---

1. Alphonse le Batailleur mort en 1134.
2. Ce titre était purement honorifique et ces cardinaux n'avaient rien de commun avec ceux de l'Église romaine. (Communication du R. P. Mury). Un rescrit du pape Pie IX, du 4 février 1855, a étendu à tous les dignitaires et chanoines du chapitre le privilège de célébrer la messe sur l'autel de saint Jacques. (Abbé Pardiac, p. 132).

la mort de Louis le Gros, roi de France[1], enfin 44 ans depuis la pose de la première pierre jusqu'à son entier achèvement[2]. Depuis le jour où cette église fut commencée jusqu'au temps présent, l'éclat des miracles de saint Jacques n'a cessé de la rendre vénérable. Là, en effet les malades sont guéris, les aveugles voient, les muets parlent, les sourds entendent, les boiteux marchent droit, les possédés sont délivrés; et, ce qui est plus important, les prières des fidèles sont exaucées, leurs vœux s'accomplissent, les pécheurs brisent leurs chaînes, le ciel s'ouvre à ceux qui frappent, les affligés sont consolés, enfin de toutes les parties du monde, les nations étrangères accourues ici en foule apportent des présents pour glorifier le Seigneur.

Du rang de l'église de Saint-Jacques. — On ne saurait oublier que cette illustre cité, considérée d'ordinaire comme située en pays sarrasin, a reçu du pape Calixte, de sainte mémoire, le titre d'archevêché et que ce titre a été transféré et donné à la basilique et à la ville de Saint-Jacques, par dévotion envers ce saint et pour l'honorer. Par le même acte, Didace, homme de haute naissance, fut établi et confirmé le premier, comme archevêque, sur le siège apostolique de Compostelle. Ce même Didace était auparavant évêque de Saint-Jacques.

Du nombre des chanoines de Saint-Jacques. — Selon la tradition, c'est à cause du nombre des soixante-douze disciples du Christ que les chanoines titulaires de cette église sont au nombre de soixante-douze. Ils suivent la

---

1. Alphonse Ier d'Aragon, dit le Batailleur, mourut en 1134, Henri Ier d'Angleterre en 1135 et Louis le Gros roi de France en 1137. Si l'on retranche le nombre d'années indiquées, respectivement pour chacun de ces rois, on trouve 1075, 1073 et 1074, comme date de la fondation de cette église. Or l'auteur vient de nous dire qu'elle fut commencée en 1116. Cette dernière date étant calculée suivant l'ère espagnole, qui avance de 38 ans sur la nôtre, cela revient à fixer la fondation de l'église à 1078. Don J. Zepedano indique le 11 juillet 1078.
2. L'auteur dit précédemment (p. 206) que l'œuvre n'est pas terminé.

règle de saint Isidore d'Espagne. Chaque semaine ils partagent entre eux les présents offerts à l'autel de saint Jacques. Au premier chanoine les offrandes de la première semaine, au second celles de la deuxième, au troisième celles de la troisième et ainsi des autres jusqu'au dernier. Mais chaque dimanche, l'usage veut qu'on fasse trois parts des offrandes : la première, pour le chanoine de semaine, et les deux autres divisées encore en trois, un tiers pour le dîner des chanoines, un tiers pour les travaux de la basilique, un tiers pour l'archevêque. Tout le produit de la semaine entre les Rameaux et Pâques revient de droit aux pauvres pèlerins de Saint-Jacques recueillis à l'hôpital. Bien plus, pour observer la loi de Dieu, la dixième partie des offrandes faites à l'autel de saint Jacques, doit en tout temps être donnée aux pauvres qui arrivent à l'hospice. Car, pour l'amour de Dieu et de l'Apôtre, tous les pauvres pèlerins doivent recevoir l'hospitalité complète la première nuit qui suit le jour de leur arrivée au pied de l'autel de saint Jacques. La charité doit pourvoir aux besoins des malades jusqu'à leur mort ou jusqu'à leur complète guérison, ainsi que cela se pratique à Saint-Léonard[1]. Tout pauvre pèlerin qui se présente, reçoit sa pitance. De plus l'usage réserve aux lépreux de cette ville les offrandes de chaque dimanche, depuis la première heure du jour jusqu'à la troisième. Si quelque dignitaire de cette basilique, venait à commettre quelque fraude sur ce point ou à modifier la répartition des offrandes, telle que nous venons de l'expliquer, il commettrait un péché envers Dieu.

QUELS PÈLERINS DE SAINT-JACQUES FAUT-IL RECEVOIR ?[2] — Riche ou pauvre, le pèlerin, qui va à Saint-Jacques ou qui en revient, doit trouver chez toutes les nations chrétiennes, l'hospitalité et le respect. Car celui qui le reçoit et s'em-

---

1. Saint-Léonard, près de Limoges, monastère dont il a déjà été question, page 168.
2. La description de l'église de Saint-Jacques est terminée. Mais dans un travail consacré aux pèlerins pauvres, on me pardonnera de reproduire ici les motifs invoqués par Aimery Picaud, pour leur obtenir l'hospitalité des fidèles.

presse de lui donner l'hospitalité, n'a pas seulement pour hôte saint Jacques, mais Notre-Seigneur lui-même. N'a-t-il pas dit dans son évangile: *Qui vous reçoit, me reçoit.* Ils sont nombreux ceux qui jadis encoururent la colère de Dieu, pour n'avoir pas voulu recevoir les pèlerins de Saint-Jacques et les pauvres. A N[1]....., localité située entre les Cévennes et Lyon, certain tisserand refuse du pain à un pèlerin de Saint-Jacques qui lui en demandait et aussitôt sa toile tombe à terre, fendue par le milieu. A Villeneuve, un pauvre pèlerin de Saint-Jacques s'adresse à une femme, dont le pain était encore sous la cendre chaude, il lui demande l'aumône pour l'amour de Dieu et de saint Jacques, elle lui répond qu'elle n'a pas de pain. Et le pèlerin de lui dire: « Puisse le pain que vous avez devenir une pierre. » Sortant de cette maison, ce pèlerin était déjà loin lorsque cette méchante femme s'approche des cendres pensant y prendre son pain, mais au lieu de pain, elle n'y trouve qu'une pierre ronde. Avec un cœur contrit, elle suit aussitôt la trace du pèlerin et ne peut le rejoindre. Un jour aux environs de Poitiers, deux héroïques Français revenaient de Saint-Jacques, sans argent. Depuis la maison de Jean Gautier jusqu'à Saint-Porchaire, ils avaient demandé l'hospitalité pour l'amour de Dieu et de saint Jacques, et ne l'avaient pas trouvée. Ils venaient d'arriver dans une maison de ce bourg, la dernière construite, précisément à côté de la basilique de saint Porchaire et là, un pauvre les avait accueillis, quand sous le souffle de la vengeance céleste un incendie embrasa tout le village avec une rapidité extrême et le détruisit en une nuit, depuis la première maison où ils avaient demandé l'hospitalité jusqu'à celle qui les avait accueillis. Ces maisons étaient au nombre d'un mille environ, et grâce à Dieu, celle où ses serviteurs étaient hébergés resta intacte.....

---

1. Le texte du P. Fita porte: « *Apud Nautusium qua est villa inter Gebennam et Lugdunum.* » Si l'on traduisait *Nautusium* par Nantua, il faudrait changer *Gebennam* en Genevam et lire Genève.

APPENDICE D.

TRADUCTIONS

CERTIFICAT DU CURÉ DE CARLEPONT — page 3.

Je soussigné, curé de la paroisse Saint-Éloi de Carlepont, certifie à tous ceux qu'il importe ou pourra importer d'en connaître, que Guillaume Manier, notre paroissien, professe la religion catholique, apostolique et romaine, et qu'il veut se rendre en pèlerinage à Saint-Jacques en Galice et ensuite à Rome. En conséquence je supplie instamment tous ceux qui sont à prier, afin qu'ils lui procurent libre et facile passage et lui accordent aide et assistance. Donné en notre maison, à Carlepont, l'an de la Rédemption mil sept cent vingt-six, ce vingt-deuxième jour d'août.

LÉGALISATION DONNÉE PAR L'ÉVÊQUE DE NOYON — p. 4.

Nous, évêque, comte de Noyon, pair de France, certifions et attestons que le susdit certificat a été écrit et signé de la propre main de maître Louis Bonnedame, curé de l'église Saint-Éloi de Carlepont, en notre diocèse; et qu'il doit faire foi tant en justice qu'extrajudiciairement. Donné à Noyon, en notre palais épiscopal, l'an de Notre-Seigneur mil sept cent vingt-six, le vingt-deuxième jour d'août.

CHARLES-FRANÇOIS, ÉVÊQUE, COMTE DE NOYON.

Par mandement : LEGRAND.

BILLET DE CONFESSION — p. 74.

J'ai reçu la confession de Guillaume Manier, français de nation, du diocèse de Noyon.

Compostelle, le deuxième jour du mois de novembre, l'an de Notre-Seigneur 1726.

CERTIFICATS DE PÈLERINAGE
DE

MANIER, — p. 76.

Moi, D. Luc Antoine de la Torre, chanoine de cette sainte église apostolique et métropolitaine de Compostelle, administrateur de la fabrique, chargé par l'illustrissime doyen et par le chapitre du soin de la chapelle de sa Majesté très chrétienne le roi de France établie en cette église, afin d'assurer l'administration des sacrements à tous les fidèles et pèlerins du monde entier, venus, soit par dévotion soit pour l'accomplissement d'un vœu, au tombeau de l'apôtre saint Jacques seul et spécial patron et protecteur des Espagnes, à tous ceux qui les présentes lettres verront et à chacun, savoir faisons: que Guillaume Manier, français de nation, du diocèse de Noyon, se rendant à Rome, a visité ce très saint sanc-

J. B. BOUCHAIN, — p. 75.

Moi, D. Joseph Marie Varela Temes, chanoine de cette sainte église apostolique et métropolitaine de Compostelle, administrateur de la fabrique, chargé par l'illustrissime doyen et par le chapitre du soin de la chapelle de sa Majesté très chrétienne le roi de France établie en cette église, pour assurer l'administration des sacrements à tous les fidèles et pèlerins du monde entier, venus, soit par dévotion soit pour l'accomplissement d'un vœu, au tombeau de l'apôtre saint Jacques seul et spécial patron et protecteur des Espagnes, à tous ceux qui les présentes lettres verront et à chacun, savoir faisons: que Antoine Jean-Baptiste Bouchain, a visité ce très saint sanctuaire et que, s'étant confessé et ayant obtenu

tuaire et que s'étant confessé et ayant obtenu l'absolution, il a reçu sous les espèces eucharistiques le corps de Notre-Seigneur.

En foi de quoi, je lui ai remis les présentes signées de mon nom et munies du sceau de cette sainte église.

Donné à Compostelle, le deuxième jour du mois de novembre, l'an de Notre-Seigneur 1726.

Moi, DAMIEN ASENICADO, chanoine.

l'absolution, il a reçu sous les espèces eucharistiques le corps de Notre-Seigneur.

En foi de quoi, je lui ai remis les présentes lettres signées de mon nom et munies du sceau de cette sainte église.

Donné à Compostelle, le 19e jour du mois de juin, l'an de Notre-Seigneur 1767.

Par mandement de l'administration de la fabrique.

EMMANUEL PENIL.

Gratis.

PATENTE DU NONCE — page 126.

Alexandre Aldobrandini, par la grâce de Dieu et du Saint-Siège apostolique, archevêque de Rhodes, nonce de notre très saint père le pape Benoit XIII et du Saint-Siège en Espagne avec les pouvoirs de légat *a latere*, et collecteur général des droits du sacré collège apostolique, à notre bien aimé en Jésus-Christ Guillaume Manier, français de nation, salut.

Vous nous avez exposé que pour accomplir un vœu vous vouliez vous rendre en pèlerinage aux tombeaux des saints apôtres Pierre et Paul et visiter d'autres pieux sanctuaires et vous nous avez demandé à cet effet nos lettres patentes. Approuvant votre dessein, nous vous délivrons ces lettres, valables seulement pour neuf mois et en vertu desquelles il vous sera permis de vous rendre en pèlerinage aux tombeaux des saints apôtres Pierre et Paul ainsi qu'aux autres sanctuaires. Nous vous recommandons, qu'avant de vous mettre en route, préalablement confessé de vos péchés, vous receviez la sainte eucharistie; que vous adressant à quelque curé de ville, vous lui demandiez et receviez la bénédiction attachée par l'Église à certaines prières en faveur des pèlerins; que pendant votre pèlerinage, fuyant tout ce qui peut faire obstacle au progrès de la dévotion, vous recherchiez seulement ce qui excite votre piété, et que principalement par de saintes prières, par la méditation et par de pieux entretiens, vous vous efforciez d'éviter tout péché et toute occasion de péché, et qu'ainsi, visitant religieusement les églises des saints, vous méritiez d'obtenir la rémission de vos fautes. Vous ne pourrez demander l'aumône sans la permission des curés, non pas en vaguant à l'intérieur des églises, mais en vous tenant à la porte.

Si vous remplissez fidèlement toutes ces prescriptions, surtout celles relatives à l'aumône, nous vous recommandons à tous les fidèles serviteurs du Christ. Souvenez-vous enfin, au retour de votre pèlerinage, de vous présenter devant votre curé, afin que par de saintes prières il attire sur vous les bénédictions de Dieu et lui demande ce qui pourra vous être utile à l'avenir.

Donné à Madrid, diocèse de Tolède, le sixième jour du mois de décembre, l'an de la Nativité de Notre-Seigneur mil sept cent vingt-six.

FIN DES APPENDICES.

TABLE

INTRODUCTION........................... v
VOYAGE DE MANIER..................... 1

28 Juin 1726 au 25 Août.   I. — Motifs du voyage, préparatifs et formalités (p. 1-5).

26 Août.   II. — De Carlepont a Paris et deux jours a Paris. Formalités de passeports. Visite à la foire Saint-Laurent. Description de Paris tirée du *Voyage de France* du P. Olivier de Varenne (5-15).

31 Août au 19 Septembre.   III. — De Paris a Bordeaux, par Orléans (19), Blois (20), Amboise (22), Châtellerault (23), Poitiers (24), Aulnay (26), Saintes (27) et Blaye (30). Rencontre de pèlerins picards (22) et hospitalité chez des compatriotes (16 et 27). Vexations de la maréchaussée (24, 26 et 27).

IV. — Huit jours a Bordeaux, pour cause de maladie. La ville et les vendanges (31-38).

27 Septembre au 6 Octobre.   V. — De Bordeaux a la frontière. Les grandes Landes. Les fontaines de Dax (41). La ville et le château de Bayonne (44).

7 Oct. au 1 Nov.   VI. — De la frontière a Saint-Jacques de Compostelle. Changement de langage et de monnaie (48). Beauté et toilette des femmes (47 et 63). Fontarabie et Saint-Sébastien (49). Le trou Saint-Adrien (51). Vitoria (52). S. Domingo et le pèlerin ressuscité (53). Burgos et le christ miraculeux (57). Léon et son double hospice pour les pèlerins (65). Hospitalité chez les paysans: nourriture (61, 63 et 67), boisson (67), logement (62), singulier réveil (70).

1er au 4 Nov.   VII. — Saint-Jacques de Compostelle. L'hospitalité dans les couvents (73 et 87). Billets de confession et de pèlerinage (74). L'église Saint-Jacques (76).

TABLE

L'autel et les statues du Saint (78). Les chapelles (81). Les reliques (89).

4 au 16 Novemb. VIII. — DE COMPOSTELLE A OVIEDO. Vertus des pierres d'aigle (95). Rivadeo et le pont qui tremble (99). Cathédrale d'Oviedo et reliques (102). Vertus des pierres de la Croix (110).

19 Nov. au 4 Déc. IX. — D'OVIEDO A MADRID. Rencontre de pèlerins picards (113). Traversée des Asturies (114). Retour à Léon (115). Cloches et sonneries (117). Messe et sermon (118). Valladolid (120).

4 au 9 Déc. X. — MADRID. Aspect de la ville (122). Le Palais royal (122-129). Le roi, la reine et les infants (123 et 132). Patente de pèlerinage (126). Édifices civils et religieux. Hospices. Places et rues. Processions (130-133). Animosité des Espagnols contre les Français (133).

9 Déc. au 24 Janvier 1727. XI. — RETOUR EN FRANCE. Violence des Espagnols (139). Pampelune (141). Châteaux en Espagne (142). Hôpital de Roncevaux (144). Beauté et richesse du pays basque (146). Retour à Bayonne (147), à Bordeaux (151) et à Saintes (153), où finit le voyage d'Espagne.

XII. — VOCABULAIRE FRANÇAIS-ESPAGNOL....... 154
APPENDICES A. Itinéraire du *Codex*....... 167
  Itinéraire de la *Nouvelle Guide*................. 175
  Itinéraire des Chansons.... 185
B. Reliques indiquées par le *Codex*................ 189
  Mémoire des reliques annexé aux *Chansons*.......... 194
C. Description de l'église Saint-Jacques................. 197
D. Traductions............... 215

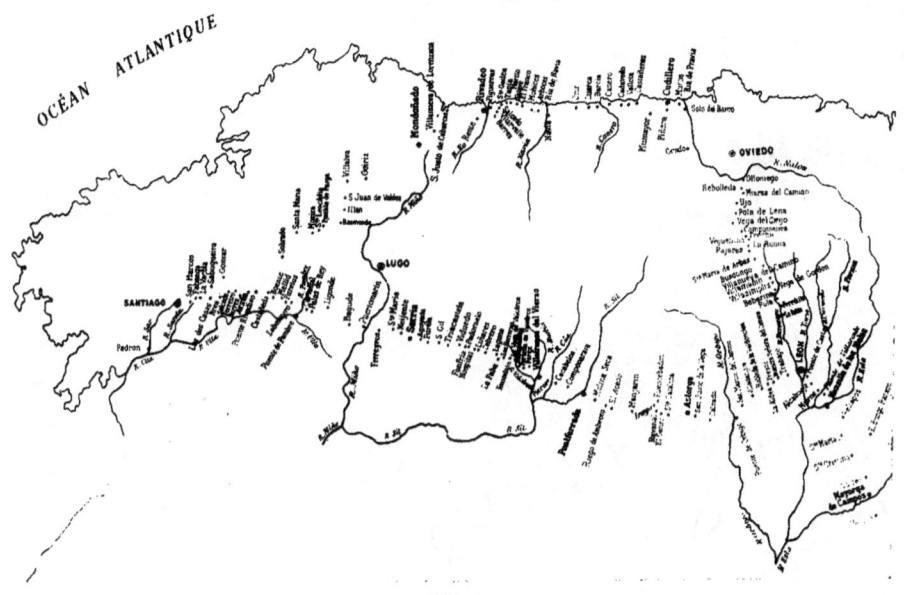

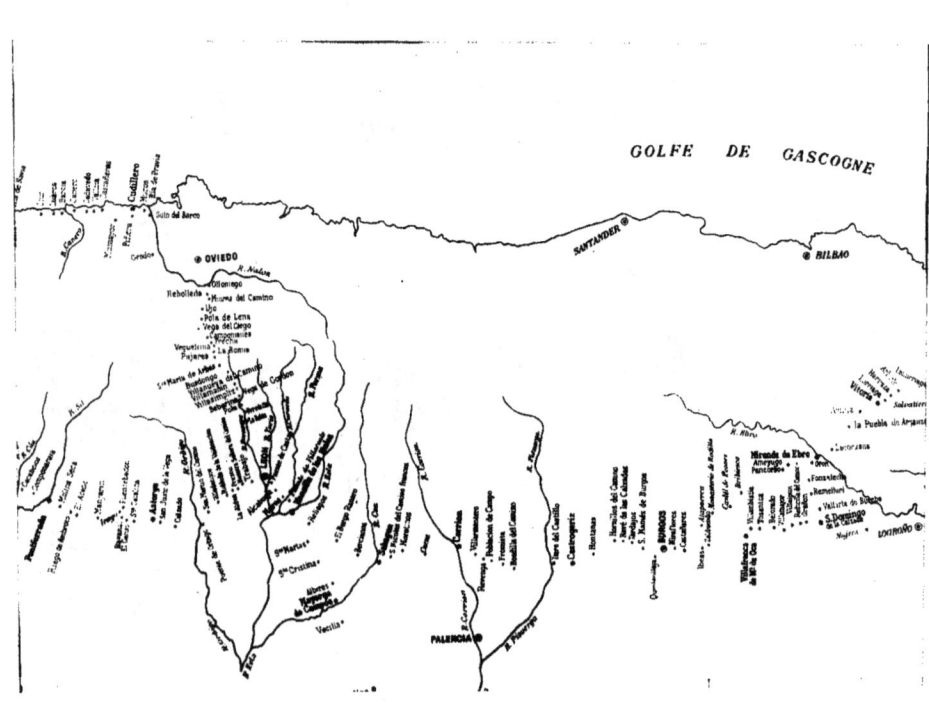

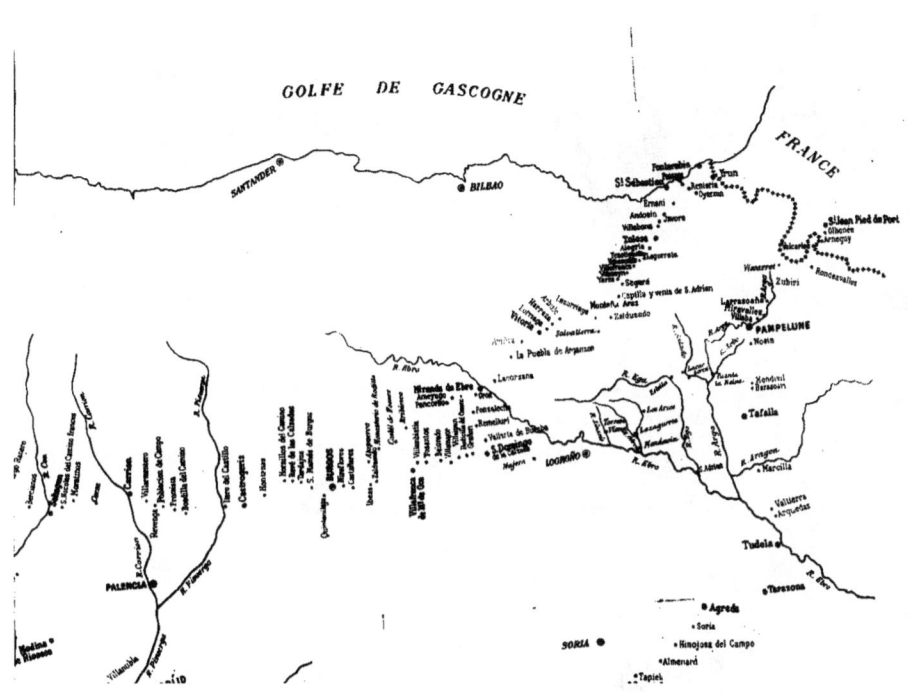

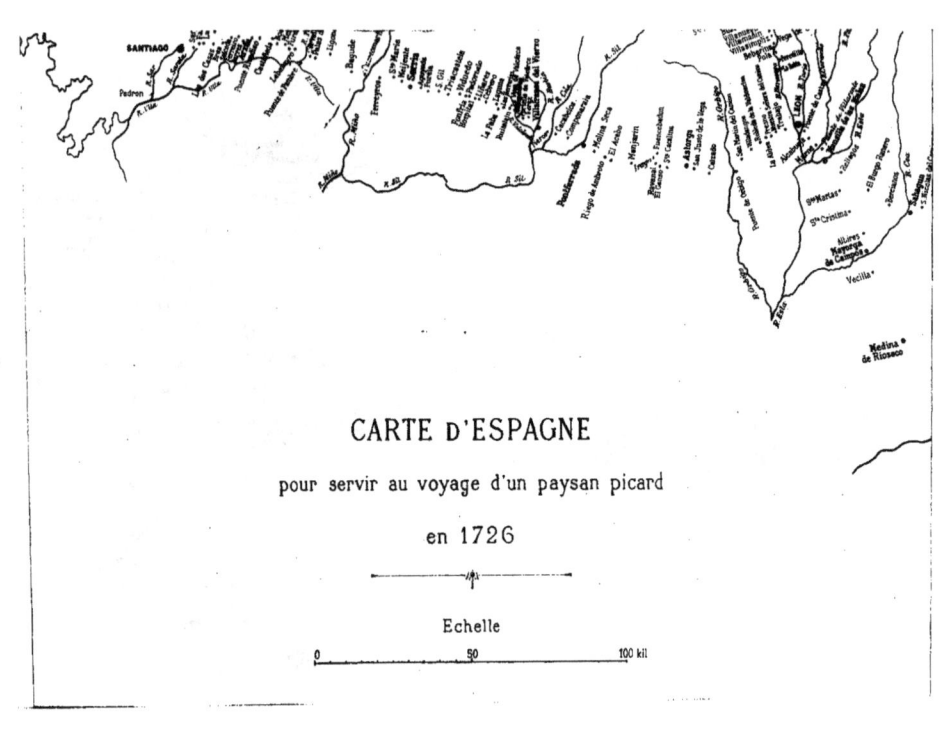

CARTE D'ESPAGNE

pour servir au voyage d'un paysan picard

en 1726

Echelle
0   50   100 kil

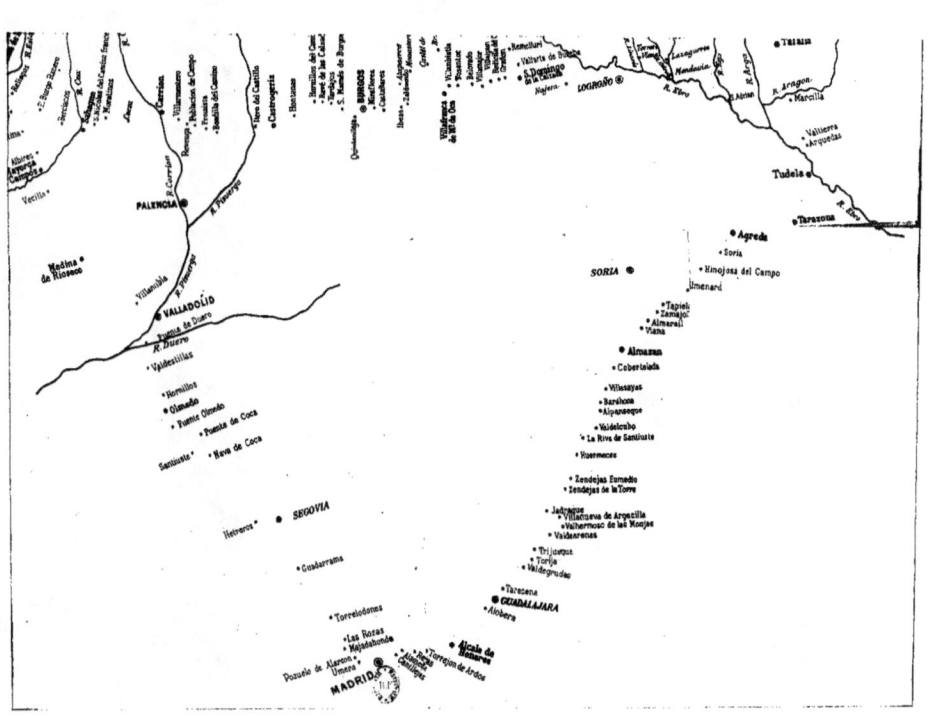

www.ingramcontent.com/pod-product-compliance
Lightning Source LLC
Chambersburg PA
CBHW060128190426
43200CB00038B/1820